THOMAS KLEFFNER

Erhaltung des Stammkapitals und Haftung nach §§ 30, 31 GmbHG

Münsterische Beiträge zur Rechtswissenschaft

Herausgegeben im Auftrag der Rechtswissenschaftlichen Fakultät
der Westfälischen Wilhelms-Universität in Münster durch die Professoren
Dr. Hans-Uwe Erichsen Dr. Helmut Kollhosser Dr. Jürgen Welp

Band 81

Erhaltung des Stammkapitals und Haftung nach §§ 30, 31 GmbHG

Von

Thomas Kleffner

Duncker & Humblot · Berlin

Die Deutsche Bibliothek – CIP-Einheitsaufnahme

Kleffner, Thomas:
Erhaltung des Stammkapitals und Haftung nach §§ 30,31 GmbHG / von Thomas Kleffner. – Berlin : Duncker und Humblot, 1994
(Münsterische Beiträge zur Rechtswissenschaft ; Bd. 81)
Zugl.: Münster (Westfalen), Univ., Diss., 1993
ISBN 3-428-07930-2
NE: GT

D 6

Fotoprint: Werner Hildebrand, Berlin
Printed in Germany

ISSN 0935-5383
ISBN 3-428-07930-2

Vorwort

Die vorliegende Arbeit entstand, während ich als wissenschaftlicher Mitarbeiter am Institut für Arbeits-, Sozial- und Wirtschaftsrecht an der Westfälischen Wilhelms-Universität Münster tätig war. Im Sommersemester 1993 wurde sie von der Rechtswissenschaftlichen Fakultät als Dissertation angenommen. Prof. Dr. Kollhosser hat sie betreut. Prof. Dr. Großfeld hat das Zweitgutachten erstellten. Ihnen und allen anderen, die mich bei der Fertigstellung der Arbeit unterstützt haben, sei herzlich gedankt.

Dortmund, im Oktober 1993

Thomas Kleffner

Inhaltsverzeichnis

2. Teil

Die Folgen verbotswidriger Auszahlungen

Abkürzungsverzeichnis

a. A.	anderer Ansicht
a. a. O.	am angegebenen Orte
a. E.	am Ende
AG	Die Aktiengesellschaft, Zeitschrift für das gesamte Aktienwesen; Aktiengesellschaft
AktG	Aktiengesetz
Alt.	Alternative
AnfG	Gesetz betreffend die Anfechtung von Rechtshandlungen eines Schuldners außerhalb des Konkursverfahrens (Anfechtungsgesetz)
Anm.	Anmerkung
arg.	argumentum
Art.	Artikel
AT	Allgemeiner Teil
Aufl.	Auflage
B.	Beschluß
BB	Der Betriebs-Berater
BFH	Bundesfinanzhof
BGB	Bürgerliches Gesetzbuch
BGH	Bundesgerichtshof
BGHZ	Entscheidungen des Bundesgerichtshofs in Zivilsachen
BT	Bundestag
BuW	Betrieb und Wirtschaft
BVerfG	Bundesverfassungsgericht
BVerfGE	Entscheidungen des Bundesverfassungsgerichts
bzw.	beziehungsweise
DB	Der Betrieb
Diss.	Dissertation
DStR	Deutsches Steuerrecht
EStG	Einkommensteuergesetz
EWG	Europäische Wirtschaftsgemeinschaft
EWiR	Entscheidungen zum Wirtschaftsrecht

f.	folgende (Seite, Randnummer)
ff.	folgende (Seiten, Randnummern)
Fn.	Fußnote(n)
FR	Finanz-Rundschau
FS	Festschrift
GG	Grundgesetz für die Bundesrepublik Deutschland
gem.	gemäß
GmbH	Gesellschaft mit beschränkter Haftung
GmbH & Co.	Gesellschaft mit beschränkter Haftung und Compagnie
GmbHG	Gesetz betreffend die Gesellschaften mit beschränkter Haftung
GmbHR	GmbH-Rundschau
GoB	Grundsätze ordnungsmäßiger Buchführung
HGB	Handelsgesetzbuch
h. L.	herrschende Lehre
h. M.	herrschende Meinung
HRR	Höchstrichterliche Rechtsprechung
i. d. F.	in der Fassung
i. d. R.	in der Regel
i. H. d.	in Höhe des (der)
i. H. v.	in Höhe von
i. S. d.	im Sinne des (der)
i. V. m.	in Verbindung mit
JbFSt	Jahrbuch der Fachanwälte für Steuerrecht
JZ	Juristenzeitung
KK	Kölner Kommentar
KO	Konkursordnung
KTS	Konkurs-, Treuhand- und Schiedsgerichtswesen
LG	Landgericht
m. a. W.	mit anderen Worten
MK	Münchener Kommentar zum Bürgerlichen Gesetzbuch
m. w. N.	mit weiteren Nachweisen
NJW	Neue Juristische Wochenschrift
NJW-RR	NJW-Rechtsprechungs-Report Zivilrecht
Nr.	Nummer(n)
OHG	Offene Handelsgesellschaft
OLG	Oberlandesgericht
RG	Reichsgericht

RGZ	Entscheidungen des Reichsgerichts in Zivilsachen
Rn.	Randnummer(n)
RT	Reichstag
S.	Seite(n), Satz
StGB	Strafgesetzbuch
u.	und
U.	Urteil
v.	vom
vgl.	vergleiche
vs.	versus
WM	Wertpapier-Mitteilungen
WuB	Entscheidungssammlung zum Wirtschafts- und Bankrecht
z. B.	zum Beispiel
ZGR	Zeitschrift für Unternehmens- und Gesellschaftsrecht
ZHR	Zeitschrift für das gesamte Handelsrecht und Wirtschaftsrecht
zit.	zitiert
ZIP	Zeitschrift für Wirtschaftsrecht
ZPO	Zivilprozeßordnung

Einführung

Obwohl die §§ 30, 31 GmbHG seit Inkrafttreten des GmbHG unverändert gelten, bereitet die Anwendung der Vorschriften in zahlreichen Fällen auch heute noch Schwierigkeiten. Das hat mehrere Gründe. Zum einen knüpft § 30 GmbHG zur Bestimmung der Reichweite des Auszahlungsverbots an eine bilanzielle Größe, das Stammkapital, an. Folge ist, daß bei der Auslegung der Vorschrift an vielen Stellen Unsicherheiten darüber bestehen, ob bilanzrechtlichen oder aber davon abweichenden zivilrechtlichen Wertungen der Vorzug zu geben ist. Zum anderen wurde angesichts der scheinbar klaren Regelung in § 31 I GmbHG den Rechten und Pflichten der Gesellschafter nach einer unzulässigen Auszahlung lange Zeit relativ wenig Beachtung geschenkt. Hier besteht Nachholbedarf. Probleme ergeben sich in diesem Zusammenhang insbesondere aus dem Umstand, daß der Erstattungspflicht des Gesellschafters (§ 31 I GmbHG) regelmäßig eine schuldrechtlich wirksame Auszahlungsverpflichtung der Gesellschaft gegenübersteht. Das führt zu Konflikten, deren Auflösung nicht immer klar ist. Schließlich ist nicht abschließend geklärt, in welchen Fällen auch Nichtgesellschafter die Kapitalerhaltungsvorschriften (§§ 30, 31 GmbHG) gegen sich gelten lassen müssen.

Bislang blieb die Erörterung der §§ 30, 31 GmbHG im wesentlichen der Kommentarliteratur oder Spezialaufsätzen zu Einzelfragen der Kapitalerhaltung überlassen[1]. Um so notwendiger ist es, die Funktionsweise der §§ 30, 31 GmbHG einmal systematisch und im Zusammenhang darzustellen. Dies wird mit der vorliegenden Arbeit versucht. Zugleich soll ein Beitrag dazu geleistet werden, bislang offene Streitfragen zu lösen. Ausgeklammert bleibt der weite, aber eigenständige Bereich der Rückzahlung eigenkapitalersetzender Gesellschafterleistungen, auf den die genannten Vorschriften im Wege der Rechtsfortbildung ebenfalls angewendet werden[2].

---

[1] Eine Ausnahme aus jüngerer Zeit ist die Dissertation von *Tries*, der schwerpunktmäßig allerdings nicht die §§ 30, 31 GmbHG, sondern die allgemeinere Frage der Zulässigkeit verdeckter Gewinnausschüttungen in der GmbH behandelt.

[2] Dazu: *Scholz / K. Schmidt*, §§ 32 a, 32 b, Rn. 76 ff.; *Lutter / Hommelhoff*, §§ 32 a / b, Rn. 4 ff., 69 ff., 100, 104, jeweils m. w. N.

1. Teil

Die Vermögensbindung gem. § 30 GmbHG

§ 1 Grundlagen

Für die Verbindlichkeiten einer GmbH haftet deren Gläubigern nur das Gesellschaftsvermögen (§ 13 II GmbHG). Ist dieses aufgezehrt, droht der GmbH der Konkurs (§ 63 GmbHG), und die Gläubiger müssen damit rechnen, mit ihren Forderungen weitgehend auszufallen. Dieses Risiko würde zusätzlich erhöht, wenn es im Belieben der Gesellschafter stünde, sich für eigene Zwecke aus dem Vermögen „ihrer" Gesellschaft zu bedienen. Hier greift das Auszahlungsverbot des § 30 I GmbHG ein. Es beschränkt den Zugriff der Gesellschafter auf das Gesellschaftsvermögen und verbietet den Geschäftsführern Auszahlungen an Gesellschafter, solange das Nettovermögen der GmbH einen bestimmten Wert, den Betrag der Stammkapitalziffer, nicht erreicht. Daß es § 30 I GmbHG zumindest auch um den Gläubigerschutz geht, ist damit klar. Will man sich mit dieser recht allgemeinen Aussage aber nicht zufrieden geben und weitere Erkenntnisse über die Schutzrichtung der Vorschrift gewinnen, muß zuvor Klarheit über die Funktion des Stammkapitals geschaffen werden. Denn auf dieses nimmt § 30 I GmbHG Bezug, um die Grenze zwischen zulässigen und unzulässigen Auszahlungen zu markieren. Das soll sogleich geschehen.

Abgesichert wird das Auszahlungsverbot durch § 31 GmbHG. Zuwendungen, die unter Verstoß gegen § 30 I GmbHG aus dem Gesellschaftsvermögen erfolgen, müssen erstattet werden. Neben dem Stammkapital sichern die §§ 30, 31 GmbHG auch eingezahlte Nachschüsse (§ 30 II GmbHG). Darauf wird erst später einzugehen sein[1].

I. Begriff des Stammkapitals

Die §§ 3 I Nr. 3, 5 GmbHG schreiben vor, im Gesellschaftsvertrag ein festes Stammkapital i. H. v. mindestens 50.000 DM festzulegen. Es setzt sich aus der

[1] Siehe unten § 7.

Summe der von den Gesellschaftern übernommenen Stammeinlagen zusammen (§ 5 III GmbHG) und ist zunächst nur ein Kapital-Sollbetrag, eine rechnerische Größe[2]. Es kennzeichnet die Summe der Vermögenswerte, die die Gesellschafter zur Bildung eines Gesellschaftsvermögens mindestens aufzubringen haben[3]. Man kann daher auch von einer Finanzierungszusage der Gesellschafter in Höhe des Stammkapitals sprechen. In der Bilanz (§§ 42 I GmbHG, 266 III HGB) ist das Stammkapital als Teil des Eigenkapitals zu passivieren. Es bleibt solange konstant, wie es nicht durch eine Kapitalerhöhung oder -herabsetzung verändert wird (§§ 55 ff. GmbHG).

Als rechnerische Größe ist das Stammkapital vom Gesellschaftsvermögen zu unterscheiden[4]. Wenn man vom Stammkapital als einem „Soll-Betrag" spricht, so ist das Gesellschaftsvermögen eine tatsächliche, eine „Ist-Größe". Es setzt sich aus Barmitteln, Guthaben, Anlagen und anderen Sachwerten, Forderungen, Beteiligungen sowie sonstigen Rechten der Gesellschaft zusammen[5]. Anders als das Stammkapital ist das Gesellschaftsvermögen je nach Gewinn und Verlust Wertschwankungen unterworfen. Durch Umsatzgeschäfte kann sich seine Zusammensetzung laufend ändern. Die Beziehung zwischen Stammkapital und Gesellschaftsvermögen wird über die Bilanz hergestellt. Je nach Vermögenslage wird das Stammkapital entweder durch Vermögen gedeckt oder nicht.

II. Rechtfertigung des Stammkapitals

Die Schaffung eines obligatorischen Mindeststammkapitals war ein Kunstgriff des historischen Gesetzgebers, der die juristische Eigenständigkeit der GmbH (§ 13 GmbHG) erst ermöglicht hat. Mit der Rechtsform der GmbH wollte er ein Angebot für den einzelnen schaffen, sich an der Bewältigung einer unternehmerischen Aufgabe nur mit einem Teil seiner Kräfte – und zwar vornehmlich mit den finanziellen Kräften – zu beteiligen. Zugleich sollte die Möglichkeit eröffnet werden, die finanziellen Kräfte mehrerer Personen zu bündeln, um

[2] *Lutter*, Kapital, S. 52; *Joost*, GmbHR 1983, 285, 286; *derselbe*, ZHR 148 (1984), 27, 28; *Rowedder / Rittner*, § 5 Rn. 2; *Dressel*, S. 11.

[3] *Scholz / Winter*, § 5 Rn. 10; *Baumbach / Hueck / Hueck*, § 3 Rn. 16; *Wiedemann*, Gesellschaftsrecht, § 10 IV 1 b, S. 556.

[4] *Joost*, ZHR 148 (1984), 27 f.; *derselbe*, GmbHR 1983, 285; *Dressel*, S. 11 ff.

[5] *Würdinger*, S. 33.

unternehmerische Aufgaben lösen zu können, die den einzelnen überforderten[6]. In Zeiten, in denen der Produktionsfaktor Kapital im Vergleich zu dem der persönlichen Arbeitskraft immer mehr an Bedeutung gewann, sollte die GmbH ähnlich der AG die Rechtsform für eine mehr kapitalmäßige Zusammenarbeit werden, in der die Einfluß- und Kontrollmöglichkeiten der einzelnen Gesellschafter kleiner waren als in Personengesellschaften.

Damit stellte sich sich auch die Frage nach der Ausgestaltung der Haftung für Verbindlichkeiten in der neu zu schaffenden Gesellschaftsform. Nimmt jemand ohne Zwischenschaltung einer juristischen Person unternehmerisch am Wirtschaftsleben teil, so muß er für die entstehenden Verbindlichkeiten mit seinem gesamten Vermögen einstehen. Es gilt der Grundsatz der persönlichen, gegenständlich und zeitlich unbeschränkten Vermögenshaftung. Nach Ansicht des Gesetzgebers konnte dieser Grundsatz angesichts der verhältnismäßig beschränkten Einfluß- und Kontrollmöglichkeiten der Gesellschafter und ihres beschränkten Kräfteeinsatzes für die Gesellschaft nicht auf ihre Haftung für Verbindlichkeiten der GmbH übertragen werden[7]. Bei der Lösung der Haftungsfrage folgte er daher einem Prinzip, das später auch unter dem Schlagwort „Gleichlauf von Herrschaft und Haftung" Eingang in die Literatur gefunden hat[8]. Die beschränkten Einfluß- und Kontrollmöglichkeiten des einzelnen Gesellschafters sollten auch eine Beschränkung des Haftungsrisikos zur Folge haben[9]. Da nur eine Beschränkung des Risikos in Betracht kam, konnte der Gesetzgeber die Gesellschafter durch Anerkennung der juristischen Selbständigkeit der GmbH aber nicht vollständig aus der Haftungsverantwortung entlassen, ohne daß diese vorher „genügende Garantien" als Ersatz für ihre unbeschränkte persönliche Haftung erbracht hatten[10]. Diese Garantiefunktion sollte das Stammkapital übernehmen, das von den Gesellschaftern real aufzubringen und zu erhalten sein sollte. Damit bildete das Stammkapital die Voraussetzung für die Anerkennung der GmbH als juristische Person bei gleichzeitiger Haftungsbeschränkung der Gesellschaft (§ 13 GmbHG)[11].

---

[6] RT-Aktenstück Nr. 660, S. 3725.

[7] RT-Aktenstück Nr. 660, S. 3725.

[8] Dazu: *Rümker*, ZGR 1988, 494, 502 ff.; ausführlich und kritisch: *Wiedemann*, Gesellschaftsrecht, § 10 III 2 a, S. 543 ff.; siehe auch: *derselbe*, Haftungsbeschränkung, S. 49 ff.

[9] RT-Aktenstück Nr. 660, S. 3725.

[10] RT-Aktenstück Nr. 660, S. 3725.

[11] *Hachenburg / Ulmer*, § 3 Rn. 42 u. § 5 Rn. 6; *Baumbach / Hueck / Hueck*, § 3 Rn. 16; *Scholz / Westermann*, § 30 Rn. 1; *Immenga*, Die personalistische Kapitalgesellschaft, S. 403.

III. Funktionen des Stammkapitals

1. Mindesthaftungsfonds

Als Passivposten in der Bilanz (§§ 42 I GmbHG, 266 III HGB) bindet das Stammkapital in entsprechender Höhe Aktivvermögen. Denn ein verteilungsfähiger Gewinn kann nicht entstehen, solange die Stammkapitalziffer nicht gedeckt ist. Teilweise wird in diesem Zusammenhang davon gesprochen, das Stammkapital bilde zugunsten der Gesellschaftsgläubiger einen Mindesthaftungs-[12] oder Garantiefonds[13].

Das ist zumindest mißverständlich, weil die Formulierungen den Anschein erwecken, auch im Konkurs der Gesellschaft stünde den Gesellschaftern eine Mindesthaftungsmasse zur Verfügung[14]. Das GmbHG verpflichtet die Gesellschaft aber nicht, einen Topf mit einem Vermögensbetrag in Höhe des Stammkapitals zu bilden und dann als Reserve beiseite zu stellen. Auch die §§ 30, 31 GmbHG garantieren nicht die Erhaltung eines derartigen Vermögensbestandes, sondern können nur stammkapitalschädliche Eingriffe der Gesellschafter abwehren. Soweit der Konkursverwalter nicht noch offene Einlageforderungen (§§ 5, 19 GmbHG) geltend machen kann[15], ist im Konkurs der GmbH der sogenannte „Mindesthaftungsfonds" regelmäßig nicht mehr vorhanden. Das beruht auf den beiden Konkursgründen in § 63 I GmbHG. Zur Zahlungsunfähigkeit (§ 63 I 1. Alt. GmbHG) kommt es gewöhnlich erst, wenn auch das Gesellschaftsvermögen weitestgehend aufgezehrt ist[16]. Durch den Konkursgrund der Überschuldung (§ 63 I 2. Alt. GmbHG) soll die Gesellschaft erst ab dem Zeitpunkt gehindert werden, als werbendes Unternehmen am Rechtsverkehr teilzunehmen, ab dem sie ihr gesamtes Eigenkapital bereits verloren hat[17]. Voraus-

---

[12] *Ketzer*, S. 4; *Hachenburg / Ulmer*, § 5 Rn. 6; *Baumbach / Hueck / Hueck*, § 3 Rn. 16; *Lutter*, Kapital, S. 50: Kapital als „zusätzliches Zugriffsobjekt" für die Gläubiger; *Müller-Erzbach*, Kapitel 50 A I, S. 246: „Realsicherung für die Gläubiger"; *Schneider*, ZGR 1984, 497, 509; *Moxter*, Bilanzlehre I, S. 93 f.: „Mindesthaftungsvermögen".

[13] *Wiedemann*, Haftungsbeschränkung, S. 6; *Fabritius*, ZHR 144 (1980), 628, 631.

[14] Zutreffend: *Joost*, GmbHR 1983, 285; in diese Richtung auch: *Lutter*, FS Riesenfeld, S. 165, 168.

[15] Dazu: *Lutter / Hommelhoff*, § 19 Rn. 29 m. w. N.

[16] *Hachenburg / Ulmer*, § 63 Rn. 13.

[17] *Hachenburg / Ulmer*, § 63 Rn. 1.

setzung für die Überschuldung ist nämlich, daß das Aktivvermögen nicht mehr die Schulden deckt[18], wobei das Stammkapital außer Ansatz bleibt[19].

2. *Risikopolster*

Zwar ist das Stammkapital nur sehr eingeschränkt dazu in der Lage, im Konkurs der GmbH eine Mindesthaftungsmasse zur Verfügung zu stellen. Gleichwohl kommt ihm mit Blick auf den Unternehmenszusammenbruch Bedeutung zu. Man kann insoweit von einer präventiven Schutzfunktion sprechen. Damit nicht jede konjunkturbedingte Krise und jeder wirtschaftliche Verlust sogleich zum Konkurs führen, dient das Stammkapital in derartigen Fällen als Finanz- oder Verlustpolster. Es ist als besondere Pufferzone der Konkurszone vorgelagert[20]. Im beschränkten Umfang sichert es damit insbesondere im Gläubigerinteresse die Überlebensfähigkeit und den Bestand der Gesellschaft.

3. *Risikobeteiligung*

Ferner kommt dem Stammkapital die Funktion zu, die Gesellschafter am unternehmerischen Risiko zu beteiligen[21]. Gesetzestechnisch wird dies dadurch erreicht, daß das Stammkapital im Vergleich zu dem Fremdkapital mit einem besonderen Verlustrisiko belastet wird[22]. Es kann damit auch als Risikokapital bezeichnet werden. Die auf die Stammeinlagen zu leistenden Einzahlungen der Gesellschafter erfolgen à fonds perdu[23]. Anders als Fremdkapital kann das Stammkapital als Gesamtbetrag der Stammeinlagen (§ 5 III GmbHG) im Konkurs der GmbH nicht geltend gemacht werden. Die Gesellschafter können sich daher nicht als Konkurrenten in die Reihe der Konkursgläubiger (§ 3 KO) einreihen[24], sondern gehen regelmäßig ganz leer aus.

---

[18] Statt aller: *Hachenburg / Ulmer*, § 63 Rn. 23.

[19] *Hachenburg / Ulmer*, § 63 Rn. 44.

[20] *Lutter / Hommelhoff*, ZGR 1979, 31, 59; *Lutter*, ZGR 1982, 244, 249; *derselbe*, FS Riesenfeld, S. 165, 168 f.; *Schneider*, ZGR 1984, 497, 509; *Wüst*, JZ 1985, 817; *Ketzer*, S. 6.

[21] A. A.: *Weitbrecht*, S. 14.

[22] *K. Schmidt*, Gesellschaftsrecht, § 18 II 2, S. 418 ff.

[23] *Wiedemann*, Gesellschaftsrecht, § 10 IV 1 a, S. 554.

[24] *Kuhn / Uhlenbruck*, § 3 Rn. 29 m. w. N.

Die Sorge um den endgültigen Verlust ihrer Risikobeteiligung im Konkurs der GmbH sollte nach dem Willen des Gesetzgebers „ein gewisses Interesse der Teilnehmer an den Schicksalen des gemeinsamen Unternehmens ... gewährleisten", um unseriösen Gesellschaftsgründungen vorzubeugen[25]. Man spricht insoweit auch von einer „Seriösitätsschwelle"[26]. Dabei muß jedoch betont werden, daß das Mindeststammkapital heute nur noch die wenigen der unseriösen Gesellschaftsgründungen herausfiltern kann, die ganz offensichtlich unseriös sind.

4. Betriebsmittelfonds

Darüber hinaus soll das Stammkapital der GmbH eine Grundausstattung an Betriebsmitteln sichern, die im Interesse der Gesellschaft selbst die Aufrechterhaltung des Geschäftsbetriebs ermöglichen und sichern soll[27]. In der Sorge des historischen Gesetzgebers um das Wohlergehen der von ihm neu geschaffenen Gesellschaftsform zeigen sich noch Relikte obrigkeitsstaatlichen Fürsorgedenkens[28]. Gleichwohl war der mit der Schaffung eines Betriebsmittelfonds verfolgte Fürsorgezweck nicht von vorrangiger Bedeutung. Vielmehr war der Gesetzgeber der Ansicht, daß „die Wahrung des Interesses der Gesellschaft als solcher und ihrer Mitglieder ... in der Hauptsache den Beteiligten selbst überlassen bleiben" könne „und der Schutz, welchen das Gesetz zu gewähren" habe, „sich deshalb im wesentlichen nur auf diejenigen" beziehe, „welche der Gesellschaft Kredit gewähren"[29].

IV. Höhe des Stammkapitals

Steht es den Gesellschaftern frei, ob sie der GmbH über das Mindeststammkapital von 50.000 DM hinaus weiteres Eigenkapital zufließen lassen, so wird

---

[25] RT-Aktenstück Nr. 660, S. 3734.

[26] *Ketzer*, S. 5; *A. Müller*, S. 16 f.; *Lutter*, FS Riesenfeld, S. 165, 168; *Schneider*, ZGR 1984, 497, 509.

[27] RT-Aktenstück Nr. 660, S. 3729; *Wiedemann*, Gesellschaftsrecht, § 10 IV 1 a, S. 555; *Müller-Erzbach*, Kapitel 50 A I, S. 246; *Lutter*, Kapital, S. 51; *Fabritius*, Anlagevermögen, S. 164; *Lutter / Hommelhoff*, ZGR 1979, 31, 59.

[28] *Fabricius*, GmbHR 1970, 137, 139 u. 143.

[29] RT-Aktenstück Nr. 660, S. 3734.

das Stammkapital häufig außer Verhältnis zum Geschäftsumfang und den daraus herrührenden Risiken stehen. Das berührt insbesondere die Interessen der Gesellschaftsgläubiger. Man spricht in diesen Fällen auch von unterkapitalisierten Gesellschaften[30]. Überlegungen bei der Reform des GmbHG, das Problem der Unterkapitalisierung durch eine Pflicht zur Bildung eines „angemessenen" Stammkapitals zu lösen, haben sich nicht durchsetzen können[31]. Der Gesetzgeber sah keine Möglichkeit, bei Gründung der GmbH mit hinreichender Sicherheit festzustellen, welches Stammkapital im Hinblick auf den Geschäftszweig der Gesellschaft angemessen ist[32]. Heute ist daher anerkannt, daß die Gesellschafter jenseits des Mindestbetrages von 50.000 DM die Höhe des Stammkapitals frei vereinbaren können[33].

V. Erste Folgerungen für die §§ 30 I, 31 GmbHG

1. Schutzrichtung

Die vorgenannten Ergebnisse wirken sich unmittelbar auf die Schutzrichtung der §§ 30 I, 31 GmbHG aus. Da sie die Erhaltung des Stammkapitals sichern sollen, leitet sich ihre Funktion aus der des Stammkapitals ab.

Da das Stammkapital in erster Linie aus Gläubigerschutzgründen geschaffen wurde, haben auch die Kapitalerhaltungsvorschriften zunächst die Sicherung der Interessen der Gesellschaftsgläubiger im Auge. Mit Blick auf den möglichen Konkurs der Gesellschaft ist dieser Schutz in erster Linie präventiver Art. Das Stammkapital als Finanz- oder Verlustpolster soll den Eintritt des Konkurses verhindern, zielt also auf die Sicherung des Überlebens der Gesellschaft ab. Daher sollen auch die §§ 30 I, 31 GmbHG das Weiterbestehen der GmbH gewährleisten[34], damit die Ansprüche der Gläubiger aus den Gewinnen der Gesellschaft erfüllt werden können. Diese präventive Schutzrichtung der Kapitalerhal-

---

[30] *Baumbach / Hueck / Hueck*, § 5 Rn. 5; eingehend: *Hachenburg / Ulmer*, Anh. § 30 Rn. 4 ff.; *Weitbrecht*, S. 20 ff.

[31] Vgl. hierzu die Überlegungen des Arbeitskreises GmbH-Reform, Thesen und Vorschläge, Band II, S. 13 ff.; BT-Drucksache 8 / 3908, S. 68; *Wiedemann*, Haftungsbeschränkung, S. 17.

[32] BT-Drucksache 8 / 1347, S. 38.

[33] BGH, U. v. 19.9.1988, NJW 1988, 3143, 3145; U. v. 24.3.1980, BGHZ 76, 327, 334; *Rowedder / Rittner*, § 5 Rn. 9; *Lutter / Hommelhoff*, § 5 Rn. 5; *Baumbach / Hueck / Hueck*, § 5 Rn. 5; *Rümker*, ZGR 1988, 494, 498.

[34] Ähnlich: *Lutter / Hommelhoff*, § 30 Rn. 1.

tungsvorschriften wird in der Wirklichkeit allerdings dadurch verdeckt, daß Ansprüche aus § 31 GmbHG häufig erst im Konkurs der Gesellschaft geltend gemacht werden. Aus der gläubigerschützenden Funktion der §§ 30 I, 31 GmbHG ergibt sich schließlich, daß die Einhaltung dieser Vorschriften nicht zur Disposition der Gesellschafter steht, sondern zwingend ist[35].

Da das Stammkapital – wenn auch nachrangig – die Bestandsinteressen der Gesellschaft selbst sichern soll, gilt dasselbe für die §§ 30 I, 31 GmbHG[36]. Das zeigt sich nicht zuletzt daran, daß bösgläubige Zuwendungsempfänger auch dann zur Erstattung verbotswidrig empfangener Auszahlungen herangezogen werden, wenn dies aus Gläubigerschutzgründen nicht erforderlich ist (arg. e § 31 II GmbHG). Daß dem Schutz der Gläubigersinteressen im Vergleich zu dem Schutz der Bestandsinteressen eine größere Bedeutung zukommt, wird zunächst daran deutlich, daß die Haftungsprivilegierung des § 31 II GmbHG nicht zum Zuge kommt, wenn dem Gläubigerinteressen entgegenstehen. Nur soweit Gläubigerinteressen es gebieten, kann schließlich die Ausfallhaftung gem. § 31 III GmbHG eingreifen.

2. *Ungeschützte Interessen*

Aus der Abhängigkeit der Kapitalerhaltungsvorschriften von den Funktionen des Stammkapitals ergibt sich zugleich, was die §§ 30, 31 GmbHG nicht zu leisten vermögen. Da das Stammkapital nicht die Vermögensinteressen der Gesellschafter sichern soll[37], gilt dasselbe für die §§ 30, 31 GmbHG[38]. Das hat zum einen zur Folge, daß Auszahlungen, die das zur Erhaltung des Stammkapitals erforderliche Vermögen zwar nicht berühren, aber gegen Regeln aus dem Innenverhältnis der GmbH (Gleichbehandlungsgrundsatz, Treuepflicht der Gesellschafter untereinander, innergesellschaftliche Kompetenzverteilung) verstoßen, nicht mit den genannten Vorschriften in den Griff zu bekommen sind[39]. Hier muß dann die Lehre von den verdeckten Gewinnausschüttungen

---

[35] H. M., statt aller: *Baumbach / Hueck / Hueck*, § 30 Rn. 1 m. w. N.

[36] Im Ergebnis ebenso: *Lutter / Hommelhoff*, § 30 Rn. 1.

[37] Deren Interessen werden allerdings als Reflex mitgeschützt, weil die §§ 30, 31 GmbHG zumindest nachrangig auch die Bestandsinteressen der Gesellschaft im Auge haben; siehe oben § 1 III 4.

[38] A. A.: *Lutter / Hommelhoff*, § 30 Rn. 1.

[39] Zutreffend: *Ulmer*, FS 100 Jahre GmbH-Gesetz, S. 363, 366 f.; *K. Schmidt*, Gesellschaftsrecht, § 37 III 2 d, S. 947.

weiterhelfen[40]. Sie kann zu Ansprüchen führen, die unabhängig von denen aus § 31 GmbHG bestehen. Zum anderen können Erstattungspflichten aus § 31 GmbHG trotz entgegenstehender Interessen der Mitgesellschafter nachträglich entfallen, wenn sich die Vermögenslage der Gesellschaft wieder bessert[41]. Den Mitgesellschaftern kann dann wieder nur über die Lehre von den verdeckten Gewinnausschüttungen geholfen werden.

Da die Reichweite der §§ 30 I, 31 GmbHG vom jeweils festgesetzten Stammkapital abhängt und ein „angemessenes" Stammkapital gesetzlich nicht vorgeschrieben ist, kann mit diesen Vorschriften auch nicht das Problem der materiellen Unterkapitalisierung gelöst werden[42]. Hier müssen andere Ansätze weiterhelfen, über die zur Zeit noch diskutiert wird[43].

VI. Zwischenergebnis

Der Hauptzweck des Stammkapitals ist präventiver Art. Es soll ein Verlustpolster schaffen, das den Eintritt des Konkurses der GmbH zu verhindern hilft. Dadurch sollen insbesondere die Gesellschaftsgläubiger, nachrangig aber auch das Bestandsinteresse der Gesellschaft, geschützt werden. Das wirkt sich auf die Schutzrichtung der §§ 30 I, 31 GmbHG aus. Auch sie dienen vornehmlich dem Gläubigerschutz; nachrangig sichern sie den Bestand der Gesellschaft in deren Interesse. Geschützt werden soll die lebende Gesellschaft. Auszahlungen, die ausschließlich gegen Regeln aus dem Innenverhältnis der GmbH verstoßen, lassen sich mit diesen Vorschriften nicht in den Griff bekommen. Dasselbe gilt für die materielle Unterkapitalisierung.

§ 2 Das Prinzip des § 30 I GmbHG

§ 30 I GmbHG schützt nicht das Stammkapital. Dieses ist nur eine Rechengröße und als feste Bilanzposition (§ 42 I GmbHG, §§ 272 I, 283 HGB) bereits

---

[40] Dazu: *Lutter / Hommelhoff*, § 29 Rn. 47 ff.; *Winter*, Treuebindungen, S. 220 ff.; *derselbe*, ZHR 148 (1984), 579 ff.; *Tries*, S. 1 ff.

[41] Dazu unten § 12.

[42] *Baumbach / Hueck / Hueck*, § 30 Rn. 1; *Hachenburg / Goerdeler / Müller*, § 30 Rn. 3.

[43] Dazu: *K. Schmidt*, Gesellschaftsrecht, § 37 III 7, S. 955; *Lutter / Hommelhoff*, § 5 Rn. 5; *Hachenburg / Ulmer*, Anh. § 30 Rn. 4 ff.; *Weitbrecht*, S. 20 ff. u. 35 ff.

durch andere Regeln des GmbHG gesichert. Es kann nur im Wege der Kapitalherauf- oder -herabsetzung von den Gesellschaftern verändert werden (§§ 55 ff. GmbHG)[1]. Nominell ist es daher auch im Konkurs der Gesellschaft immer vorhanden[2].

Vielmehr will die Vorschrift „das zur Erhaltung des Stammkapitals erforderliche Vermögen der Gesellschaft" sichern. Dieses bezeichnet man auch als das „gebundene Vermögen". Seiner Ermittlung liegt nach § 30 I GmbHG eine bilanzorientierte Betrachtung zugrunde. Das gilt wenigstens im Ausgangspunkt. Ein Zugriff der Gesellschafter auf das Gesellschaftsvermögen soll unterbleiben, solange der Wert der Aktiva hinter dem der Schulden zuzüglich des Stammkapitals zurückbleibt, also eine Unterbilanz oder Überschuldung besteht. M. a. W. soll verhindert werden, daß Gesellschaftsvermögen an Gesellschafter abfließt, wenn infolgedessen die bilanzielle Deckung des Stammkapitals beeinträchtigt wird[3]. Geschützt wird damit ein Nettovermögen, ein Überschuß der Aktiva über die Schulden in Höhe des Stammkapitals[4]. Darin unterscheidet sich der Vermögensschutz gem. § 30 GmbHG von dem in anderen Rechtsgebieten. Im BGB, Vollstreckungs- und Konkursrecht wird regelmäßig ein Bruttovermögen geschützt[5]. Dort beschränkt sich der Blick auf die Aktiva, die Verbindlichkeiten bleiben unbeachtet.

Wenn § 30 I GmbHG einen rechnerischen Überschuß der Aktiva über die Passiva (Nettovermögen) sichern soll, darf das nicht zu Mißverständnissen führen. Das Stammkapital ist nicht schon dann „erhalten" (bilanziell gedeckt), wenn überhaupt Gesellschaftsvermögen mit dem Betrag des Stammkapitals vorhanden ist. Das Stammkapital ist nur eine der Positionen auf der Passivseite der Bilanz. Bilanziell kann aber immer nur die Summe aller Passiva, nicht aber jede Position für sich gedeckt sein. Von einer Deckung des Stammkapitals kann also erst dann gesprochen werden, wenn der Betrag der Aktiva der Summe aus Stammkapital und echten Verbindlichkeiten (Fremdkapital) entspricht[6].

---

[1] Siehe oben § 1 I.

[2] *Scholz / Winter*, § 5 Rn. 10; *Lutter*, Kapital, S. 49.

[3] RT-Aktenstück Nr. 660, S. 3745; Einzelheiten siehe unten § 6.

[4] *Baumbach / Hueck / Hueck*, § 30 Rn. 4 f.; *Lutter / Hommelhoff*, § 30 Rn. 2.

[5] Eingehend: *Larenz*, BGB AT, § 17 I 3; S. 305.

[6] *Lutter / Hommelhoff*, § 30 Rn. 2, 9 f.; *Scholz / Westermann*, § 30 Rn. 13; *Baumbach / Hueck / Hueck*, § 30 Rn. 5; *Bartl / Henkes / Schlarb*, § 30 Rn. 333; *Joost*, GmbHR 1983, 285, 286.

Zwar knüpft das Verbot des § 30 I GmbHG an die Auszahlung von Gesellschaftsvermögen an. Doch das Konzept der Vorschrift, nicht ein gegenständlich bestimmtes Bruttovermögen, sondern einen rechnerischen Vermögensüberschuß zu gewährleisten, läßt erkennen, daß es hier nicht um den Schutz des Vermögens in seiner konkreten Zusammensetzung geht. Solange sich ein Vermögensüberschuß in Höhe des Stammkapitals errechnen läßt, ist es gleich, welche Vermögensgegenstände sich im Gesellschaftsvermögen befinden. § 30 GmbHG dient also nicht dem gegenständlichen Eigentumschutz[7]. Die Vorschrift zielt nur auf den Schutz einer Wertgrenze: Gewährleistet werden soll, daß eine Summe aus beliebig austauschbaren Vermögensgegenständen bilanziell nicht unter den Wert sinkt, der zur Abdeckung des Stammkapitals erforderlich ist[8].

§ 3 Die Bilanzregeln

I. Problemstellung

Wer feststellen will, ob infolge von Auszahlungen an Gesellschafter die bilanzielle Deckung des Stammkapitals beeinträchtigt wird, muß zunächst klären, nach welchen Regeln das zur Deckung des Stammkapitals erforderliche Vermögen zu bestimmen ist. Wenn hierfür eine Bilanz erstellt werden muß, weist dies zunächst nur auf eine methodische Vorgehensweise hin: Es soll ein Rechenwerk erstellt werden, in dem Aktiva und Passiva einander gegenübergestellt werden und sich betragsmäßig entsprechen[1]. Ob sich als Ergebnis dieser Vorgehensweise jedoch feststellen läßt, daß das Stammkapital noch durch Aktiva gedeckt ist, hängt entscheidend davon ab, welche Positionen als Aktiva und Passiva anzusetzen und wie sie zu bewerten sind.

Im Grundsatz besteht weitgehend Einigkeit darüber, daß die gem. § 30 I GmbHG zu erstellende Bilanz nicht ein Vermögensstatus mit Bilanzansätzen zu Verkehrs- oder Liquidationswerten sein soll, sondern eine den Anforderungen

---

[7] *Hachenburg / Goerdeler / Müller*, § 30 Rn. 28; *Lutter / Hommelhoff*, § 30 Rn. 2; *Scholz / Westermann*, § 30 Rn. 1; *Joost*, ZHR 148 (1984), 27, 29; *K. Schmidt*, Gesellschaftsrecht, § 37 III 1 b, S. 941; BGH, U. v. 5.2.1990, WM 1990, 502, 504.

[8] Einzelheiten siehe unten § 6.

[1] *Moxter*, Bilanzlehre I, S. 1; vgl. auch: *Knobbe-Keuk*, Bilanz- und Unternehmenssteuerrecht, § 1, S. 12 ff.

des § 42 GmbHG (Jahresbilanz) entsprechende Erfolgsbilanz[2]. Begründet wird dies überwiegend mit Gesichtspunkten des Gläubigerschutzes. Die Regeln zur Erstellung der Jahresbilanz trügen diesem besonders Rechnung und müßten daher im Rahmen des § 30 I GmbHG ebenfalls zur Geltung kommen[3]. Ergänzend wird darauf hingewiesen, auch aus Vereinfachungsgründen dürften im Bereich des § 30 I GmbHG keine anderen Bilanzierungsvorschriften als für die Jahresbilanz angewendet werden[4]. Diese Einigkeit im Grundsatz darf nicht darüber hinwegtäuschen, daß bei zahlreichen Einzelfragen Streit darüber besteht, ob nicht von den Bilanzvorschriften der §§ 42 GmbHG, 242 ff. HGB abgewichen werden muß. Die Unsicherheiten betreffen unter anderem die Behandlung stiller Reserven[5], Bewertungsfragen bei Auszahlungen, die die Existenz der Gesellschaft gefährden[6], und die Zulässigkeit steuerrechtlicher Einflüsse auf die Bilanz nach § 30 I GmbHG[7].

Dies macht eine genauere Untersuchung erforderlich, inwieweit sich bereits aus § 30 I GmbHG Grundsätze für die Bilanzierung herleiten lassen. Auf der Grundlage der gefundenen Ergebnisse läßt sich dann feststellen, in welchem Umfang die Regeln zur Jahresbilanz auch im Rahmen des § 30 I GmbHG zur Anwendung kommen können. Gleichzeitig kann der Versuch unternommen werden, die noch offenen Streitfragen zu lösen.

II. Wortlaut des § 30 I GmbHG und Gesetzgebungsgeschichte

Der Wortlaut des § 30 I GmbHG gibt auf die im Rahmen der Vorschrift geltenden Bilanzierungsregeln keine Antwort. Der Blick in die Gesetzgebungsgeschichte führt ebenfalls nicht viel weiter. Der Gesetzgeber kannte nur einen Bilanztyp, nämlich die Jahresbilanz. Diese diente verschiedenen Zwecken. So

---

[2] BGH, U. v. 11.5.1987, NJW 1988, 139; U. v. 7.11.1988, WM 1989, 14, 16; U. v. 11.12.1989, GmbHR 1990, 209 f.; siehe auch: U. v. 27.11.1989, ZIP 1990, 98, 100 f.; *Baumbach / Hueck / Hueck*, § 30 Rn. 6; *Scholz / Westermann*, § 30 Rn. 14; *Hachenburg / Goerdeler / Müller*, § 30 Rn. 29; *Rowedder / Rowedder*, § 30 Rn. 7; *Lutter / Hommelhoff*, § 30 Rn. 9 ff.; *Röhrkasten*, GmbHR 1974, 36 f.; *Joost*, GmbHR 1983, 285, 287; *Stimpel*, FS 100 Jahre GmbH-Gesetz, S. 335, 337; *Buchwald*, GmbHR 1957, 33, 34.

[3] BGH, U. v. 11.12.1989, GmbHR 1990, 209 f. m. w. N.

[4] *Stimpel*, FS 100 Jahre GmbH-Gesetz, S. 335, 337.

[5] Siehe unten § 3 III 3.

[6] Siehe unten § 3 III 1.

[7] Siehe unten § 3 III 3 b.

sollte sie nicht nur Aussagen über den verteilungsfähigen Gewinn machen, sondern auch den Konkursgrund der Überschuldung anzeigen (§ 62 GmbHG i. d. F. von 1892)[8]. Man muß davon ausgehen, daß der Gesetzgeber gar nicht auf den Gedanken gekommen ist, ausgerechnet im Rahmen des § 30 I GmbHG könnten die Vorschriften zur Jahresbilanz dann keine oder nur eingeschränkt Anwendung finden. Gleiches gilt für die ältere Rechtsprechung, die bei der Prüfung des § 30 I GmbHG ohne Begründung und selbstverständlich die Bilanzregeln zur Jahresbilanz angewendet hat[9].

Gleichwohl lassen sich hieraus kaum Schlüsse für die heutige Rechtslage ziehen. Zum einen ist heute anerkannt, daß unterschiedliche Bilanzaufgaben auch unterschiedliche Bilanzregeln bedingen[10], so daß man nicht mehr automatisch auf die Jahresbilanz abstellen kann. So wird z. B. die Frage, ob der Konkursgrund der Überschuldung vorliegt (§ 63 I GmbHG), längst nicht mehr anhand der Jahresbilanz beantwortet, obwohl dies nicht ausdrücklich im Gesetz steht[11]. Zum anderen haben sich auch die Regeln zur Jahresbilanz seit Erlaß des GmbHG stark gewandelt. So wird die Handelsbilanz heute z. B. sehr stark von steuerrechtlichen Bewertungsregeln beeinflußt[12]. Diese waren dem historischen Gesetzgeber fremd[13]. Wenn er also auch für § 30 I GmbHG die Handelsbilanz für maßgeblich hielt, besagt das für heute nichts, weil sich die damaligen Bilanzierungsvorschriften ganz deutlich von denen unterscheiden, die heute für die Jahresbilanz gelten und deren Anwendung im Rahmen des § 30 I GmbHG zur Diskussion steht.

III. Sinn und Zweck

Erst eine an Sinn und Zweck der Vorschrift orientierte Auslegung läßt erkennen, nach welchen Grundsätzen im Rahmen des § 30 I GmbHG zu bilanzieren ist.

---

[8] Vgl. auch: *Scholz / K. Schmidt*, § 63 Rn. 10.

[9] RG, U. v. 3.10.1916, RGZ 88, 428, 429; U. v. 18.1.1918, RGZ 91, 408, 409 f.

[10] *Lutter / Hommelhoff*, § 63 Rn. 4 m. w. N.

[11] *Baumbach / Hueck / Schulze-Osterloh*, § 63 Rn. 10 a; *Lutter / Hommelhoff*, § 63 Rn. 4 ff.

[12] Dazu: *Baumbach / Hueck / Schulze-Osterloh*, § 42 Rn. 317 ff.; *Budde / Karig* in Beck Bil-Komm, § 243 Rn. 121 f.; *Großfeld*, Rn. 165.

[13] Dazu auch: *Binz*, S. 92.

1. Zerschlagungs- oder Fortführungsbilanz

Das gilt zunächst für die grundlegende Frage, ob die Bilanzerstellung unter der Annahme der Beendigung der Unternehmenstätigkeit oder unter der ihrer Fortführung zu erfolgen hat, m. a. W. ob eine Zerschlagungs- oder entsprechend der Jahresbilanz eine Fortführungsbilanz zu erstellen ist. Oben ist bereits dargelegt worden, daß das Stammkapital den Eintritt des Gesellschaftskonkurses zu verhindern helfen soll, seine gläubigerschützende Wirkung sich also insbesondere in der lebenden Gesellschaft entfaltet[14]. Dementsprechend ist der Schutz des § 30 I GmbHG auf die lebende Gesellschaft ausgerichtet[15]. Daraus folgt, daß auch bei der Bilanzierung grundsätzlich die Unternehmensfortführung zu unterstellen ist, m. a. W. der unmittelbar nur für den Jahresabschluß geltende § 252 I Nr. 2 HGB analog anwendbar ist[16]. Im Ergebnis entspricht dies der h. M., der insoweit zuzustimmen ist.

Allerdings ist in jüngerer Zeit die Ansicht vertreten worden, die Wertansätze könnten sich nicht mehr an den Fortführungswerten der Jahresbilanz orientieren, wenn eine Prognose ergebe, daß die in Aussicht genommene Auszahlung an den Gesellschafter die Existenzgrundlage und den Bestand der Gesellschaft gefährde[17]. In einem derartigen Fall sollen nicht einfach die Wertansätze aus der Jahresbilanz fortgeschrieben werden. Vielmehr müßte den besonderen Risiken, die der GmbH infolge der bestandsgefährdenden Auszahlung drohten, durch Wertberichtigungen auf der Aktivseite sowie durch die Bildung von Rückstellungen zur Abdeckung der mit einem Zusammenbruch der GmbH verbundenen Zusatzbelastungen (z. B. Sozialplan) Rechnung getragen werden. Zur Begründung wird darauf verwiesen, die durch bestandsgefährdende Auszahlungen herbeigeführte Krise sei mit derjenigen vergleichbar, die es notwendig mache, die Überschuldung (§ 63 I GmbHG) zu prüfen. Für die Ermittlung der Überschuldung sei aber ebenfalls anerkannt, daß eine Fortbestehensprognose anzustellen sei und eine an den Liquidationswerten orientierte Bilanz aufgestellt werden müsse, wenn die Prognose negativ ausfalle[18].

---

[14] Siehe oben § 1 III 1, 2 u. § 1 V 1.

[15] Siehe oben § 1 V 1.

[16] Ähnlich: *Röhrkasten*, GmbHR 1974, 36, 37.

[17] *Ulmer*, FS Pfeiffer, S. 853, 868 f.; *Weber*, ZHR 155 (1991), 120, 124.

[18] *Ulmer*, a. a. O.; siehe auch: BGH, U. v. 13.7.1992, ZIP 1992, 1382, 1386 m. w. N.

Zwar ist dieser Ansicht entgegengehalten worden, sie sei unpraktikabel, weil sich eine hinreichend zuverlässige Fortbestehensprognose nicht aufstellen lasse[19]. Gleichwohl ist ihr im Ergebnis zu folgen. Allerdings bedarf es zu ihrer Begründung nicht des Rückgriffs auf die Bilanzregeln, die zur Feststellung der Überschuldung gelten. Dieselben Ergebnisse lassen sich schon vom Standpunkt der h. M. aus erzielen, wenn man die Regeln zur Jahresbilanz und damit auch § 252 I Nr. 2 HGB nur konsequent (analog) anwendet. Denn die Annahme der Unternehmensfortführung, von der die h. M. für die Bewertung zutreffend ausgeht, gilt nach dem Wortlaut der Vorschrift nicht mehr, wenn der Unternehmensfortführung tatsächliche oder rechtliche Gegebenheiten entgegenstehen. Diese Ausnahme liegt bei den hier in Frage stehenden existenzgefährdenden Auszahlungen vor. Muß aber ausnahmsweise gem. § 252 I Nr. 2 HGB die Bewertung unter Fortführungsgesichtspunkten aufgegeben werden, so müssen die Vermögensgegenstände unter Berücksichtigung der voraussichtlichen Veräußerungserlöse bewertet werden. Das bedeutet meist erhebliche Abwertungen (Ausnahme: bei Grundbesitz) und die Aufnahme zusätzlicher Rückstellungen für solche Verbindlichkeiten, die bei einer Liquidation des Unternehmens entstehen[20]. Das entspricht dem, was die oben dargestellte – scheinbar abweichende und neue – Meinung für den Fall existenzgefährdender Ausschüttungen mit anderer Begründung vertritt. Im Ergebnis deckt sich also das, was sich als neue Meinung präsentiert, mit dem Lösungsansatz der h. M.

Zugleich wird deutlich, daß die gegen die „neue“ Ansicht erhobene Kritik mangelnder Praktikabilität nicht greift. Denn die Schwierigkeiten, die die „neue“ Ansicht hat, um eine zuverlässige Fortbestehensprognose abzugeben, treten in gleicher Form für die h. M. auf, wenn sie bei analoger Anwendung des § 252 I Nr. 2 HGB die Frage stellt, ob eine Auszahlung zu einer tatsächlichen Gegebenheit führt, die der Bewertung unter der Annahme der Unternehmensfortführung entgegensteht[21].

---

[19] *Fleck*, ZGR 1990, 31, 41 f.; kritisch auch: *Falkenstein*, S. 68 ff.

[20] *Hachenburg / Goerdeler / Müller*, 7. Aufl., § 42 Rn. 190; *Heymann / Jung*, § 252 Rn. 2 f.; *Luik*, FS Wysocki, S. 61, 68; *Wöhe*, Handels- und Steuerbilanz, § 12 1; S. 91; *Leffson*, GoB, S. 76.

[21] Zur Notwendigkeit einer Fortführungsprognose im Rahmen des § 252 I Nr. 2 HGB: *Budde / Geißler* in Beck Bil-Komm, § 252 Rn. 10.

2. *Grundsatz der Vorsicht*

Nicht selten treten bei der Bilanzierung Zweifelsfragen auf. Sie können sowohl Bewertungen betreffen als auch die Entscheidung darüber, was als Vermögensgegenstand oder Schuld anzusehen ist. Wie in diesen Zweifelsfällen zu verfahren ist, ergibt sich aus dem Zweck des § 30 I GmbHG, die Gläubiger- und Bestandsinteressen zu schützen[22]. Diese Interessen gebieten es, vorsichtig zu bilanzieren: Die Aktiva sind im Zweifel niedriger und die Passiva im Zweifel höher anzusetzen, damit nicht Auszahlungen erfolgen, von denen sich erst im nachhinein herausstellt, daß sie das Stammkapital angegriffen haben (Grundsatz der Vorsicht). Dieselbe Wertung liegt vielen Regeln zur Jahresbilanz zugrunde[23], die daher von der h. M. zu Recht auch bei der Bilanzierung im Rahmen von § 30 I GmbHG angewendet werden. Im einzelnen sei hier zunächst § 252 I Nr. 4 HGB genannt, in dem der Grundsatz vorsichtiger Bewertung einschließlich seiner Ausprägungen im Realisations- und Imparitätsprinzip verankert sind[24]. Ferner sind das Anschaffungswertprinzip (§ 253 I HGB), das den Ausweis unrealisierter Gewinne verbietet, und die Aktivierungsverbote für unentgeltlich erworbene, immaterielle Vermögensgegenstände des Anlagevermögens (§ 248 II HGB) einschließlich der selbstgeschaffenen Geschäfts- oder Firmenwerte Konkretisierungen dieses Grundsatzes[25].

3. *Stille Reserven*

Stille Reserven sind Bestandteile des Eigenkapitals, deren betragsmäßige Größe jedoch aus der Bilanz nicht ersichtlich ist. Ihr Vorhandensein führt dazu, daß das Eigenkapital niedriger ausgewiesen wird als es tatsächlich ist. Sie entstehen, wenn die Aktiva zu niedrig oder die Passiva zu hoch angesetzt werden[26].

---

[22] Siehe oben § 1 V 1.

[23] *Großfeld*, Rn. 76 f.

[24] *Großfeld*, Rn. 76; *Budde / Geißler* in Beck Bil-Komm, § 252 Rn. 43.

[25] Zur Qualifizierung des Geschäfts- oder Firmenwertes: *Pankow / Reichmann* in Beck Bil-Komm, § 247 Rn. 400 f.

[26] Einzelheiten dazu: *Großfeld*, Rn. 284; *Wöhe*, Bilanzierung und Bilanzpolitik, S. 629; *Coenenberg*, S. 196.

Die Behandlung stiller Reserven im Rahmen des § 30 I GmbHG ist umstritten. Während die h. M. aus Gründen des Gläubigerschutzes ihre Auflösung ablehnt[27], vertritt eine Mindermeinung die Ansicht, § 30 I GmbHG gebiete den Schutz stiller Reserven nicht. Demzufolge seien sie in der Bilanz gem. § 30 I GmbHG gewinnerhöhend aufzulösen und zur Auszahlung freizugeben[28].

Allgemein anerkannt ist allerdings, daß § 30 I GmbHG nicht das gesamte Eigenkapital schützen will, sondern nur einen Teil desselben, nämlich das Stammkapital (gezeichnetes Kapital, § 266 III A HGB). So nimmt auch die h. M. an, daß die offenen Rücklagen ohne Beschränkung durch § 30 I GmbHG an die Gesellschafter ausgeschüttet werden dürfen[29]. Ihrer Funktion nach entsprechen die stillen Reserven den offenen Rücklagen. In beiden Fällen wird ein zusätzliches Finanzpolster gebildet, das der Selbstfinanzierung des Unternehmens dient oder Verluste auffangen kann. Aus diesem Blickwinkel erscheint es naheliegend, die stillen Reserven ebensowenig wie offene Rücklagen in den Schutz des § 30 I GmbHG einzubeziehen[30]. Wenn die stillen Reserven daher gleichwohl nicht aufgelöst werden sollen, bedarf es dazu einer besonderen Begründung. Eine solche läßt sich – wenigstens für einen Teil der stillen Reserven – in der Tat finden.

a) Handelsrechtliche Bewertungsvorschriften

Vielfach entstehen stille Reserven aufgrund handelsrechtlicher Bewertungsvorschriften, z. B. wenn der Wert eines Wirtschaftsguts über die Anschaffungs- oder Herstellungskosten ansteigt (§ 253 I HGB), wenn der Wert der Abschreibungen den des Wertverlustes übersteigt (§ 253 II HGB) oder wenn Schätzungen im Bereich der Rückstellungen (§ 249 HGB) vorgenommen werden müs-

---

[27] *Lutter / Hommelhoff*, § 30 Rn. 11; *Scholz / Westermann*, § 30 Rn. 14; *Baumbach / Hueck / Hueck*, § 30 Rn. 6; *Hachenburg / Goerdeler / Müller*, § 30 Rn. 32; *Joost*, GmbHR 1983, 285, 287; *Falkenstein*, S. 66 f.; BGH, U. v. 11.12.1989, GmbHR 1990, 209 m. w. N.

[28] *Sonnenhol / Stützle*, DB 1979, 925, 928; *Meister*, WM 1980, 390, 394; *derselbe*, FS Werner, S. 521, 543 (Fn. 125); differenzierend: *Weber*, ZHR 155 (1991), 120, 124.

[29] *Hachenburg / Goerdeler / Müller*, § 30 Rn. 13 f.; *Baumbach / Hueck / Hueck*, § 30 Rn. 8.

[30] Auch das RG geht in seinem Urteil vom 29.7.1935, HRR 1935, 1403, davon aus, daß Rücklagen und stille Reserven gleich zu behandeln seien und ohne Verstoß gegen § 30 I GmbHG herausgegeben werden dürften.

sen[31]. Regelmäßig wollen diese Vorschriften den Ausweis von Gewinnen verhindern, die möglicherweise gar nicht entstanden sind, deren Existenz und Höhe also zweifelhaft sind. Das dient dem Gläubigerschutz, weil die Ausschüttung von Scheingewinnen zu Lasten des Stammkapitals gehen kann. Zugleich zeigt sich, daß die Vorschriften Ausformungen des Vorsichtsprinzips sind, das – wie bereits begründet[32] – auch im Rahmen des § 30 I GmbHG zu beachten ist. Soweit stille Reserven daher als Folge handelsrechtlicher Bewertungsvorschriften entstanden sind, die auf dem Vorsichtsprinzip beruhen, dürfen sie auch bei der Ermittlung des nach § 30 I GmbHG gebundenen Vermögens nicht aufgelöst werden, es sei denn, dies entspräche einer ordnungsgemäßen Bilanzierung.

Das hat zur Folge, daß es im System der Kapitalerhaltung neben dem Stammkapital noch ein zweites, aber unsichtbares Verlustpolster gibt, das dem Verlustpolster „Stammkapital"[33] vorgelagert ist. Denn neben dem aus der Bilanz ersichtlichen Reinvermögen in Höhe des Stammkapitals sind die in den Bilanzansätzen enthaltenen stillen Reserven vor der Auszahlung geschützt und können bei einem Zugriff der Gläubiger in deren Interesse verwertet werden[34].

b) Steuerrechtliche Bewertungsvorschriften

Vielfach gewährt das Steuerrecht Steuervergünstigungen, indem es besondere Abschreibungsmöglichkeiten einräumt. Damit werden wirtschaftspolitische Ziele verfolgt; es sollen bestimmte Investitionen gefördert werden. Regelmäßig ist die Wahrnehmung derartiger Abschreibungsmöglichkeiten davon abhängig, daß die Vermögensgegenstände auch in der Jahresbilanz entsprechend niedrig ausgewiesen werden (§ 5 I 2 EStG)[35]. Damit soll erreicht werden, daß die Steuervergünstigungen entsprechend ihrem wirtschaftspolitischen Zwecken in der Form stiller Reserven im Unternehmen gebunden und nicht als Gewinne entnommen werden[36]. Dem tragen die §§ 254, 279 II, 280 HGB Rechnung. Sie lassen Wertansätze zu, die steuerrechtlich bedingt sogar unterhalb derjenigen liegen,

---

[31] Allgemein zu den Ursachen stiller Reserven: *Moxter*, Bilanzlehre I, S. 103; *Wöhe*, Bilanzierung und Bilanzpolitik, S. 629 ff.; *Coenenberg*, S. 196 f.; *Großfeld*, Rn. 285.

[32] Siehe oben § 3 III 2.

[33] Dazu oben § 1 III 2.

[34] *Joost*, GmbHR 1983, 285, 287.

[35] Einzelheiten: *Großfeld*, Rn. 165.

[36] *Crezelius*, FS 100 Jahre GmbH-Gesetz, S. 315, 327 f.

die sich aufgrund handelsrechtlicher Bewertungsvorschriften ergeben würden. Damit entstehen wirtschaftspolitisch motivierte stille Reserven, die mit dem Prinzip vorsichtiger Bewertung nichts mehr zu tun haben[37]. Unklar ist, ob diese Art stiller Reserven bei der Bilanzierung nach § 30 I GmbHG ebenfalls nicht aufzulösen und damit geschützt ist. Dies scheint wenigstens die h. M. zu § 30 I GmbHG anzunehmen, denn sie problematisiert die Frage nicht weiter[38]. Ob das richtig ist, ist indessen fraglich.

Dieselbe Frage hat sich bereits im Rahmen einer verwandten Vorschrift, des § 172 IV 2 HGB, gestellt. Dort hat sich der BGH im Gegensatz zur dortigen h. L.[39] gegen die Auflösung der stillen Reserven ausgesprochen[40]. Zur Begründung weist er auf die praktischen Schwierigkeiten hin, die sich aus der Notwendigkeit ergeben würden, zur Auflösung der steuerrechtlichen stillen Reserven von den steuerrechtlichen auf die handelsrechtlichen Wertansätze zurückzurechnen. Hieraus könnten sich für Gesellschaftsgläubiger Nachteile ergeben, weil bei der Rückrechnung unter Umständen außergewöhnliche Entwertungen des Anlagevermögens unberücksichtigt blieben (siehe § 253 II 3 HGB). Die Entscheidung ist zu Recht auf Kritik gestoßen. Die vom BGH angeführten Praktikabilitätsgesichtspunkte sind wenig überzeugend, und es spricht mehr für eine Aufdeckung der stillen Reserven[41].

Bei der Bilanzierung nach § 30 I GmbHG wird man sich ebenfalls für die Aufdeckung der steuerrechtlich bedingten stillen Reserven entscheiden müssen. Die erwähnten praktischen Schwierigkeiten sind nicht unüberwindbar. Sie gehen nicht über diejenigen hinaus, die bei einer Wertaufholung nach § 280 I HGB entstehen würden[42]. Auch wenn die Steuervorteile als verstecktes Eigenkapital in der Gesellschaft gebunden werden sollen, so dient § 30 I GmbHG doch nicht dazu, dieses – aus wirtschaftspolitischen Gründen geschaffene – Finanzpolster zu schützen. Denn der Schutz der Vorschrift beschränkt sich grundsätzlich auf das Stammkapital, soweit nicht ausnahmsweise Gründe des Gläubigerschutzes

---

[37] Siehe auch: *Tipke / Lang*, S. 644 ff.; *Pankow / Lienau* in Beck Bil-Komm, § 254 Rn. 10.

[38] Siehe etwa: *Lutter / Hommelhoff*, § 30 Rn. 11; *Baumbach / Hueck / Hueck*, § 30 Rn. 6; *Hachenburg / Goerdeler / Müller*, § 30 Rn. 32; a. A.: *Priester*, BB 1976, 1004, 1007.

[39] *Priester*, BB 1976, 1004, 1008 f.; *Baumbach / Duden / Hopt*, § 172 Anm. 2 C; *K. Schmidt*, Einlage und Haftung, S. 94 f.; *Hennerkes / Binz*, S. 85 ff; anders jetzt: *Binz*, S. 94.

[40] BGH, U. v. 11.12.1989, GmbHR 1990, 209, 210 f.; ebenso: *Heymann / Horn*, § 172 Rn. 17; *Fetsch*, FS Knur, S. 67, 115 f.

[41] *Crezelius*, EWiR § 172 HGB 1 / 90, S. 169, 170; *Krieger*, WuB II F. § 172 HGB 1.90, S. 674; *Binz*, S. 92 ff.

[42] Dazu: *Baumbach / Hueck / Schulze-Osterloh*, § 42 Rn. 322; *Großfeld*, Rn. 466 f.

eine Erweiterung zwingend erfordern[43]. Hier stehen – entgegen der Ansicht des BGH zu § 172 IV 2 HGB – Gründe des Gläubigerschutzes einer Auflösung der steuerrechtlich bedingten stillen Reserven nicht entgegen. Im Rahmen der Bewertung verlangen die Gläubigerinteressen nur, daß dem Grundsatz der Vorsicht Rechnung getragen wird. Die Auflösung der stillen Reserven hat daher entsprechend § 280 I HGB lediglich mit der Maßgabe zu erfolgen, daß bei der Neubewertung die vom Vorsichtsprinzip bestimmten handelsrechtlichen Bewertungsvorschriften zu beachten sind. M. a. W. muß eine Rückrechnung auf handelsrechtliche Wertansätze erfolgen; unzulässig indessen ist eine Bewertung zu eventuell darüber liegenden Veräußerungswerten[44].

4. Bilanzierung von Verbindlichkeiten mit Rangrücktrittsvereinbarung und eigenkapitalersetzenden Gesellschafterdarlehen

Fraglich ist, wie Rückzahlungsforderungen aus eigenkapitalersetzenden Gesellschafterdarlehen und Verbindlichkeiten mit Rangrücktrittsvereinbarung bei der Bilanzierung im Rahmen des § 30 I GmbHG zu behandeln sind.

a) Verbindlichkeiten mit Rangrücktrittsvereinbarung

Rangrücktrittsvereinbarungen werden zwischen der Gesellschaft und einem oder mehreren ihrer Gläubiger abgeschlossen, um eine eingetretene oder drohende Überschuldung (§ 63 I GmbHG) zu beseitigen oder abzuwenden[45]. Die verwendeten Formulierungen sind recht unterschiedlich[46]. Mit der Rangrücktrittsvereinbarung kann jedoch nur dann die beabsichtigte Wirkung – Vermeidung oder Beseitigung der Überschuldung der GmbH – erreicht werden, wenn sie zum Inhalt hat, daß eine näher bezeichnete Forderung hinter die Rechte der übrigen Gläubiger zurücktritt und nur aus dem Bilanzgewinn, aus

---

[43] Siehe oben § 3 III 3.

[44] Ebenso für § 172 IV HGB: *Priester*, BB 1976, 1004, 1008; *derselbe*, EWiR § 172 HGB 1 / 89, S. 379, 380.

[45] Eingehend: *Peters*, WM 1988, 685 ff.; *Knobbe-Keuk*, ZIP 1983, 127, 128 f.; *Priester*, DB 1977, 2429 ff.

[46] *Priester*, DB 1977, 2429, 2430 f. mit einem Überblick über die jeweiligen Rechtsfolgen der unterschiedlichen Vereinbarungen.

dem sonstigen Eigenkapital oberhalb der Stammkapitalgrenze oder aus einem Liquidationsüberschuß beglichen werden soll[47].

Für die Bilanzierung im Rahmen des § 30 I GmbHG wird ganz überwiegend die Ansicht vertreten, Verbindlichkeiten mit Rangrücktrittsvereinbarung seien als Schulden zu passivieren[48]. Die Einmütigkeit überrascht, wenn man bedenkt, daß diese Frage für die Handelsbilanz umstritten ist[49] und im Überschuldungsstatus eine Passivierung verneint wird[50].

Gegen eine Passivierung könnte sprechen, daß Verbindlichkeiten mit Rangrücktrittsvereinbarung – wenigstens soweit sie nach dem Inhalt der Rangrücktrittsvereinbarung nur aus dem Eigenkapital oberhalb der Stammkapitalgrenze zu erfüllen sind[51] – das Stammkapital ohnehin nicht angreifen können. Wenig überzeugend ist da der Einwand, es bestehe die Gefahr abredewidriger Rückzahlungen zu Lasten des Stammkapitals, wenn sich die Parteien über den Inhalt der Rücktrittsvereinbarung hinwegsetzen, und dem müsse durch eine Passivierung auch dieser Verbindlichkeiten vorgebeugt werden[52]. Die Gefahr verbotswidriger Auszahlungen hängt von der Bereitschaft der Beteiligten ab, die gesetzlichen und vertraglichen Regeln einzuhalten. Sie läßt sich allein durch die Passivierung der Verbindlichkeiten, die aufgrund einer Rangrücktrittsvereinbarung nicht erfüllt werden dürfen, nicht verringern. Soweit im übrigen schon aufgrund anderer Verbindlichkeiten dem Stammkapital die Deckung entzogen ist, kommt es für das Eingreifen des Auszahlungsverbots gem. § 30 I GmbHG nicht mehr darauf an, ob die Unterdeckung unter Einbeziehung der Verbindlichkeit mit Rangrücktrittsvereinbarung größer oder ohne sie kleiner ist. Denn weitere Auszahlungen an Gesellschafter sind verboten, ungeachtet dessen, wie groß die Unterdeckung ist.

---

[47] *Priester*, DB 1977, 2429, 2430 f.; *Peters*, WM 1988, 685; *Knobbe-Keuk*, ZIP 1983, 127, 128, mit jeweils ähnlichen Formulierungen.

[48] *Baumbach / Hueck / Hueck*, § 30 Rn. 5; *Hachenburg / Goerdeler / Müller*, § 30 Rn. 36; *Scholz / Westermann*, § 30 Rn. 15; *Fleck*, FS Döllerer, S. 109, 119 f.; *K. Schmidt*, FS Goerdeler, S. 487, 502; LG München I, U. v. 19.6.1986, GmbHR 1987, 101, 102; a. A.: *Baumbach / Hueck / Schulze-Osterloh*, § 42 Rn. 226.

[49] Siehe nur: *K. Schmidt*, FS Goerdeler, S. 487, 501; *Baumbach / Duden / Hopt*, § 266 Anm. 13; *Knobbe-Keuk*, Bilanz und Unternehmenssteuerrecht, § 4 V 3 a, S. 96, jeweils m. w. N.

[50] *Lutter / Hommelhoff*, § 63 Rn. 6; *K. Schmidt*, FS Goerdeler, S. 487, 501; *Hachenburg / Goerdeler / Müller*, § 42 Rn. 104.

[51] Zu den unterschiedlichen Gestaltungsmöglichkeiten bei Rangrücktrittsvereinbarungen siehe *Priester*, DB 1977, 2429, 2430 f.

[52] *Fleck*, FS Döllerer, S. 109, 119.

Gleichwohl ist aus Gründen des Gläubigerschutzes der h. M. zu folgen. Aus § 30 I GmbHG läßt sich der Gedanke entnehmen, daß Ausschüttungen an Gesellschafter nur zulässig sein sollen, wenn vorab sämtliche Verbindlichkeiten zuzüglich des Stammkapitals bilanziell abgedeckt sind. Die Gläubigerinteressen gehen den Interessen der Gesellschafter an Auszahlungen vor. Das gilt auch für Gläubiger, die eine Rangrücktrittsvereinbarung geschlossen haben. Auch sie wollen mit der Rangrücktrittsvereinbarung den ihnen durch § 30 I GmbHG vermittelten Schutz nicht aufgeben. Sie wollen zwar im Interesse der Bestandssicherung der Gesellschaft hinter andere Gesellschaftsgläubiger zurücktreten, nicht aber einen größeren Spielraum für Auszahlungen an Gesellschafter schaffen.

Dieser Interessenlage kann nur durch eine Passivierung der Verbindlichkeiten mit Rangrücktrittsvereinbarung Rechnung getragen werden. Zum einen kann nur so verhindert werden, daß ungebundenes Kapital i. S. d. § 30 I GmbHG ausgewiesen wird, bevor sämtliche Verbindlichkeiten einschließlich der mit Rangrücktrittsvereinbarung und zusätzlich das Stammkapital bilanziell gedeckt sind. Anderenfalls könnten die Gesellschafter auf das Gesellschaftsvermögen Zugriff nehmen, ohne daß gewährleistet ist, daß vorab alle Gesellschaftsgläubiger einschließlich derjenigen, die einen Rangrücktritt erklärt haben, zum Zuge kommen können[53].

Zum anderen ist zu bedenken, daß die Erstattungspflicht gem. § 31 I GmbHG wieder entfällt, wenn die Bilanz nach § 30 I GmbHG vor der Geltendmachung des Erstattungsanspruchs bereits wieder eine Stammkapitaldeckung ausweist, weil die Gesellschaft zwischenzeitlich Gewinne erwirtschaftet hat[54]. Auch hier muß im Interesse der Gesellschaftsgläubiger sichergestellt sein, daß die Erstattungspflicht erst dann entfällt, wenn das Stammkapital und sämtliche Schulden einschließlich der Verbindlichkeiten mit Rangrücktrittsvereinbarung wieder gedeckt sind. Das ist ohne eine Passivierung der Verbindlichkeiten mit Rangrücktrittsvereinbarung nicht möglich. Nur sie verhindert, daß die Bilanz wieder eine Stammkapitaldeckung ausweist, bevor sichergestellt ist, daß auch diese Verbindlichkeiten bedient werden können. Anderenfalls würde den Interessen der Gesellschafter am Erlöschen der Erstattungspflicht gem. § 31 GmbHG der

---

[53] Dieser Gesichtspunkt wird auch von denjenigen berücksichtigt, die sich grundsätzlich gegen eine Passivierung der Verbindlichkeiten mit Rangrücktrittsvereinbarung aussprechen; siehe *Baumbach / Hueck / Schulze-Osterloh*, § 42 Rn. 226.

[54] Siehe unten § 12 III 3.

Vorrang vor den Interessen der Gläubiger eingeräumt, die einen Rangrücktritt erklärt haben.

b) Eigenkapitalersetzende Gesellschafterdarlehen

Ähnliche Probleme wie Verbindlichkeiten mit Rangrücktrittsvereinbarung wirft die Behandlung eigenkapitalersetzender Gesellschafterdarlehen auf, die analog §§ 30, 31 GmbHG – vorübergehend – nicht zurückgezahlt werden dürfen[55]. Auch sie dürfen nicht aus dem Stammkapital, sondern nur aus darüber hinausgehenden Überschüssen getilgt werden[56]. Diese Darlehensrückzahlungsforderungen können also ebenfalls das Stammkapital nicht angreifen, solange sie nicht von ihrer Bindung als Kapitalersatz frei geworden sind[57]. Das spricht zunächst wieder dafür, sie im Rahmen der Bilanzierung nach § 30 I GmbHG nicht als echte Verbindlichkeiten anzusetzen.

Die h. M. ist gegenteiliger Ansicht[58]. Zur Begründung wird zunächst auf § 42 III GmbHG verwiesen. Der Wortlaut der Vorschrift lasse erkennen, daß alle Verbindlichkeiten gegenüber Gesellschaftern – auch solche aus Darlehen – „echte Verbindlichkeiten" und daher zu passivieren seien, ohne daß es darauf ankomme, ob eine Darlehensverbindlichkeit auch eigenkapitalersetzend sei[59]. Ob diese Argumentation für die Bilanzierung gem. § 30 I GmbHG zutreffend ist, erscheint fraglich. Denn § 42 III GmbHG gilt zunächst für die Jahresbilanz. Vorliegend aber geht es um die Frage, ob nicht nach Sinn und Zweck des § 30 I GmbHG eine Abweichung von den Regeln zur Jahresbilanz geboten ist.

Auch das weitere Argument, durch den Ausweis eines Passivpostens für eigenkapitalersetzende Gesellschafterdarlehen müsse Vorsorge gegen eine mit

---

55 Zu eigenkapitalersetzendenden Gesellschafterdarlehen: *Lutter / Hommelhoff,* §§ 32 a / b Rn. 4 f.; *Scholz / K. Schmidt,* §§ 32 a, 32 b Rn. 76 ff.; *Baumbach / Hueck / Hueck,* § 32 a Rn. 72 ff. m. w. N.

56 *Baumbach / Hueck / Hueck,* § 32 a Rn. 77; BGH, U. v. 24.3.1980, BGHZ 76, 326, 335.

57 Dazu: *von Gerkan,* GmbHR 1990, 384, 388; *Lutter / Hommelhoff,* §§ 32 a / b Rn. 69; *Baumbach / Hueck / Hueck,* § 32 a Rn. 77.

58 *Baumbach / Hueck / Hueck,* § 30 Rn. 5; *Hachenburg / Goerdeler / Müller,* § 30 Rn. 36; *Lutter / Hommelhoff,* § 30 Rn. 13; *Scholz / Westermann,* § 30 Rn. 15; *Fleck,* FS Döllerer, S. 109, 112 ff.; *K. Schmidt,* FS Goerdeler, S. 487, 508.

59 *Fleck,* FS Döllerer, S. 109, 112; vgl. auch: BFH, U. v. 5.2.1992, WM 1992, 1526, 1528.

§ 30 I GmbHG unvereinbare Ausschüttung getroffen werden[60], hat nur geringes Gewicht. Gesellschafterdarlehen können nach den Rechtsprechungsgrundsätzen zu §§ 30, 31 GmbHG erst dann „eigenkapitalersetzend" werden und der Rückzahlungssperre unterliegen, wenn das Stammkapital bereits angegriffen ist[61]. Vorher werden sie, wie andere Darlehensverbindlichkeiten auch, nach den allgemeinen Regeln passiviert, weil sie uneingeschränkt durchsetzbar sind[62]. Ist das Stammkapital aber bereits angegriffen, kommt es für ein Eingreifen der Verbotsvorschrift des § 30 I GmbHG nicht mehr darauf an, ob die bilanzielle Unterdeckung unter Einbeziehung des eigenkapitalersetzenden Darlehens größer oder ohne sie kleiner ist[63]. Entsteht später wieder ein Bilanzgewinn, verliert der Darlehensrückzahlungsanspruch seinen eigenkapitalersetzenden Charakter und ist schon nach allgemeinen Regeln erneut zu passivieren, so daß in diesen Grenzen ein nach § 30 I GmbHG ungebundenes Eigenkapital nicht ausgewiesen wird[64].

Gleichwohl ist der h. M. zu folgen. Bei Rückzahlungsansprüchen aus Gesellschafterdarlehen läßt sich häufig aus tatsächlichen und rechtlichen Gründen nicht einfach feststellen, ob sie nach den Rechtsprechungsgrundsätzen zu §§ 30, 31 GmbHG eigenkapitalersetzend sind. Das zeigt schon die Menge der zu diesem Bereich ergangenen höchstrichterlichen Urteile[65]. Die Bilanzierung nach § 30 I GmbHG darf aber nicht mit der schwierigen Frage belastet werden, ob die Darlehen eigenkapitalersetzend sind oder nicht[66]. Das gebietet schon der Vorsichtsgrundsatz[67].

---

[60] *K. Schmidt*, FS Goerdeler, S. 487, 508; *Clemm / Nonnenmacher* in Beck Bil-Komm, § 266 Rn. 255.

[61] *Lutter / Hommelhoff*, §§ 32 a / b Rn. 5; *Baumbach / Hueck / Hueck*, § 32 a Rn. 77; *Scholz / K. Schmidt*, §§ 32 a, 32 b Rn. 77; *von Gerkan*, GmbHR 1990, 384, 388; siehe auch BGH, U. v. 13.7.1992, ZIP 1992, 1382, 1385 f., zu den weiteren Voraussetzungen, die ebenfalls vorliegen müssen, damit die §§ 30, 31 GmbHG auf Gesellschafterdarlehen zur Anwendung kommen.

[62] Das gilt auch, soweit die Darlehen noch den Novellen-Regeln der §§ 32 a, 32 b GmbHG unterliegen. Die Bindung dieser Vorschriften greift erst im Konkurs oder Vergleich; siehe *Lutter / Hommelhoff*, §§ 32 a / b Rn. 7 f.; *Baumbach / Hueck / Hueck*, § 32 a Rn. 53 ff.

[63] Siehe bereits oben § 3 III 4 a.

[64] Siehe auch *Baumbach / Hueck / Schulze-Osterloh*, § 42 Rn. 226 zu Verbindlichkeiten mit Rangrücktrittsvereinbarung.

[65] Siehe nur *Baumbach / Hueck / Hueck*, § 32 a Rn. 73 f. mit Hinweisen zur Rechtsprechung.

[66] Ähnlich zur Handelsbilanz: *K. Schmidt*, FS Goerdeler, S. 487, 509; siehe auch *Kamprad*, GmbHR 1985, 352, 353.

[67] Dazu oben § 3 III 2.

Ferner muß durch eine Passivierung verhindert werden, daß nach vorangegangener Unterdeckung die Bilanz zu frühzeitig eine erneute Stammkapitaldeckung ausweist und damit Erstattungspflichten aus § 31 GmbHG entfallen, bevor wieder genügend Vermögen vorhanden ist, um auch die Gesellschafterdarlehen bilanziell zu decken. Insoweit gelten die zu den Verbindlichkeiten mit Rangrücktrittsvereinbarung angestellten Überlegungen entsprechend[68].

IV. Feststellung der Stammkapitaldeckung

Nachdem die maßgeblichen Bilanzierungsvorschriften ermittelt sind, läßt sich ohne weiteres feststellen, ob das Stammkapital der Gesellschaft noch gedeckt ist. Das ist der Fall, wenn nach Abzug der Passiva von den Aktiva ein Reinbetrag in Höhe des Betrages des Stammkapitals verbleibt[69].

Dabei ist eine Einschränkung zu machen. Abzuziehen sind nur die Passiva mit Schuldcharakter[70]. Denn diese geben an, in welchem Umfang das Gesellschaftsvermögen wertmäßig bereits im Interesse der Gesellschaftsgläubiger gebunden ist, der Gesellschaft also nicht mehr uneingeschränkt als Verlustpolster zur Verfügung steht. Zu den Passiva mit Schuldcharakter gehören Verbindlichkeiten und Rückstellungen. Ebenfalls abzuziehen sind die passiven Rechnungsabgrenzungsposten[71]. Nur so kann vermieden werden, daß Einnahmen, die erst zukünftige Erträge darstellen, im Augenblick des Zahlungseingangs eine Stammkapitaldeckung vorspiegeln, die bei periodengerechter Zuordnung der Erträge nicht besteht[72].

Nicht abzuziehen sind hingegen die Rücklagen und andere Passiva mit Eigenkapitalcharakter[73]. Sie kennzeichnen die über das Stammkapital hinausgehenden Reserven der Gesellschaft, sollen aber durch § 30 I GmbHG grundsätzlich nicht geschützt werden[74]. Das macht es erforderlich, sie bei der Nettovermögensermittlung außer acht zu lassen.

---

[68] Siehe oben § 3 III 4 a.

[69] Siehe bereits oben § 2 m. w. N.

[70] Einhellige Meinung: *Baumbach / Hueck / Hueck*, § 30 Rn. 5 m. w. N.

[71] *Hachenburg / Goerdeler / Müller*, § 30 Rn. 40; a. A.: *Lutter / Hommelhoff*, § 30 Rn. 15.

[72] Zur Funktion der Rechnungsabgrenzungsposten: *Großfeld*, Rn. 343.

[73] *Baumbach / Hueck / Hueck*, § 30 Rn. 5 m. w. N.

[74] Siehe auch unten § 6 III.

Besonderheiten gelten für Sonderposten mit Rücklageanteil (§§ 247 III, 273 HGB). Sie werden nach Maßgabe des Steuerrechts gebildet, um den steuerpflichtigen Gewinn – vorübergehend – zu mindern[75]. In einer späteren Periode sind sie regelmäßig gewinnerhöhend aufzulösen und führen dann zu einer entsprechenden Steuerbelastung[76]. Sie sollen also aus wirtschaftspolitischen Gründen eine vorübergehende Steuerstundung bewirken und den gestundeten Betrag im Unternehmen binden, indem sie den nach der Handelsbilanz ausschüttungsfähigen Gewinn mindern. Hier zeigen sich Parallelen zu der Funktion der steuerrechtlich bedingten stillen Reserven[77]. Zugleich wird deutlich, daß es sich bei den Sonderposten mit Rücklageanteil um sogenannte Mischposten handelt[78]. In Höhe der zukünftige Steuerbelastung haben sie den Charakter von Rückstellungen. Im übrigen sind sie der Sache nach Eigenkapital und den anderen Rücklagen vergleichbar[79]. Für die Nettovermögensermittlung nach § 30 I GmbHG bedeutet dies, daß der Rückstellungsanteil herauszurechnen und nur dieser als Passivposten mit Schuldcharakter in Abzug zu bringen ist[80].

V. Zwischenergebnis

Soweit nicht ausnahmsweise der Bestand der GmbH bedroht ist, erfolgt die Bilanzierung im Rahmen des § 30 I GmbHG unter der Annahme der Unternehmensfortführung und grundsätzlich nach den Vorschriften zur Erstellung der Jahresbilanz. Stille Reserven sind nur aufzulösen, soweit sie auf steuerrechtlichen Bewertungsvergünstigungen beruhen. Dabei sind dann die handelsrechtlichen Bewertungsvorschriften zugrunde zu legen. Verbindlichkeiten mit Rangrücktrittsvereinbarung und eigenkapitalersetzende Gesellschafterdarlehen sind als Verbindlichkeiten zu bilanzieren. Das Stammkapital ist gedeckt, wenn die Aktiva nach Abzug der Passiva mit Schuldcharakter ein Reinvermögen in Höhe des Stammkapitals ergeben. Bei den Sonderposten mit Rücklageanteil ist nur der Rückstellungsanteil herauszurechnen und in Abzug zu bringen.

---

[75] Einzelheiten: *Großfeld*, Rn. 288 ff.; *Baumbach / Hueck / Schulze-Osterloh*, § 42 Rn. 180 ff.

[76] *Großfeld*, Rn. 288.

[77] Siehe oben § 3 III 3 b.

[78] *Großfeld*, Rn. 289; *Coenenberg*, S. 189; *Knobbe-Keuk*, Bilanz- und Unternehmenssteuerrecht, § 4 V 2, S. 93 ff.

[79] *Baumbach / Hueck / Schulze-Osterloh*, § 42 Rn. 180.

[80] So auch: *Hachenburg / Goerdeler / Müller*, § 30 Rn. 38; *Lutter / Hommelhoff*, § 30 Rn. 14; a. A., aber ohne Begründung: *Moxter*, Bilanzlehre II, S. 69.

§ 4 Die Auszahlung

I. Begriff

Aus dem gebundenen Vermögen dürfen keine Auszahlungen erfolgen. Damit sind nicht nur Geldzahlungen gemeint, sondern rechtsgeschäftliche und tatsächliche Zuwendungen aller Art, insbesondere Sachleistungen. Hatte der historische Gesetzgeber zunächst nur Zuwendungen im Blick, die „offen“ an den Gesellschafter erfolgen, so ist doch seit langem anerkannt, daß § 30 I GmbHG auch die „verdeckten“ Vorteilsgewährungen erfaßt. Entscheidend ist allein, daß als Folge der Zuwendung eine wertmäßige Verringerung des Gesellschaftsvermögens eintritt. Insoweit besteht heute Einigkeit[1]. Beinhaltet aber weitergehend jede nachteilhafte Einwirkung auf das Gesellschaftsvermögen im privaten Interesse eines Gesellschafters auch eine Auszahlung an diesen? Damit ist die Frage nach der Abgrenzung zwischen Auszahlungen und sonstigen nachteilhaften Eingriffen in das Gesellschaftsvermögen gestellt, die nicht von § 30 I GmbHG erfaßt werden.

II. Abgrenzung zu sonstigen Eingriffen in das Gesellschaftsvermögen

Die Abgrenzung zwischen Auszahlungen und sonstigen Eingriffen in das Gesellschaftsvermögen muß von der Funktion des § 30 I GmbHG ausgehen.

1. Funktion des § 30 I GmbHG

Die Schaffung des Stammkapitals als abstrakter Wertziffer und seine Belegung durch Vermögensgegenstände im Wege der realen Kapitalaufbringung waren – insbesondere aus Gründen des Gläubigerschutzes – Voraussetzung für die Anerkennung der juristischen Selbständigkeit der GmbH[2]. Beschränkte sich das Gesetz allein auf die Pflicht zur erstmaligen Bereitstellung einer vom Vermögen der Gesellschafter vollständig getrennten Vermögensmasse, könnte der Gläubigerschutz relativ leicht unterlaufen werden, indem die Vermögenstrennung wieder aufgehoben und das aufgebrachte Vermögen an die Gesell-

---

[1] Siehe nur: *Lutter / Hommelhoff*, § 30 Rn. 8; *Baumbach / Hueck / Hueck*, § 30 Rn. 12, jeweils m. w. N.

[2] Siehe oben § 1 II.

schafter zurückgeleitet wird. Dieses zu verhindern ist Aufgabe des Auszahlungsverbots in § 30 I GmbHG. Die Vorschrift regelt damit die Zuordnung von Vermögenswerten im Verhältnis Gesellschaft – Gesellschafter[3]. Das Auszahlungsverbot dient der wertmäßigen Trennung von Gesellschafter- und Gesellschaftsvermögen; es soll die Grenzlinie zwischen diesen Vermögensmassen absichern und damit vermögensmäßig die Eigenständigkeit der Gesellschaft gegenüber ihren Gesellschaftern gewährleisten. Diese Sicherung vor Grenzverschiebungen ist allerdings beschränkt. Sie greift regelmäßig nicht mehr ein, wenn das Gesellschaftsreinvermögen die Stammkapitalgrenze übersteigt[4].

2. *Auszahlung als Vermögensverschiebung*

Die Auszahlung läßt sich damit als Vermögensverschiebung zwischen zwei Vermögensmassen – der der Gesellschaft und der des Gesellschafters – verstehen[5]. Sie setzt sich aus zwei Elementen zusammen, der Vermögensminderung bei der Gesellschaft auf der einen Seite und der Vermögensmehrung beim Gesellschafter auf der anderen Seite.

Vorgänge, die sich ausschließlich in der Schädigung des Gesellschaftsvermögens erschöpfen und nicht zugleich zu einer Vermögensmehrung bei einem Gesellschafter führen, werden also nicht erfaßt. Erwirbt – um ein viel diskutiertes Beispiel aus dem Steuerrecht zu nehmen[6] – eine GmbH bei einem Dritten einen Vermögensgegenstand allein deshalb, um ihn einem Gesellschafter anläßlich eines Jubiläums zu schenken, und wird der Gegenstand dann noch vor der Übergabe im Bereich der GmbH durch Zufall vernichtet, so liegt bei der Gesellschaft zwar eine Vermögenseinbuße vor. Gleichwohl hat aber selbst dann noch keine Auszahlung an den Gesellschafter stattgefunden, wenn dieser selbst den Erwerb „seines“ Geschenkes angeregt hat[7]. Dieses Ergebnis deckt sich mit der Erkenntnis, daß der Komplex der Kapitalerhaltungsvorschriften nicht dem

---

[3] Ähnlich zur Kapitalerhaltung im Aktienrecht: *Bommert*, S. 101.

[4] Dazu unten § 6 I u. III.

[5] Ebenso: *Döllerer*, Verdeckte Gewinnausschüttungen, S. 41 u. 55.

[6] „Tigerfall“, dazu: *Scholtz*, FR 1990, 350 ff.

[7] Ebenso für die steuerrechtliche verdeckte Gewinnausschüttung: *Döllerer*, ZGR 1991, 423, 435; *Scholtz*, FR 1990, 350 ff.

Schadensersatzrecht zuzuordnen ist, sondern der Funktion nach dem Bereicherungsrecht näher steht[8].

Noch eine weitere Klarstellung ist notwendig. Vermögensverschiebungen sind begrifflich mit und auch ohne Mitwirkung des Beeinträchtigten, hier der Gesellschaft, denkbar. Als Beispiel für den ersten Fall sei die schenkweise Leistung der Gesellschaft an den Gesellschafter genannt, als Beispiel für den zweiten Fall der Diebstahl der Gesellschaftskasse durch den Gesellschafter, also ein eigenmächtiger Eingriff in das Gesellschaftsvermögen. Fraglich ist, ob man auch im zweiten Fall noch von einer Auszahlung sprechen kann[9]. Das Auszahlungsverbot richtet sich an die Geschäftsführer der Gesellschaft[10]. Ihr Verhalten wird durch § 30 I GmbHG mit einem Verbot belegt, soweit dadurch das Stammkapital im Interesse der Gesellschafter angegriffen wird. Das ergibt sich aus der Regelung des § 43 III 1 GmbHG. Diese knüpft an den Verstoß gegen § 30 GmbHG eine Schadensersatzpflicht der Geschäftsführer an. Das läßt sich nur rechtfertigen, wenn deren Verhalten an der Auszahlung auch mitgewirkt hat. Daraus läßt sich herleiten, daß für die Annahme einer Auszahlung eine reine „Selbstbedienung“ durch die Gesellschafter nicht ausreicht, sondern immer ein den Geschäftsführern und damit der GmbH zurechenbares Verhalten mitwirken muß[11].

3. *Nettovermögensverschiebung*

Sinn und Zweck des § 30 I GmbHG machen eine weiter Präzisierung des Auszahlungsbegriffs erforderlich. Es stellt sich die Frage, ob Gegenleistungen des Gesellschafters mit den Zuwendungen der Gesellschaft zu verrechnen sind und bei Gleichwertigkeit von Leistung und Gegenleistung dann keine Auszahlung i. S. d. Vorschrift mehr vorliegt. Dies wird man bejahen müssen. § 30 I GmbHG will nicht ein Brutto-, sondern ein Nettovermögen schützen[12]. Es geht

---

[8] Ähnlich für die Kapitalerhaltung im Aktienrecht: *Bommert*, S. 101; *Canaris*, FS Fischer, S. 31, 44; *Röhrkasten*, Die verdeckte Gewinnausschüttung, S. 28 f.

[9] Ferner kann in derartigen Fällen zweifelhaft sein, ob die Vermögensverschiebung noch unter Ausnutzung der Gesellschafterstellung (causa societatis) erfolgt; dazu unten § 5 II 1.

[10] H. M.: *Lutter / Hommelhoff*, § 30 Rn. 31.

[11] Im Ergebnis jetzt ebenso: *Hachenburg / Goerdeler / Müller*, § 30 Rn. 58; ähnlich für die verdeckte Gewinnausschüttung im Steuerrecht: *Döllerer*, Verdeckte Gewinnausschüttungen, S. 64; BFH, U. v. 18.7.1990, GmbHR 1991, 213, 214.

[12] Siehe oben § 2.

um die Erhaltung eines Überschusses der Aktiva über die Passiva bis zur Abdeckung des Stammkapitals. Dies rechtfertigt es, nur solche Vermögensverschiebungen als Auszahlungen anzusehen, die per saldo auch das Nettovermögen der Gesellschaft verringern[13]. Das trifft aber nur auf Zuwendungen der GmbH zu, denen nicht eine gleichwerige Gegenleistung des Gesellschafters gegenübersteht[14]. Auszahlungen i. S. d. § 30 I GmbHG sind also nur Nettovermögensverschiebungen zu Lasten der GmbH.

Wenn hier betont wird, daß sich gegenüberstehende Leistungen von Gesellschaft und Gesellschafter miteinander verrechnet werden müssen, so sind damit nicht nur Leistungen gemeint, die in einem synallagmatischen Gegenseitigkeitsverhältnis stehen. Zu verrechnen sind vielmehr alle Vor- und Nachteile aus Rechtsgeschäften, die bei wirtschaftlicher Betrachtung als Einheit anzusehen sind[15]. Indiz für die wirtschaftliche Einheit ist insbesondere eine entsprechende ausdrückliche Vereinbarung zwischen Gesellschaft und Gesellschafter.

III. Auswirkungen der bilanzorientierten Betrachtung auf den Auszahlungsbegriff

Fraglich ist, welchen Einfluß die bilanzorientierte Betrachtung[16] im Rahmen des § 30 I GmbHG auf den Auszahlungsbegriff hat. Sie verleitet auf der einen Seite zu der Annahme, *nur* solche Zuwendungen als Auszahlungen i. S. d. Vorschrift anzusehen, die unmittelbar zu einer Verringerung des Bilanzreinvermögens (Eigenkapitals) führen[17]. Auf der anderen Seite könnte sie zur Folge haben, daß aber auch *alle* Rechtsgeschäfte als Auszahlung zu qualifizieren sind, deren Abschluß eine Verringerung des Bilanzreinvermögens bewirkt. Allgemeiner ausgedrückt geht es um die Frage, ob der Auszahlungsbegriff durch bilanzielle Wirkungen bestimmt wird oder ob der bilanziellen Betrachtung Grenzen gesetzt sind.

---

[13] A. A.: *Hachenburg / Goerdeler / Müller*, § 30 Rn. 57.

[14] Im Ergebnis h. M.: BGH, U. v. 14.12.1959, BGHZ 31, 258, 276; teilweise soll bei ausgleichender Gegenleistung zwar eine Auszahlung vorliegen, die dann aber nicht verboten sein soll: *Lutter/ Hommelhoff*, § 30 Rn. 23.

[15] Ähnlich für verdeckte Gewinnausschüttungen: *Tries*, S. 181 f.

[16] Dazu oben § 2.

[17] In diesem Sinne: *Döllerer*, Verdeckte Gewinnausschüttungen, S. 40.

1. Rechtsgeschäftliche Auszahlungsvorgänge und bilanzorientierte Betrachtung

a) Verpflichtungsgeschäfte

Ganz überwiegend wird in der Eingehung einer schuldrechtlichen Verpflichtung noch keine Auszahlung gesehen[18]. Aber es gibt auch Gegenstimmen. Deren Standpunkt, daß schon der Abschluß eines Verpflichtungsgeschäfts eine Auszahlung beinhalten kann[19], läßt sich mit einer bilanziellen Betrachtung begründen. Denn bereits mit Abschluß des für die GmbH nachteiligen Rechtsgeschäfts wird i. d. R. die Buchung eines Passivpostens erforderlich, der das Bilanzreinvermögen eventuell unter die Stammkapitalgrenze mindert[20]. Das gilt für ein- und zweiseitige Verpflichtungsgeschäfte. Bei ersteren wird bereits vor der Erfüllung durch die Gesellschaft die Verbindlichkeit zu Lasten der GmbH gebucht (§ 246 I HGB). Zweiseitige Verpflichtungsgeschäfte, die auf einen Leistungsaustausch gerichtet sind, werden als sogenannte schwebende Geschäfte vor ihrer Erfüllung zwar grundsätzlich nicht bilanziert[21]. Hergeleitet wird dies aus dem Zusammenspiel von Realisations-, Imparitäts- und allgemeinem Vorsichtsprinzip, das eine Bilanzierung ausschließt, solange dem Bilanzierenden nicht ausnahmsweise ein Verlust droht[22]. Diese Ausnahme liegt bei den auf eine verdeckte Vorteilsgewährung an den Gesellschafter gerichteten Verpflichtungsgeschäften aber vor, weil sie per Saldo auf eine Vermögensverschiebung an den Gesellschafter gerichtet sind. In Höhe des Verpflichtungsüberschusses ist bei der GmbH daher eine Rückstellung für drohende Verluste aus schwebenden Geschäften zu bilden (§ 249 I 1 HGB). Verpflichtungsgeschäfte können damit in der Tat zu stammkapitalschädlichen Buchverlusten führen.

Das rechtfertigt aber nicht ohne weiteres, bereits in der Eingehung einer schuldrechtlichen Verpflichtung eine Auszahlung zu sehen. Dagegen spricht zu-

---

[18] *Baumbach / Hueck / Hueck*, § 30 Rn. 11; *Hachenburg / Goerdeler / Müller*, § 30 Rn. 57; *Roth*, § 30 Anm. 2.3.; *Rowedder / Rowedder*, § 30 Rn. 16; *Meyer-Landrut / Meyer-Landrut*, § 30 Rn. 7; *Dressel*, S. 224; *Meister*, WM 1980, 390, 392; BGH, U. v. 1.12.1986, NJW 1987, 1194, 1195.

[19] *K. Schmidt*, Gesellschaftsrecht, § 37 III 1 c, S. 941 f.; *Lutter / Hommelhoff*, § 30 Rn. 8; *Lutter / Wahlers*, AG 1989, 1, 13 f. u. Fn. 215 für Bürgschaften; OLG Celle, U. v. 18.8.1992, NJW 1993, 739, 740.

[20] Besonderheiten gelten wegen § 251 HGB für Bürgschaften; dazu unten § 4 III 2 a und c.

[21] *Clemm / Nonnenmacher* in Beck Bil-Komm, § 249 Rn. 54 f.

[22] *Crezelius*, FS Döllerer, S. 81, 85 m. w. N.; *Clemm / Nonnenmacher* in Beck Bil-Komm, § 249 Rn. 54 f.

nächst das Zusammenspiel zwischen dem Auszahlungsverbot (§ 30 I GmbHG) einerseits und den Erstattungspflichten (§ 31 GmbHG) andererseits. Da § 31 GmbHG eine tatsächlich erfolgte Vermögensbewegung zwischen Gesellschaft und Gesellschafter rückgängig machen will, kann auch der Auszahlungsbegriff in § 30 GmbHG nicht von einem bilanziellen, sondern grundsätzlich nur von einem realen Vermögensabfluß abhängen.

Ein hiermit verwandter Aspekt kommt hinzu. Allein durch die Bildung der Rückstellung oder Buchung einer Verbindlichkeit werden die Funktionen des Stammkapitals noch nicht beeinträchtigt[23]. Als Verlustpolster steht das das Stammkapital deckende Vermögen solange dem Zugriff der Gesellschaftsgläubiger zur Verfügung, bis es auch tatsächlich an die Gesellschafter abfließt. Auch soweit das Stammkapital die Betriebsmittelausstattung der Gesellschaft sicherstellen soll, kommt es auf den realen Vermögensabfluß an. Denn die Möglichkeit, den Geschäftsbetrieb aufrechtzuerhalten, hängt weniger vom Buchvermögen als vom real vorhandenen Vermögen (z. B. Produktionsanlagen) ab.

Entscheidend aber ist, daß die Gesellschaft gegenüber ihren Gesellschaftern regelmäßig das Recht und die Pflicht hat, die Erfüllung einer Verpflichtung zu verweigern, wenn diese zu Lasten der Stammkapitaldeckung ginge[24]. Damit besteht zum Schutz der Stammkapitaldeckung ein ausreichender Sicherungsmechanismus, der es rechtfertigt, Verpflichtungsgeschäfte ungeachtet ihrer bilanziellen Wirkungen aus dem Auszahlungsbegriff des § 30 GmbHG herauszunehmen. Hier zeigt sich im Verlauf der bisherigen Überlegungen zum ersten Mal, daß der bilanziellen Betrachtung im Rahmen des § 30 GmbHG Grenzen gesetzt sind.

Etwas anderes kann ausnahmsweise in einigen der von § 30 I GmbHG erfaßten Drittbeteiligungsfällen gelten. Soweit sich die GmbH im Interesse ihres Gesellschafters einem Dritten gegenüber zu ihrem Nachteil schuldrechtlich bindet (Drittbeteiligungsfall[25]) und ihr keine Möglichkeit zusteht, die Erfüllung unter Hinweis auf die fehlende Stammkapitaldeckung zu verweigern[26], wird man bereits in dem Abschluß des Verpflichtungsgeschäfts eine Auszahlung sehen müssen. Das ist aber nicht Folge der bilanziellen Betrachtung, sondern

---

[23] *Joost*, ZHR 148 (1984), 27, 31; *Dressel*, S. 224 f.

[24] Einzelheiten siehe unten § 9 I 1.

[25] Einzelheiten dazu siehe unten § 5 III 1.

[26] Einzelheiten dazu unten § 11 III: Nichtgesellschaftern gegenüber besteht grundsätzlich kein Leistungsverweigerungsrecht zum Schutz der Stammkapitaldeckung.

rechtfertigt sich aus der Überlegung, daß hier bereits mit Abschluß des Verpflichtungsgeschäfts eine Vermögensgefährdung eintritt. Diese kommt wirtschaftlich betrachtet einer Vermögensminderung gleich, weil die Gesellschaft nun keine Möglichkeit mehr hat, den Erfüllungsanspruch und damit möglicherweise auch die Schädigung des Stammkapitals abzuwehren.

b) Übertragungsgeschäfte

Einigkeit besteht darüber, daß Verfügungsgeschäfte, die zur Übertragung eines Vermögensgegenstandes an den Gesellschafter führen (z. B.: Übereignungen, Abtretung von Forderungen[27]), Auszahlungsvorgänge sind[28]. Bei einer streng bilanzorientierten Betrachtung könnte man allerdings daran zweifeln. Denkbar ist nämlich, daß das Übertragungsgeschäft lediglich zu einer Bilanzverkürzung führt und auf das in der Bilanz ausgewiesene Reinvermögen (Eigenkapital) keinen Einfluß hat. Das ist etwa dann der Fall, wenn die Gesellschaft eine Verbindlichkeit gegenüber dem Gesellschafter begleicht, für die bereits vor dem Erfüllungsgeschäft ein Passivposten in der Bilanz zu bilden war. Da sich das Aktivvermögen in gleicher Höhe wie das Passivvermögen (Schulden) mindert, ist der Vorgang ergebnisneutral.

Gleichwohl wäre es verfehlt, unter Hinweis auf die bilanziellen Wirkungen hier eine Auszahlung abzulehnen[29]. Anderenfalls käme es zu gefährlichen Lücken im Schutz der Stammkapitaldeckung. Da der Abschluß des Verpflichtungsgeschäfts, das die Bilanzierung des Passivpostens (Verbindlichkeit oder Rückstellung) notwendig gemacht hat, keine Auszahlung ist[30], käme man zu einem recht fragwürdigen Ergebnis: Weder das Verpflichtungs- noch das Erfüllungsgeschäft beinhalteten eine Auszahlung, obwohl es tatsächlich zu einem Vermögensabfluß gekommen ist. Wenn man aber die Frage, ob Verpflichtungsgeschäfte eine Auszahlung beinhalten können, unabhängig von den bilanziellen Wirkungen beantwortet, muß man für Übertragungsgeschäfte ebenso verfahren. Da sie einen realen Vermögensabfluß bewirken und dies im

---

[27] Zu Auf- und Verrechnungen siehe unten § 4 IV.

[28] Siehe nur: *Joost*, ZHR 148 (1984), 27, 34 f.; *Lutter / Hommelhoff*, § 30 Rn. 8 m. w. N.

[29] Ebenso: *Hachenburg / Goerdeler / Müller*, § 30 Rn. 57.

[30] Siehe oben § 4 III 1 a.

Bereich der Kapitalerhaltungsvorschriften entscheidend ist[31], sind sie als Auszahlungen i. S. d. § 30 GmbHG einzuordnen.

2. *Auszahlungsgegenstand und bilanzorientierte Betrachtung*

Die Frage nach den Grenzen der bilanzorientierten Betrachtung stellt sich auch dann, wenn man einen Blick auf die möglichen Auszahlungsgegenstände wirft[32]. Eine streng bilanzorientierte Betrachtung legt es nahe, die Zuwendung von solchen Vermögenswerten aus dem Anwendungsbereich des § 30 GmbHG herauszunehmen, die in der Bilanz weder aktiviert noch passiviert werden. Denn ihr Zu- oder Abfluß berührt das Bilanzreinvermögen nicht. Dasselbe könnte für solche Zuwendungen gelten, die zwar Buchungsvorgänge auslösen, das Bilanzreinvermögen der Höhe nach aber dennoch nicht verändern. Betroffen sind vier Arten von Zuwendungsgegenständen.

a) Fallgruppen

Als erstes seien die Fälle genannt, in denen Gewinnchancen der GmbH zum Gegenstand der Zuwendung gemacht werden. Anders ausgedrückt geht es um Sachverhalte, in denen die Gesellschaft im Rahmen eines Austauschvertrages mit ihrem Gesellschafter auf einen tatsächlich möglichen Gewinnaufschlag, den ein Nichtgesellschafter tragen müßte, verzichtet. Das geschieht z. B., wenn die Gesellschaft ihrem Gesellschafter gegen Erstattung der Selbstkosten Dienstleistungen erbringt und dabei den marktüblichen Gewinnaufschlag nicht vornimmt. Hierher gehören insbesondere auch die Fälle, in denen die Gesellschaft einen Gegenstand zu seinem Buch- statt zu seinem höheren Zeitwert an den Gesellschafter veräußert und ihm damit stille Reserven zuwendet. Die Zuwendung stiller Reserven ist lediglich ein Unterfall des Verzichts auf Gewinn, da es sich bei ihnen der Sache nach um nicht realisierte Gewinne handelt. Wenn man bedenkt, wie weit Buch- und Zeitwerte häufig auseinanderliegen, wird die wirtschaftliche Dimension deutlich, die derartigen Zuwendungen zukommen kann. Gleichwohl schlagen sie sich in der Bilanz nicht als Verlust nieder, weil stille

---

[31] Siehe oben § 4 III 1 a.

[32] Dazu auch: *Kleffner*, BuW 1992, 455, 456.

Reserven ebenso wie andere Gewinnchancen aus der Bilanz nicht hervorgehen[33].

Die zweite Fallgruppe betrifft die Zuwendung von Vermögensgegenständen, die bei der GmbH einem Aktivierungsverbot unterliegen und deren Abfluß das Bilanzvermögen daher nicht mindert. Zu nennen ist hier insbesondere der weite Bereich der selbst geschaffenen immateriellen Vermögensgegenstände des Anlagevermögens (§ 248 II HGB) wie z. B. Patente, Gebrauchsmuster, EDV-Software usw.

Die dritte Fallgruppe betrifft die Bestellung von Sicherheiten. Gemeint sind Fälle, in denen die Gesellschaft im Auftrag des Gesellschafters eine dingliche (z. B. Grundschuld) oder schuldrechtliche Sicherheit (z. B. Bürgschaft) – regelmäßig entweder für Verbindlichkeiten des Gesellschafters gegenüber Dritten oder für Verbindlichkeiten Dritter gegenüber dem Gesellschafter – bestellt. Grundsätzlich wirkt sich die Bestellung auf das Bilanzvermögen nicht aus, sondern begründet nur eine Vermerkpflicht gem. § 251 HGB[34]. Das Bilanzreinvermögen verringert sich i. d. R. erst mit der Inanspruchnahme aus der Sicherheit[35].

Die vierte Fallgruppe betrifft die Gewährung von Krediten. Um Überschneidungen mit der dritten Fallgruppe zu vermeiden, wird hier und im folgenden ein enger Kreditbegriff verwendet, der die Bestellung von Sicherheiten nicht umfaßt. Konzentriert man die Betrachtung auf zwei klassische Formen des Kredits, die Darlehensvergabe und die Stundung einer Forderung, zeigt sich auch hier, daß das Bilanzreinvermögen der Höhe nach nicht berührt wird. Die Darlehensvergabe führt grundsätzlich nur zu einem Aktiventausch[36]. Die Stundung muß allenfalls nach § 268 IV HGB vermerkt werden.

In der Literatur werden die beiden ersten Fallgruppen meist zusammen erörtert, während sich die Diskussion über die Sicherheiten und die Kredite verselbständigt hat. Der Übersichtlichkeit halber soll diese Teilung in den folgenden Erörterungen beibehalten werden. Nur darf die getrennte Behandlung nicht darüber hinwegtäuschen, daß das Kernproblem jeweils dasselbe ist: Es geht um die Grenzen der bilanzorientierten Betrachtung im Rahmen des § 30 GmbHG.

---

[33] *Großfeld*, Rn. 284.

[34] *Großfeld*, Rn. 347; *Clemm / Ellrot* in Beck Bil-Komm, § 251 Rn. 3 ff., 7 ff.

[35] Einzelheiten siehe unten § 4 III 2 c bb und cc.

[36] *Schneider*, GmbHR 1982, 197, 200; *Stimpel*, FS 100 Jahre GmbH-Gesetz, S. 335, 346 f.

b) Gewinnchancen, stille Reserven und Vermögensgegenstände, die einem Aktivierungsverbot unterliegen

aa) Meinungsstand

Verbreitet stößt man in der Literatur auf die These, § 30 I GmbHG verbiete nur die Herbeiführung oder Vertiefung einer Unterbilanz[37]. Daraus wird teilweise gefolgert, die Vorschrift sei einschränkend auszulegen. Bilanzunwirksame Vorteilszuwendungen könnten von § 30 GmbHG mangels Einfluß auf das durch die Vorschrift geschützte Bilanzvermögen nicht erfaßt werden. Am deutlichsten äußert sich Döllerer. Er vertritt die Ansicht, geldwerte Leistungen der Gesellschaft an einen Gesellschafter, die ihr in der Bilanz ausgewiesenes Vermögen nicht berührten, erfüllten den Tatbestand des § 30 I GmbHG nicht. Die Vorschrift erfasse weder die Zuwendung eines nicht aktivierbaren Vermögensvorteils noch den entgangenen Gewinn bei einem Verkauf zum Buchwert[38]. In Übereinstimmung damit befinden sich Ansichten, wonach stille Reserven ohne Beschränkung durch § 30 I GmbHG an die Gesellschafter herausgegeben werden dürfen[39] oder die weitergehend jede Form des Verzichts auf Gewinn als mit der Vorschrift vereinbar ansehen[40].

Im Vordringen ist allerdings die Meinung, daß der Auszahlungsbegriff des § 30 GmbHG auch bilanzunwirksame Vorteilsgewährungen erfaßt. Das soll aus Gründen des Gläubigerschutzes zunächst für die Zuwendung stiller Reserven gelten[41], nach Ansicht einiger aber für alle Formen des Verzichts auf einen möglichen Gewinn[42] und ebenso für die Zuwendung nicht aktivierbarer Vermögensgegenstände[43]. Demgegenüber hat der BGH die Frage, wie entgangene

---

[37] *Lutter / Hommelhoff*, § 30 Rn. 22; *K. Schmidt*, Gesellschaftsrecht, § 37 III 1 d, S. 942; *Winter*, Treuebindungen S. 102; siehe auch unten § 6 I.

[38] *Döllerer*, Verdeckte Gewinnausschüttungen, S. 40.

[39] *Röhrkasten*, Die verdeckte Gewinnausschüttung, S. 104, 106 f., 116; *Sonnenhol / Stützle*, DB 1979, 925, 928; RG, U. v. 29.7.1935, 1403.

[40] *Scholz / Westermann*, 7. Aufl., § 30 Rn. 20; ebenso noch: *Hachenburg / Goerdeler / Müller*, 7. Aufl., § 30 Rn. 52; wohl auch: *Tries*, S. 216, 238, andererseits aber S. 36 f.; differenzierend jetzt: *Scholz / Westermann*, § 30 Rn. 24.

[41] *Schneider*, ZGR 1985, 279, 282; *Tries*, S. 36 f.

[42] *Hachenburg / Goerdeler / Müller*, § 30 Rn. 41 f.; *Stimpel*, FS 100 Jahre GmbH-Gesetz, S. 335, 341 ff.; *Brandes*, ZGR 1989, 244, 253 f.

[43] *Hachenburg / Goerdeler / Müller*, § 30 Rn. 41.

Gewinne im Rahmen des § 30 I GmbHG zu behandeln sind, bislang ausdrücklich offen gelassen[44].

bb) Wortlaut des § 30 I GmbHG

Zur Entscheidung des Meinungsstreits soll zunächst ein Blick auf den Wortlaut des § 30 I GmbHG geworfen werden. Die Vorschrift spricht von dem Vermögen, das zur Erhaltung des Stammkapitals „erforderlich" ist. Gegenstand der Auszahlung könnten demnach nur solche Gegenstände sein, die in der nach § 30 I GmbHG zu erstellenden Bilanz auch aktivierungsfähig sind. Alle anderen sind nicht „erforderlich". Denn mangels Aktivierbarkeit fehlt ihnen bereits die Eignung, in der Bilanz einen Beitrag zur Deckung (Erhaltung) des Stammkapitals zu leisten. Damit scheinen diejenigen Recht zu haben, die nur bilanzwirksame Vorteilszuwendungen als Auszahlungen i. S. d. § 30 I GmbHG ansehen. Doch darf die am Wortlaut orientierte Auslegung in ihrer Aussagekraft nicht überbewertet werden.

cc) Sinn und Zweck

Zwar können Vermögenswerte, die nicht aktivierbar sind, nicht in dem Sinne zur Erhaltung des Stammkapitals beitragen, daß sie als Bilanzposten das Bilanzreinvermögen erhöhen. Gleichwohl macht eine weite, an den Gedanken des Gläubiger- und Unternehmensschutzes orientierte Auslegung des § 30 I GmbHG die Einbeziehung auch dieser Vermögensvorteile in den Kreis der möglichen Auszahlungsgegenstände notwendig. Das soll im einzelnen aufgezeigt werden.

(1) Gewinnchancen

Die GmbH kann ihre Gewinnchancen realisieren, indem sie im Rahmen eines gegenseitigen Vertrages ihre Leistung an den Vertragspartner gegen Erstattung der Selbstkosten zuzüglich eines Gewinnaufschlags erbringt. Auf dem Umweg über den erfüllten gegenseitigen Vertrag wirkt sich die Gewinnchance damit

---

[44] BGH, U. v. 1.12.1986, NJW 1987, 1194, 1195.

schließlich doch auf das Bilanzreinvermögen aus, weil sie in ein bilanzierbares Gut, nämlich Geld, transformiert wird. Damit kann sie – soweit die angespannte Vermögenslage der Gesellschaft dies erfordert – wenigstens mittelbar einen Beitrag zur Erhaltung des Stammkapitals leisten.

Allerdings besteht zwischen den Gewinnchancen und anderen Vermögenswerten der Gesellschaft ein Unterschied, der aus Gläubigersicht nicht unbedeutend ist. Auf die anderen Vermögensgegenstände können sie zur Befriedigung ihrer Ansprüche regelmäßig im Wege der Zwangsvollstreckung zugreifen. Dagegen sind Gewinnchancen der Gesellschaft für die Gläubiger häufig nicht greifbar. Das gilt zwar nicht für Gewinnchancen, die in Form stiller Reserven mit einem der Zwangsvollstreckung unterliegenden Gegenstand verbunden sind. Die Differenz zwischen Buch- und Marktwert einer Sache können sie bei der Verwertung im Rahmen der Zwangsvollstreckung für sich nutzbar machen. Die in stillen Reserven der Gesellschaft liegenden Gewinnchancen können also auch von den Gläubigern realisiert werden, und es liegt daher in ihrem Interesse, daß stille Reserven durch § 30 I GmbHG gebunden werden[45]. Das sieht aber anders aus, wenn die Gesellschaft ihrem Gesellschafter etwa eine Dienstleistung zum Selbstkostenpreis erbringt und dadurch eine Gewinnchance „verspielt". In diesem Fall wird die Vollstreckungsmasse durch den Verzicht auf den möglichen Gewinn nicht geschmälert. Aus dem Gesellschaftsvermögen scheidet kein Vermögenswert aus, der von den Gläubigern im Wege der Zwangsvollstreckung hätte verwertet werden können. Das könnte dafür sprechen, daß die Gesellschaft Dienstleistungen zum Selbstkostenpreis an ihre Gesellschafter erbringen darf, ohne daß dieser Vorgang als Auszahlung von § 30 GmbHG erfaßt würde.

Gleichwohl wäre die Annahme, daß Dienstleistungen der Gesellschaft an ihre Gesellschafter zum Selbstkostenpreis Belange der Gläubiger nicht beeinträchtigen können, nicht berechtigt. Ihr Interesse ist nicht nur auf die Sicherung des vollstreckbaren Vermögens der Gesellschaft gerichtet. Vielmehr sind die Gläubiger auch daran interessiert, daß die Gesellschaft ihre Verbindlichkeiten aus künftigen Erträgen begleichen kann. Das ist nur dann möglich, wenn die GmbH ihre Gewinnchancen auch wahrnimmt und nicht zugunsten ihrer Gesellschafter auf sie verzichtet.

In diesem Interesse werden die Gläubiger durch § 30 I GmbHG auch geschützt, solange die Bilanz keine Stammkapitaldeckung anzeigt. Denn der Vorschrift läßt sich der Gedanke entnehmen, daß unterhalb der Stammkapital-

---

[45] Ähnlich und insoweit zutreffend: *Stimpel*, FS 100 Jahre GmbH-Gesetz, S. 335, 344.

grenze der Schutz der Gläubiger und der Existenz der Gesellschaft den Interessen der Gesellschafter an Vorteilen zu Lasten der GmbH vorgeht[46]. Damit ist denjenigen zuzustimmen, die auch den Verzicht auf Gewinn als Auszahlung i. S. d. § 30 GmbHG ansehen, die das zur Erhaltung des Stammkapitals „erforderliche" Vermögen berühren kann.

(2) Insbesondere stille Reserven

Entsprechendes gilt natürlich auch für die Zuwendung stiller Reserven, weil es sich dabei nur um einen Unterfall des Verzichts auf Gewinn handelt. Hier kommt aber noch ein weiterer Gesichtspunkt hinzu, der dafür spricht, sich von der streng bilanzorientierten Betrachtung zu lösen. Bei der Ermittlung der für § 30 GmbHG maßgeblichen Bilanzierungsregeln ist herausgestellt worden, daß stille Reserven im Interesse des Gläubigerschutzes nicht aufgedeckt werden dürfen, soweit sie aus Gründen vorsichtiger Bewertung entstanden sind[47]. Da sie möglicherweise zur Abdeckung des Stammkapitals erforderlich sind[48], sollen sie ein zusätzliches, unsichtbares Verlustpolster bilden[49]. Der mit der Beibehaltung stiller Reserven in der Bilanz angestrebte Gläubigerschutz würde jedoch verfehlt, wenn damit als Kehrseite die Möglichkeit eröffnet würde, trotz fehlender Stammkapitaldeckung dem Gesellschafter weitere Vorteile in Form stiller Reserven unter Hinweis darauf zufließen zu lassen, der Vorgang berühre ja nicht das Bilanzreinvermögen. Damit würden Ausschüttungsmöglichkeiten geschaffen, die selbst dann nicht bestehen würden, wenn das Gebot der Beibehaltung stiller Reserven, das ja gerade die Interessen der Gläubiger besser absichern soll, nicht gelten würde. Hätte nämlich die Pflicht bestanden, stille Reserven aufzulösen, hätte jede Veräußerung eines Gegenstandes zu einem Preis unter dem Marktwert das Bilanzreinvermögen verringert und wäre daher zweifelsfrei eine Auszahlung i. S. d. § 30 GmbHG. Das Verbot, stille Reserven aufzudecken, hat aber nicht den Sinn, zusätzliche Ausschüttungsmöglichkeiten zu schaffen.

---

[46] Ähnlich: *Brandes*, ZGR 1989, 244, 254.

[47] Siehe oben § 3 III 3 a.

[48] BGH, U. v. 11.12.1989, GmbHR 1990, 209.

[49] Siehe oben § 3 III 3 a.

(3) Vermögensgegenstände, die mit einem Aktivierungsverbot belegt sind

Hier geht es insbesondere um die selbst geschaffenen immateriellen Vermögensgegenstände des Anlagevermögens (§ 248 II HGB). Für sie trifft dasselbe wie für Gewinnchancen zu[50]. Bei bereits angegriffener Stammkapitaldecke haben die Gläubiger ein schutzwürdiges Interesse daran, daß auch diese Gegenstände dem Zugriff der Gesellschafter entzogen bleiben. Denn zunächst können die genannten immateriellen Vermögensgegenstände dadurch zur Wiederherstellung der Stammkapitaldeckung beitragen, daß sie im Falle ihrer Veräußerung bei der Gesellschaft zu Geldeinnahmen führen.

Da die Gegenstände i. S. d. § 248 II HGB aber dazu bestimmt sind, auf Dauer dem Unternehmen zu dienen, ist ein zweiter Gesichtspunkt bedeutsamer. Auch wenn sie nicht aus der Bilanz hervorgehen, wirken sie ebenso wie die stillen Reserven an der Erzielung des betrieblichen Gewinns mit, weil das Anlagevermögen (z. B. Patente) notwendige Voraussetzung für die wirtschaftliche Betätigung der GmbH ist[51]. Diese Gewinne ermöglichen dann die Wiederherstellung der Stammkapitaldeckung. Das macht deutlich, daß auch die einem Aktivierungsverbot unterliegenden Vermögensgegenstände zumindest mittelbar für die Erhaltung des Stammkapitals erforderlich sein können.

Hinzu kommt eine Überlegung, die schon für die stillen Reserven angestellt worden ist. Der fehlende Bilanzausweis der selbst geschaffenen immateriellen Vermögensgegenstände des Anlagevermögens hat ebenfalls seinen Grund im Vorsichtsprinzip[52]. Es handelt sich hier um besonders unsichere Werte, deren Aktivierung im Gläubigerinteresse von einer Bestätigung durch ein Verkehrsgeschäft am Markt (= Beweis der Werthaltigkeit) abhängt[53]. Auch im Fall des § 248 II HGB würde der mit der Vorschrift angestrebte Gläubigerschutz verfehlt, ließe man selbst bei bereits angegriffener Stammkapitaldecke die Auszahlung der nicht aktivierungsfähigen Vermögensgegenstände unter Hinweis darauf zu, das ausgewiesene Bilanzvermögen bleibe ja unberührt[54].

Richtig ist es daher, sich auch hier von der bilanzorientierten Betrachtung zu lösen und die mit einem Aktivierungsverbot belegten Vermögensgegenstände

---

[50] Dazu oben § 4 III 2 b cc (1).

[51] *Wöhe*, Bilanzierung und Bilanzpolitik, S. 630 u. 720 f.

[52] Allgemein hierzu oben § 3 III 2.

[53] *Großfeld*, Rn. 242 f.; *Coenenberg*, S. 94.

[54] Vgl. oben § 4 III 2 b cc (2).

als mögliche Gegenstände einer nach § 30 I GmbHG verbotenen Auszahlung anzusehen.

c) Bestellung von Sicherheiten

Wenn man eine bilanzorientierte Betrachtung anstellt, wirft – wie bereits angedeutet[55] – auch die Beantwortung der Frage, ob Sicherheitsleistungen Auszahlungen i. S. d. § 30 I GmbHG sind, Schwierigkeiten auf. Denn die Bestellung einer Sicherheit beeinflußt das Bilanzreinvermögen grundsätzlich nicht, da sie gem. § 251 HGB i. d. R. nur unter der Bilanz zu vermerken ist.

aa) Sachverhaltsvarianten

Im wesentlichen lassen sich folgende Sachverhaltsvarianten erkennen, in denen sich mit Blick auf den Auszahlungsbegriff in § 30 GmbHG die Frage nach der Einordnung der Sicherheitsleistungen stellt. Auf einer ersten Ebene läßt sich nach der Art der gestellten Sicherheit differenzieren. Die GmbH kann entweder eine schuldrechtliche (z. B. Bürgschaft) oder eine dingliche (z. B. Grundschuld) Sicherheit leisten.

Auf einer zweiten Ebene ist nach der Person des Sicherungsnehmers zu unterscheiden. Einmal kann die Gesellschaft die Sicherheit dem Gesellschafter (= Sicherungsnehmer) stellen, etwa um dessen Forderung gegen einen Dritten zu sichern. Sicherungsnehmer kann aber auch ein Dritter sein, wenn die Gesellschaft dessen Forderung gegen einen Gesellschafter besichert. Da in diesem Fall mittelbar auch der Gesellschafter begünstigt wird, fällt dieser Vorgang – unterstellt die Bestellung einer Sicherheit kann grundsätzlich eine Auszahlung sein – ebenfalls als sogenannter Drittbeteiligungsfall in den Anwendungsbereich des § 30 I GmbHG[56].

---

[55] Siehe oben § 4 III 2 a.

[56] Einzelheiten dazu unten § 5 III 1.

bb) Meinungsstand

Zwar besteht Einigkeit darüber, daß die Leistung auf die Sicherheit nach Eintritt des Sicherungsfalls eine Auszahlung ist. Dem ist zuzustimmen, weil es sich hierbei um ein Übertragungsgeschäft im oben genannten Sinne handelt[57]. Heftig umstritten ist jedoch, ob dasselbe auch schon für die Bestellung der Sicherheit zutrifft.

Auf der einen Seite wird die Ansicht vertreten, schon die Bestellung einer Sicherheit sei Auszahlung i. S. d. § 30 I GmbHG[58]. Zur Begründung wird zum einen auf das erhöhte Risiko verwiesen, dem das Gesellschaftsvermögen bereits ab dem Zeitpunkt der Bestellung der Sicherheit ausgesetzt sei, da die Sicherheit jederzeit fällig werden könne. Zum anderen wird speziell für dingliche Sicherheiten geltend gemacht, bereits mit deren Bestellung werde das besicherte Vermögen (z. B. das Grundstück bei der Grundschuldbestellung) dem Zugriff der anderen Gesellschaftsgläubiger – wenn auch nicht immer endgültig, so doch wenigstens vorübergehend – entzogen[59].

Dem steht auf der anderen Seite die Ansicht gegenüber, erst die Leistung der Gesellschaft bei Inanspruchnahme aus der Sicherheit sei eine Auszahlung i. S. d. § 30 I GmbHG[60]. Es komme auf die Realisierung der Sicherheit an, weil das Verbot des § 30 I GmbHG nur den tatsächlichen Geldabfluß erfassen wolle, nicht schon die Gefährdung des Gesellschaftsvermögens.

Zwischen diesen beiden Extrempositionen hat die wohl überwiegende Literaturmeinung einen differenzierten Lösungsansatz entwickelt, der sich an der bilanziellen Behandlung der Sicherheitsleistungen orientiert. Grundsätzlich sei für die Auszahlung der Zeitpunkt der Realisierung der Sicherheit maßgeblich, denn vorher bestehe ja nur die Vermerkpflicht (§ 251 HGB) und das Bilanzvermögen werde nicht berührt. Ausnahmsweise sei jedoch auf die Bestellung abzustellen, wenn bereits in diesem Zeitpunkt die Inanspruchnahme drohe und der Gesellschaft keine werthaltige Rückgriffsforderung zustehe. Denn dann sei

---

[57] Siehe oben § 4 III 1 b.

[58] *Roth*, § 30 Anm. 2.2.2.; *Rowedder / Rowedder*, § 30 Rn. 13; *Meyer-Landrut / Meyer-Landrut*, § 30 Rn. 7; *Goutier / Seydel*, §§ 30, 31 Rn. 7; *Dressel*, S. 226 f.; *Kerber*, WM 1989, 473, 477; *Barth / Gelsen*, DB 1981, 2265; RG, U. v. 22.4.1932, RGZ 136, 260, 264; U. v. 15.12.1941, RGZ 168, 292, 297; für die Parallelproblematik bei § 172 IV HGB: BGH, U. v. 20.10.1975, GmbHR 1976, 133, 134 f.

[59] *Kerber*, WM 1989, 473, 477; BGH, U. v. 20.10.1975, GmbHR 1976, 133, 134 f.

[60] *Sonnenhol / Stützle*, DB 1979, 925, 926; *Oetker*, KTS 1991, 521, 529 f.; *Hees*, DB 1955, 962.

bereits eine Rückstellung (§ 249 HGB) zu bilden, die das Bilanzreinvermögen mindere[61].

Ebenfalls dieser – an den bilanziellen Wirkungen orientierten – Meinungsgruppe lassen sich die Literaturstimmen zuordnen, die zwar immer schon in der Bestellung der Sicherheit eine Auszahlung sehen, die aber nur dann zu einer „verbotenen" Auszahlung werden könne, wenn wegen der Gefahr der Inanspruchnahme der Gesellschaft eine Rückstellung zu bilden sei[62].

Einer weiteren Meinung zufolge soll zwischen schuldrechtlichen und dinglichen Sicherheiten differenziert werden[63]. Ausgangspunkt ist die Überlegung, daß bei den klassischen Leistungsgeschäften die Auszahlung i. S. d. § 30 I GmbHG nicht bereits im Abschluß des schuldrechtlichen Geschäfts liege. Entsprechend sei die Bestellung einer schuldrechtlichen Sicherheit (z. B. Bürgschaft) ebenfalls nicht als Auszahlung anzusehen. Anders sei für die Bestellung dinglicher Sicherheiten zu entscheiden, weil hier durch die Verfügung die als Sicherheit verwendeten Vermögenswerte – anders als bei den schuldrechtlichen Sicherheiten – dem Zugriff der Gesellschaftsgläubiger zumindest vorübergehend entzogen würden.

Schließlich wird auch die Ansicht vertreten, ob die Bestellung der Sicherheit eine Auszahlung sei, hänge davon ab, ob ein Gesellschafter oder aber ein Dritter Sicherungsnehmer sei[64]. Sei ein Gesellschafter Sicherungsnehmer, könne das zur Erhaltung des Stammkapitals erforderliche Gesellschaftsvermögen durch die Bestellung der Sicherheit noch nicht beeinträchtigt werden. Denn die Gesellschaft habe die Möglichkeit zur Leistungsverweigerung, wenn die Inanspruchnahme der Sicherheit auf Kosten der Stammkapitaldecke ginge. Daher liege in diesem Fall in der Bestellung der Sicherheit noch keine Auszahlung. Das sei aber anders, wenn ein Dritter Sicherungsnehmer sei, weil diesem gegenüber kein Leistungsverweigerungsrecht zum Schutz der Stammkapitaldecke bestehe.

---

[61] *Baumbach / Hueck / Hueck*, § 30 Rn. 19; grundsätzlich auch: *Scholz / Westermann*, § 30 Rn. 31; *K. Schmidt*, Gesellschaftsrecht, § 37 III 1 c, S. 942; *Koppensteiner*, ZHR 155 (1991), 97, 105; *Wittkowski*, GmbHR 1990, 544, 550; *Schneider*, FS Döllerer, S. 537, 545 f.; ähnlich: *Hachenburg / Goerdeler / Müller*, § 30 Rn. 66; *Friedrich*, DStR 1991, 1118, 1121.

[62] *Lutter / Wahlers*, AG 1989, 1, 13; *Lutter / Hommelhoff*, § 30 Rn. 8, 26 ff.

[63] *Meister*, WM 1980, 390, 392 ff.

[64] *Stimpel*, FS 100 Jahre GmbH-Gesetz, S. 335, 354 ff.

cc) Stellungnahme

Daß gegenüber der bilanzorientierten Betrachtung Skepsis angebracht ist, wenn es um die Bestimmung von Auszahlungsvorgängen und möglichen Auszahlungsgegenständen geht, hat sich bereits verschiedentlich gezeigt. Das gilt auch hier. Ob die Bestellung der Sicherheit auch die Bildung einer Rückstellung erforderlich macht und sich damit das Bilanzreinvermögen mindert, kann nicht das entscheidende Kriterium dafür sein, ob die Bestellung der Sicherheit eine Auszahlung beinhaltet. Bereits im Zusammenhang mit der allgemeinen Frage, ob die Eingehung einer schuldrechtlichen Verpflichtung, die die Buchung einer Rückstellung nach sich zieht, eine Auszahlung sein kann, wurde entsprechendes herausgearbeitet[65]. Dort hat sich auch schon gezeigt, daß der Auszahlungsbegriff in § 30 GmbHG einen realen Vermögensabfluß erfassen will. Eine Rückstellung markiert aber nicht einen tatsächlichen Vermögensabgang, sondern nimmt aus Gründen der Vorsicht und der periodengerechten Zuordnung einen erst zukünftigen Vermögensabfluß nur buchmäßig vorweg[66].

Ein weiterer Gesichtspunkt kommt hinzu. Wer die Antwort darauf, ob die Bestellung einer Sicherheit eine Auszahlung ist, davon abhängig macht, ob die Bildung einer Rückstellung erforderlich ist, bekommt Schwierigkeiten, wenn sich erst einige Zeit nach Stellung der Sicherheit deren Inanspruchnahme und damit die Notwendigkeit einer Rückstellung abzeichnet. Das wird sogar der Regelfall sein, weil die mangelnde Zahlungsfähigkeit des Hauptschuldners nur selten schon im Zeitpunkt der Bestellung der Sicherheit zutage tritt. In diesem Fall trifft der buchmäßige Vermögensverlust nicht mit einem rechtsgeschäftlichen Handeln oder gar einer tatsächlichen Einwirkung auf das Gesellschaftsvermögen durch die Geschäftsführung oder einen Gesellschafter zusammen. Hier wird man im Zeitpunkt des Buchverlustes keine Auszahlung annehmen können[67]. Denn eine Handlungsanweisung, wie sie das *Verbot* der Auszahlung in § 30 I GmbHG enthält, muß notwendig an ein menschliches Verhalten, nicht aber an einen allein bilanziellen Vorgang anknüpfen, um nicht leer zu laufen. Damit wird deutlich, daß sich die Frage, ob die Bestellung einer Sicherheit eine

---

[65] Siehe oben § 4 III 1 a.

[66] *Coenenberg*, S. 221 ff.; *Wöhe*, Handels- und Steuerbilanz, § 31 1, S. 200 f.; *Großfeld*, Rn. 299 ff.

[67] A. A.: *Schneider*, FS Döllerer, S. 537, 546.

Auszahlung i. S. d. § 30 GmbHG beinhaltet, entgegen anderslautenden Stimmen mit bilanziellen Überlegungen nicht beantworten läßt[68].

Aber auch der Meinung, die in jeder Bestellung einer Sicherheit zugleich eine Auszahlung sieht, kann nicht gefolgt werden. Bereits an anderer Stelle hat sich gezeigt, daß noch keine Auszahlung vorliegt, wenn sich die Gesellschaft ihrem Gesellschafter gegenüber nur schuldrechtlich verpflichtet[69]. Das gilt auch dann, wenn sie sich einem Gesellschafter gegenüber für die Verbindlichkeit eines Dritten verbürgt. Es gibt keine Gründe, hier zwischen der Bürgschaft und anderen Verpflichtungsgeschäften zu unterscheiden. Das zur Erhaltung des Stammkapitals erforderliche Vermögen wird nicht mit dem Risiko der Inanspruchnahme im Sicherungsfall belastet, weil die Gesellschaft dem Gesellschafter gegenüber – wie bei anderen Verpflichtungsgeschäften auch[70] – die Möglichkeit hat, Leistungen zu verweigern, die zu Lasten der Stammkapitaldecke gehen.

Da § 30 GmbHG einen realen Vermögensabfluß erfassen will, liegt in den Besicherungsfällen im Ausgangspunkt die Auszahlung erst in der Geldleistung, die die Gesellschaft im Fall der Inanspruchnahme der Sicherheit zahlt. Denn hierbei handelt es sich um ein von der Vorschrift erfaßtes Übertragungsgeschäft[71]. Dieser Grundsatz erfährt aber erhebliche Durchbrechungen.

Ist nicht ein Gesellschafter, sondern ein Dritter Sicherungsnehmer, hat die Gesellschaft im Sicherungsfall keine Möglichkeit, die Leistung zu verweigern, soweit dies zum Schutz der Stammkapitaldecke erforderlich wäre[72]. Denn einer der Ausnahmefälle, in denen das Leistungsverweigerungsrecht auch dem Dritten entgegengehalten werden kann[73], liegt nicht vor. Daher tritt hier ausnahmsweise bereits mit der Bestellung der Sicherheit eine Vermögensgefährdung ein, die es rechtfertigt, eine Auszahlung i. S. d. § 30 GmbHG zu bejahen. Das entspricht der Beurteilung der Fälle, in denen die Gesellschaft einem Dritten gegenüber eine schuldrechtliche Bindung eingeht[74]. Damit erweist sich

[68] Im Ergebnis ebenso: *Stimpel*, FS 100 Jahre GmbH-Gesetz, S. 335, 354 ff.

[69] Siehe oben § 4 III 1 a.

[70] Siehe oben § 4 III 1 a.

[71] Siehe oben § 4 III 1 b.

[72] H. M.: *Scholz / Westermann*, § 30 Rn. 31; *Hachenburg / Goerdeler / Müller*, § 30 Rn. 66; *Oetker*, KTS 1991, 521, 529; *Stimpel*, FS 100 Jahre GmbH-Gesetz, S. 335, 356 f.

[73] Dazu unten § 11 III.

[74] Siehe oben § 4 III 1 a.

in den Besicherungsfällen zunächst der Lösungsansatz als zutreffend, der für die Frage, ob schon die Bestellung einer Sicherheit eine Auszahlung beinhaltet, nach der Person des Sicherungsnehmers unterscheidet[75].

Aber nicht nur die Person des Sicherungsnehmers, sondern auch die Art der Sicherheit hat Einfluß darauf, ob bereits die Bestellung eine Auszahlung ist. Die Bestellung einer schuldrechtlichen und die einer dinglichen Sicherheit unterscheiden sich in einem mit Blick auf § 30 I GmbHG wesentlichen Punkt voneinander. Bei dinglichen – anders als bei schuldrechtlichen – Sicherheiten wird das besicherte Vermögen bereits ab dem Zeitpunkt der Bestellung dem Zugriff der anderen Gesellschaftsgläubiger zumindest vorübergehend entzogen[76]. Damit kann zugleich das Stammkapital in seiner Funktion als Finanzpolster[77] zum Nachteil der Gesellschaftsgläubiger beeinträchtigt werden, wenn das besicherte Vermögen zur bilanziellen Deckung des Stammkapitals benötigt wird. Denn die dingliche Besicherung beeinträchtigt die Fähigkeit des Gesellschaftsvermögens, als Finanzpolster betrieblich bedingte Verluste der Gesellschaft aufzufangen und den Eintritt des Konkurses zu verhindern. Daran ändert auch das Leistungsverweigerungsrecht nichts, das der Gesellschaft zusteht, wenn Sicherungsnehmer ein Gesellschafter ist. Dies rechtfertigt es, bei dinglichen Sicherheiten ungeachtet der Person des Sicherungsnehmers immer auf den Zeitpunkt der Bestellung abzustellen, wenn es um die Frage der Auszahlung geht.

Schließlich sei zur Klarstellung nochmals betont, daß selbstverständlich in allen Fällen, in denen bereits die Bestellung der Sicherheit eine Auszahlung ist, auch die spätere Leistung bei Eintritt des Sicherungsfalls eine Auszahlung beinhaltet.

d) Kreditvergabe durch Darlehen und Stundung

Bislang nicht hinreichend geklärt ist, unter welchen Voraussetzungen die Gewährung von Darlehen an einen Gesellschafter oder die Stundung gegen ihn gerichteter Forderungen eine Auszahlung ist. In beiden Fällen wird ihm ein Kredit eingeräumt. Denn die Gesellschaft erklärt sich damit einverstanden, daß eine ihr

[75] *Stimpel*, FS 100 Jahre GmbH-Gesetz, S. 335, 354 ff.

[76] Insoweit zutreffend: *Kerber*, WM 1989, 473, 477.

[77] Siehe oben § 1 III 2.

zustehende Forderung (Darlehensrückzahlungsforderung, gestundete Forderung) erst zu einem hinausgeschobenen Fälligkeitszeitpunkt beglichen wird.

aa) Meinungsstand

Speziell für die Darlehensvergabe wird weitgehend die Ansicht vertreten, sie beinhalte grundsätzlich noch keine Auszahlung. Begründet wird dies – teilweise unausgesprochen – mit der Überlegung, die Darlehensvergabe rufe regelmäßig nur einem Aktiventausch hervor, der das Bilanzreinvermögen der Höhe nach nicht berühre. Etwas anderes gelte daher nur dann, wenn der Rückzahlungsanspruch nicht werthaltig und somit abzuschreiben sei[78].

Gegen diese bilanzorientierte Betrachtung werden zunehmend Bedenken erhoben. Teilweise wird der Standpunkt vertreten, bei der Darlehensvergabe sei nicht nur der Rückzahlungsanspruch, sondern auch dessen Verzinsung in die Betrachtung einzubeziehen. Nur wenn der Rückzahlungsanspruch uneingeschränkt werthaltig sei und angemessen verzinst werde, liege keine Auszahlung i. S. d. § 30 GmbHG vor[79].

Andere Literaturstimmen gehen noch einen Schritt weiter. Im Verhältnis zu einem Gesellschafter seien alle Formen der Vorleistung der Gesellschaft als Auszahlung anzusehen, unabhängig davon, ob der Vorleistung eine gegen den Gesellschafter gerichtete Forderung gegenüberstehe, die werthaltig sei oder verzinst werde. Das gelte für Darlehen[80], aber auch für andere Formen der Kreditvergabe[81]. Zwar wird im Grundsatz anerkannt, daß eine Auszahlung nicht vorliegt, wenn die Leistung der Gesellschaft und die Gegenleistung des Gesellschafters sich wertmäßig entsprechen[82]. Forderungen gegen Gesellschafter, die nicht sofort fällig seien, seien aber im Sinne der Kapitalerhaltungsvorschriften niemals voll werthaltig und dürften daher mit der Leistung der Gesell-

---

[78] *Lutter / Wahlers*, AG 1989, 1, 14; *Koppensteiner*, ZHR 155 (1991), 97, 104; im Grundsatz auch: *Scholz / Westermann*, § 30 Rn. 25; *Baumbach / Hueck / Hueck*, § 30 Rn. 16; RG, U. v. 29.7.1935, RG HRR 1935 Nr. 1403.

[79] *Schneider*, FS Döllerer, S. 537, 542 ff.; *Friedrich*, DStR 1991, 1118, 1120 f.; *Falkenstein*, S. 77.

[80] *Roth*, § 30 Anm. 2.2.2.; *Rowedder / Rowedder*, § 30 Rn. 14; *Joost*, ZHR 148 (1984), 27, 33 Fn. 23; *Döllerer / Fleck*, JbFSt 1984 / 85, S. 554; *Stimpel*, FS 100 Jahre GmbH-Gesetz, S. 335, 347 ff.

[81] *Stimpel*, FS 100 Jahre GmbH-Gesetz, S. 335, 352 f.

[82] Dazu oben § 4 II 3.

schaft nicht verrechnet werden[83]. Denn zum einen könnten nicht fällige (Zahlungs-) Ansprüche anders als Geld oder der geschuldete Gegenstand selbst von der Gesellschaft nicht zu Geschäftszwecken aller Art genutzt werden[84]. Zum anderen bestätige auch die Regelung des § 43 a GmbHG, daß Darlehensrückzahlungsansprüche nach dem Willen des Gesetzgebers die Hingabe der Darlehenssumme wertmäßig nicht ausgleichen könnten[85].

Auf derselben Linie befindet sich die Rechtsprechung. Der BGH sieht in der Stundung einer gegen einen Gesellschafter gerichteten Forderung eine Auszahlung an diesen[86]. Dabei macht er sein Ergebnis nicht davon abhängig, ob die gestundete Forderung werthaltig ist oder verzinst wird. Zur Begründung führt er aus, die Eingehung einer Vorleistungspflicht durch Stundung der Gegenleistung beeinträchtige die Befriedigungsmöglichkeiten der Gesellschaftsgläubiger in der Zwangsvollstreckung. Denn die Vorleistung der Gesellschaft führe zunächst zu einer Verringerung des vollstreckbaren Vermögens. Die gestundete Forderung könne da keinen Ausgleich schaffen, weil die Befriedigungschancen bei einer Forderungspfändung geringer seien als bei einer Zwangsvollstreckung in den Gegenstand, der als Vorleistung an den Gesellschafter gelangt sei.

bb) Stellungnahme

(1) Kreditvergabe ohne Stellung von Sicherheiten

Zwar liegt in der Darlehensvergabe regelmäßig ein Aktiventausch. Daraus läßt sich aber nicht schon herleiten, daß dieser Vorgang nach Sinn und Zweck des § 30 I GmbHG nicht als Auszahlung anzusehen ist. Denn auch wenn der Gesellschafter kreditwürdig ist, ist die im Austausch für die Darlehenssumme in das Gesellschaftsvermögen gelangte Forderung gegen den Gesellschafter nicht ohne weiteres gleichwertig. Das gilt wenigstens dann, wenn für sie nicht eine werthaltige Sicherheit bestellt worden ist. Denn ob die Forderung jemals beglichen wird, steht nicht fest; dieser Umstand beeinträchtigt ihren Wert. Die Darlehensvergabe erschöpft sich also nicht nur – wie eine bilanzorientierte

[83] *Joost*, ZHR 148 (1984), 27, 33 Fn. 23.

[84] *Stimpel*, FS 100 Jahre GmbH-Gesetz, S. 335, 350.

[85] *Roth*, § 30 Anm. 2.2.2.

[86] BGH, U. v. 21.9.1981, BGHZ 81, 311, 320 f.

Betrachtung nahelegt – in der Umschichtung von Gesellschaftsvermögen. Sie führt auch dazu, daß die Gesellschaft ihr Vermögen mit dem Insolvenzrisiko ihres Gesellschafters belastet. Entsprechendes gilt, wenn die Gesellschaft im Rahmen eines Leistungsaustauschs an den Gesellschafter vorleistet und die von ihm zu erbringende Gegenleistung stundet. Schon der Umstand, daß mit der Kreditvergabe für die Gesellschaft die Übernahme des Risikos der Insolvenz des Gesellschafters und damit eine konkrete Vermögensgefährdung verbunden ist, legt es nahe, hier eine Auszahlung anzunehmen. Zwei weitere Gesichtspunkte sind zu berücksichtigen.

Bereits an anderer Stelle ist ausgeführt worden, daß § 30 I GmbHG die gem. § 13 GmbHG bestehende juristische Eigenständigkeit der Gesellschaft gegenüber ihren Gesellschaftern auch vermögensrechtlich absichern will[87]. Dazu gehört auch, daß das Gesellschaftsvermögen, soweit es zur Deckung des Stammkapitals erforderlich ist, nicht durch Vereinbarungen zwischen der Gesellschaft und ihren Gesellschaftern mit Risiken aus deren Vermögenssphäre belastet wird. Denn damit würde die beabsichtigte wertmäßige Trennung der Vermögensmassen überspielt. Da die Gesellschaft mit der Kreditvergabe aber Risiken aus der Vermögenssphäre ihrer Gesellschafter übernimmt, muß dieser Vorgang nach Sinn und Zweck der Vorschrift als Auszahlung in den Anwendungsbereich des § 30 I GmbHG fallen.

Hinzu kommt, daß die mit dem Insolvenzrisikos eines Gesellschafters belasteten Forderungen aus Kreditgeschäften der Gesellschaft nur eingeschränkt in der Lage sind, ein Finanz- und Verlustpolster im Interesse der Gesellschaft und ihrer Gläubiger zu bilden. Denn sie bieten sich den Gesellschaftsgläubigern – worauf der BGH zu Recht hinweist – nur eingeschränkt als Befriedigungsobjekte in der Zwangsvollstreckung an. Werden diese Forderungen also zur bilanziellen Deckung des Stammkapitals benötigt, kann das Stammkapital seine Funktion, ein Verlust- und Finanzpolster zur Verfügung zu stellen[88], nicht mehr uneingeschränkt erfüllen. Damit sind diese Forderungen tatsächlich – wie vielfach vertreten wird – kein vollwertiger Ersatz für ausgezahlte Darlehenssummen oder erbrachte Vorleistungen. Auch dies spricht dafür, sich grundsätzlich den Stimmen anzuschließen, die unabhängig von der bilanziellen Behandlung die Kreditvergabe als Auszahlung i. S. d. § 30 I GmbHG ansehen.

---

[87] Siehe oben § 4 II 1.

[88] Siehe oben § 1 III 2.

Zutreffend wird auch darauf hingewiesen, daß dieses Ergebnis durch einen Blick auf § 43 a GmbHG bestätigt wird[89]. Die Vorschrift zielt ebenso wie die §§ 30, 31 GmbHG darauf ab, das Stammkapital in seinem Wert zu erhalten[90]. Sie soll die Gefahren abwehren, die sich aus der Kreditvergabe an den Geschäftsführer für die Stammkapitaldeckung ergeben. Dabei geht sie davon aus, daß die Stammkapitaldeckung bereits durch die Kreditvergabe beeinträchtigt wird. Da das bei einer bilanziellen Betrachtung aber alles andere als selbstverständlich ist, kann man aus der Vorschrift nur den Schluß ziehen, daß die Kreditvergabe nach der Vorstellung des Gesetzgebers ungeachtet ihrer bilanziellen Behandlung stammkapitalschädigend wirken kann.

(2) Kreditgewährung gegen Sicherheit und Verzinsung

Anders sieht es allerdings aus, wenn im Austausch für die Vorleistung der Gesellschaft eine noch nicht fällige Forderung (z. B. Darlehensrückzahlungsforderung) gegen einen Gesellschafter in das Gesellschaftsvermögen gelangt, für die eine werthaltige Sicherheit bestellt worden ist. In diesem Fall wird der Wert des Gesellschaftsvermögens durch die Kreditvergabe nicht gefährdet. Dieser Umstand könnte dafür sprechen, bei gesicherten Krediten ausnahmsweise keine Auszahlung i. S. d. § 30 GmbHG anzunehmen. Zwar berührt auch hier die mit der Kreditvergabe verbundene Vermögensumschichtung häufig die Interessen der Gesellschaftsgläubiger. Denn regelmäßig wird mit der Vorleistung ein in der Zwangsvollstreckung leicht verwertbarer Gegenstand (z. B. Geld) weggegeben, während die im Austausch dafür in das Gesellschaftsvermögen gelangte Forderung für die Gläubiger auch dann schwerer verwertbar ist, wenn sie gesichert ist. Das ist hier allerdings unbeachtlich. § 30 I GmbHG will – was der BGH nicht hinreichend berücksichtigt[91] – nach ganz h. M. nicht die Liquidität des Gesellschaftsvermögens sichern[92]. Die Vorschrift greift auch außerhalb des Bereichs der Kreditgeschäfte nicht ein, wenn die Gesellschaft von ihrem Gesellschafter zu einem angemessenen Preis einen nur schwer liquidierbaren Gegenstand erwirbt.

---

[89] *Roth*, § 30 Anm. 2.2.2.

[90] *Lutter / Hommelhoff*, § 43 a Rn. 1; *Baumbach / Hueck / Zöllner*, § 43 a Rn. 1; *Meyer-Landrut / Meyer-Landrut*, § 43 a Rn. 8; a. A.: *Scholz / Schneider*, § 43 a Rn. 8.

[91] BGH, U. v. 21.9.1981, BGHZ 81, 311, 320 f.

[92] *Rowedder / Rowedder*, § 30 Rn. 14; *Scholz / Schneider*, § 43 a Rn. 6; *Stimpel*, FS 100 Jahre GmbH-Gesetz, S. 335, 346.

Gleichwohl kann man einer Kreditgewährung nicht schon deshalb den Charakter einer Auszahlung absprechen, weil entsprechende Sicherheiten gestellt werden. Zutreffend wird darauf hingewiesen, daß auch die Verzinsung des Kredits in die Betrachtung einzubeziehen ist[93]. Denn in der zinslosen Darlehenshingabe liegt ein Verzicht auf Gewinn, der nach oben dargestellten Grundsätzen ebenfalls eine Auszahlung i. S. d. § 30 I GmbHG beinhaltet[94]. Der Kredit muß also nicht nur gesichert sein, sondern zusätzlich verzinst werden, damit er nicht als Auszahlung angesehen wird[95]. Die Höhe des Zinssatzes orientiert sich dabei entweder an den Guthabenzinsen, die die Gesellschaft für ihre Einlagen bei ihrem Kreditinstitut erhalten würde, oder an den Kreditzinsen, die sie selbst als Kreditnehmerin bei einer Bank zahlen müßte. Das hängt jeweils davon ab, welcher Zinssatz der höhere ist; i. d. R. ist dies der Zinssatz für Kreditzinsen.

Wenn Teile der Literatur der Kreditvergabe mit Blick auf § 30 I GmbHG auch dann skeptisch gegenüberstehen und eine Auszahlung annehmen, wenn Sicherheiten gestellt und angemessene Zinsen gezahlt werden[96], kann dem nicht gefolgt werden. Unter diesen Umständen liegt keine Nettovermögensverschiebung zu Lasten der Gesellschaft vor, wie es der Auszahlungsbegriff des § 30 GmbHG voraussetzt[97], denn Leistung und Gegenleistung entsprechen sich wertmäßig. Zudem erzielt die Gesellschaft mit der Kreditvergabe in Form der Zinsen ebenso Erträge, wie wenn sie das Geld in eine Maschine investiert und die erstellten Produkte mit Gewinn verkauft hätte. Auch besteht für – gesetzestreue – Gesellschafter kein Anreiz, sich Kredite bei ihrer Gesellschaft zu verschaffen. Denn günstigere Konditionen als bei einer Bank können ihnen ja nicht eingeräumt werden, ohne daß der Vorgang von § 30 GmbHG erfaßt wird.

Allerdings könnte die Regelung des § 43 a GmbHG gegen die vertretene Lösung sprechen. Der Wortlaut der Vorschrift unterscheidet nicht zwischen einerseits ungesicherten und andererseits gesicherten und verzinsten Krediten an Geschäftsführer. Das könnte auch Auswirkungen auf die Auslegung des Auszahlungsbegriffs in § 30 GmbHG haben. Indessen ist an dieser Stelle der Blick auf § 43 a GmbHG nur von beschränktem Wert. Denn umstritten ist gerade, ob

---

93 *Schneider*, FS Döllerer, S. 537, 542 ff.

94 Siehe oben § 4 III 2 b cc (1).

95 Zutreffend: *Schneider*, FS Döllerer, S. 537, 544.

96 Siehe insbesondere: *Stimpel*, FS 100 Jahre GmbH-Gesetz, S. 335, 346 ff.

97 Siehe oben § 4 II 3.

die Vorschrift ihrem Zweck nach nicht einschränkend ausgelegt werden muß und gesicherte Kredite an Geschäftsführer unbedenklich sind[98].

IV. Sonstige Wertverschiebungen mit Auszahlungscharakter

Praktische Bedeutung kommt dem Auszahlungsverbot (§ 30 I GmbHG) schließlich bei einer weiteren Form der Vorteilsgewährung zu Lasten des Gesellschaftsvermögens zu. Auch Aufrechnungen und Aufrechnungsverträge zwischen der Gesellschaft und ihren Gesellschaftern können zu einer Vermögensverschiebung[99] führen und damit eine Auszahlung beinhalten[100]. Das erscheint auf den ersten Blick überraschend, weil diese Vorgänge doch nur das Erlöschen wechselseitig bestehender Forderungen herbeiführen (§ 389 BGB), also ein überflüssiges Hin- und Herschieben von Leistungen entbehrlich machen sollen. Möglich ist allerdings, daß die Gesellschaft die Aufrechnung gegen eine Forderung des Gesellschafters erklärt, die nicht werthaltig ist. Die mangelnde Werthaltigkeit kann dabei insbesondere darauf beruhen, daß der Gesellschafterforderung die Einrede mangelnder Stammkapitaldeckung entgegensteht[101]. Zu denken ist hier etwa an Rückzahlungsforderungen des Gesellschafters aus kapitalersetzenden Darlehen, die für den Zeitraum ihrer kapitalersetzenden Funktion nicht durchsetzbar sind[102], oder an Dividendenforderungen gegen die Gesellschaft, die ebenfalls nicht durchsetzbar sind, wenn die Auszahlung aus dem zur Erhaltung des Stammkapitals erforderlichen Vermögen erfolgen müßte[103]. Hier opfert die Gesellschaft mit der Aufrechnung die eigene werthaltige gegen eine – wenigstens zur Zeit – wertlose Forderung als Gegenleistung. Aus oben genannten Gründen liegt aber eine Nettovermögensverschiebung und damit eine Auszahlung vor, wenn die Leistung der Gesellschaft an den Gesellschafter nicht durch eine werthaltige Gegenleistung ausgeglichen wird[104]. Das

---

[98] In diesem Sinne: *Scholz / Schneider*, § 43 a Rn. 40 f.; a. A.: *Lutter / Hommelhoff*, § 43 a Rn. 6; *Baumbach / Hueck / Zöllner*, § 43 a Rn. 4.

[99] Dazu oben § 4 II 2.

[100] *Westermann*, FS Oppenhoff, S. 535, 548 ff.; *Joost*, ZHR 148 (1984), 27, 43 ff.; *Frey*, S. 60.

[101] Zu dieser Einrede siehe unten § 9 I 1.

[102] *Baumbach / Hueck / Hueck*, § 32 a Rn. 77 m. w. N.

[103] *Baumbach / Hueck / Hueck*, § 29 Rn. 56; *Scholz / Emmerich*, § 29 Rn. 155; *Hachenburg / Goerdeler / Müller*, § 30 Rn. 59; *Roth*, § 29 Anm. 5.3.; vgl. auch: BGH, U. v. 27.11.1989, ZIP 1990, 98, 101; a. A.: *Wilhelm*, FS Flume II, S. 337, 359 f.

[104] Siehe oben § 4 II 3.

gleiche gilt, wenn die Aufrechnung nicht einseitig, sondern durch Verrechnungsvertrag erfolgt.

Erklärt hingegen der Gesellschafter einseitig die Aufrechnung, so liegt darin keine Auszahlung i. S. d. § 30 GmbHG. Denn es mangelt an einem der Geschäftsführung der GmbH zurechenbaren Verhalten[105]. Eine Lücke im Schutz des Stammkapitals ergibt sich daraus nicht. Die Aufrechnung mit den Rückzahlungsforderungen aus kapitalersetzenden Darlehen oder Dividendenforderungen ist in diesem Fall bereits nach § 390 BGB unwirksam. Denn die genannten, zur Aufrechnung gestellten Forderungen sind gem. § 242 BGB i. V. m. § 31 GmbHG mit der Einrede mangelnder Stammkapitaldeckung belastet[106]. Der Gesellschaft steht ein Leistungsverweigerungsrecht zu, solange das Darlehen eigenkapitalersetzenden Charakter hat bzw. der Dividendenanspruch nur aus dem zur Erhaltung des Stammkapitals erforderlichen Vermögen erfüllt werden kann.

V. Zwischenergebnis

Auszahlungen i. S. d. § 30 GmbHG sind nicht nur Geldleistungen, sondern Zuwendungen aller Art, denen nicht eine gleichwertige Gegenleistung gegenübersteht. Gemeint sind also nur Nettovermögensverschiebungen. Ein Vermögensabfluß bei der GmbH kann nur dann eine Auszahlung der Gesellschaft beinhalten, wenn daran ein Verhalten mitgewirkt hat, das der Geschäftsführung zurechenbar ist. Vorgänge, die sich ausschließlich in der Schädigung des Gesellschaftsvermögens erschöpfen und nicht zugleich zu einer Vermögensmehrung bei einem Gesellschafter führen, werden nicht erfaßt.

Ob ein Vorgang eine Auszahlung beinhaltet, hängt nicht davon ab, ob sich das Bilanzreinvermögen mindert. Der bilanzorientierten Betrachtung im Rahmen des § 30 GmbHG sind Grenzen gesetzt. Regelmäßig kommt es für das Vorliegen einer Auszahlung auf den realen Abfluß von Gesellschaftsvermögen an. Ausnahmsweise genügt bereits eine Vermögensgefährdung im Vorfeld des realen Vermögensverlustes. Das gilt dann, wenn die Gesellschaft nach Eintritt der Vermögensgefährdung keinen Einfluß mehr darauf nehmen könnte, ob die Gefahr zu einem realen Vermögensabfluß führt.

---

[105] Siehe oben § 4 II 2.

[106] Einzelheiten dazu unten § 9 I 1.

Danach beinhalten Verpflichtungsgeschäfte mit Gesellschaftern noch keine Auszahlung. Etwas anderes gilt für Verpflichtungsgeschäfte mit Dritten, weil die Gesellschaft ihnen gegenüber – anders als Gesellschaftern – grundsätzlich kein Leistungsverweigerungsrecht zum Schutz der Stammkapitaldeckung hat. Übertragungsgeschäfte sind die klassischen Fälle von Auszahlungsvorgängen. Auch der Verzicht auf Gewinn, insbesondere durch Zuwendung stiller Reserven, sowie die Hingabe von Vermögensgegenständen, die einem Aktivierungsverbot unterliegen, beinhalten Auszahlungen. Bei Sicherheiten aus dem Gesellschaftsvermögen ist zu unterscheiden. Die Leistung im Fall der Inanspruchnahme der Sicherheit ist immer eine Auszahlung. Dasselbe gilt bereits für die Bestellung, wenn es sich um eine dingliche Sicherheit handelt. Bei schuldrechtlichen Sicherheiten liegt in der Bestellung nur dann eine Auszahlung, wenn Sicherungsnehmer nicht ein Gesellschafter, sondern ein Dritter ist. Insoweit gelten also dieselben Grundsätze wie bei anderen Verpflichtungsgeschäften auch. Die Hingabe von Darlehen oder Stundung von Forderungen beinhaltet nur dann keine Auszahlung, wenn Sicherheiten gestellt werden und eine angemessene Verzinsung erfolgt. Rechnet die Gesellschaft gegen Forderungen des Gesellschafters auf, die nicht voll werthaltig sind, oder werden solche Forderungen durch Verrechnungsvertrag zum Erlöschen gebracht, liegt ebenfalls eine Auszahlung vor.

§ 5 Der Gesellschafter als Empfänger der Auszahlung

I. Persönliche Reichweite des § 30 I GmbHG

1. Gesellschafter

§ 30 I GmbHG nennt als mögliche Empfänger einer Auszahlung nur Gesellschafter. Nach einhelliger Meinung gehören dazu auch ehemalige Gesellschafter, wenn die Zuwendung auf einer Zusage beruht, die noch während der Zugehörigkeit des Betroffenen zu der Gesellschaft gemacht wurde[1].

[1] *Baumbach / Hueck / Hueck*, § 30 Rn. 20; *Hachenburg / Goerdeler / Müller*, § 30 Rn. 55; *Lutter / Hommelhoff*, § 30 Rn. 18.

2. *Erweiterung auf „wirtschaftliche" Gesellschafter*

Darüber hinaus wenden Rechtsprechung und Literatur die Vorschrift auch auf Zuwendungen an bestimmte Dritte an. Dabei kann man unterscheiden. Zum einen gibt es Zuwendungen, die zwar dem Dritten zugehen, mittelbar aber doch dem Gesellschafter zugute kommen. Zum anderen gibt es solche, die allein im Interesse des Drittempfängers erfolgen.

An dieser Stelle sollen zunächst nur die Sachverhalte interessieren, die der zweiten Fallgruppe zuzuordnen sind[2]. So soll § 30 I GmbHG auf Vorteilsgewährungen an einen atypischen stillen Gesellschafter Anwendung finden, der nach außen nicht als Gesellschafter in Erscheinung tritt, der sich aber schuldrechtlich weitgehend die Rechte eines echten Gesellschafters hat einräumen lassen und damit seine Position der eines offenen Gesellschafters angenähert hat[3]. Ebenfalls als Empfänger i. S. d. § 30 I GmbHG werden Dritte behandelt, die eine mehrheitliche Beteiligung an einer Gesellschafterin der GmbH besitzen oder sonst einen beherrschenden Einfluß auf die GmbH-Gesellschafterin oder die GmbH ausüben[4]. Schließlich soll ein Dritter die Kapitalerhaltungsvorschriften gegen sich gelten lassen, wenn zwischen ihm und einem Gesellschafter eine Treuhandvereinbarung besteht, kraft derer der Gesellschafter (Treuhänder) die Gesellschaftsanteile nur für den Dritten (Treugeber) hält[5]. Die Einzelheiten sind dabei vielfach umstritten. So ist bei Zuwendungen an einen Treugeber (Dritten) unklar, ob der Treugeber ohne weiteres in den persönlichen Anwendungsbereich des § 30 I GmbHG fällt[6], oder ob zusätzlich noch erforderlich ist, daß er entweder mittelbar über den Treuhänder oder unmittelbar jeweils unter Offenlegung der Treugeberstellung die Auszahlung an sich fordert[7].

---

[2] Zu der anderen Fallgruppe siehe unten § 5 III.

[3] BGH, U. v. 7.11.1988, WM 1989, 14, 15; *Lutter / Hommelhoff*, § 30 Rn. 17; *Hachenburg / Goerdeler / Müller*, § 30 Rn. 53; siehe auch: *Kollhosser*, WM 1985, 929, 934.

[4] Grundlegend: BGH, U. v. 21.9.1981, BGHZ 81, 311, 315 ff. im Zusammenhang mit der Rückzahlung eigenkapitalersetzender Gesellschafterleistungen; *Baumbach / Hueck / Hueck*, § 30 Rn. 17; *Fleck*, FS 100 Jahre GmbH-Gesetz, S. 391, 415 f. m. w. N.

[5] *Hachenburg / Ulmer*, § 2 Rn. 65; *Hachenburg / Goerdeler / Müller*, § 30 Rn. 50; *Scholz / Westermann*, § 30 Rn. 30; *Baumbach / Hueck / Hueck*, § 1 Rn. 43; *Fleck*, FS 100 Jahre GmbH-Gesetz, S. 391, 409 ff.; *Falkenstein*, S. 81 f.; BGH, U. v. 14.12.1959, BGHZ 31, 258, 266 f.

[6] *Fleck*, FS 100 Jahre GmbH-Gesetz, S. 391, 410 f.; BGH, U. v. 14.12.1959, BGHZ 31, 258, 267.

[7] *Hachenburg / Ulmer*, § 2 Rn. 65; ähnlich: *Wolany*, S. 56 ff., der verlangt, der Hintermann (=Treugeber) müsse auch als solcher auftreten und seine Stellung zur Geltung bringen.

Gemeinsam ist den genannten Fällen, daß der jeweilige Dritte zwar nicht formal, wohl aber der Funktion nach Gesellschafter der GmbH ist, weil er mittelbar am Unternehmensvermögen beteiligt ist und Einfluß auf die Geschäftsführung und -politik nehmen kann[8]. Man kann ihn daher auch als „wirtschaftlichen" Gesellschafter bezeichnen. Tatsächlich wird man in diesen Fällen § 30 I GmbHG anwenden können.

Wenn allerdings – insbesondere im Zusammenhang mit den Treuhandverhältnissen – davon gesprochen wird, es müßten Gesetzesumgehungen verhindert werden, so darf das nicht mißverstanden werden. Es ist durchaus legitim, wenn sich jemand über einen Mittelsmann (Treuhänder) an einer Gesellschaft beteiligt. Es kommt daher auch nicht etwa auf eine Umgehungsabsicht der Beteiligten an. Vielmehr geht es darum, ob § 30 I GmbHG analog auf einen Personenkreis (Treugeber, atypische Gesellschafter, beherrschende Unternehmen) angewendet werden kann, der zwar vom Wortlaut der Vorschrift nicht erfaßt wird, auf den sie sich aber ihrem Sinn nach erstreckt[9].

Seinem Sinn nach erfaßt § 30 I GmbHG aber auch den „wirtschaftlichen" Gesellschafter. Er ist letztlich derjenige, auf dessen Rechnung die GmbH betrieben wird und der nur beschränkt haften will. Dem GmbH-Recht liegt aber der allgemeine Gedanke zugrunde, daß derjenige, der sich unternehmerisch betätigen und gleichzeitig in den Genuß einer auf das Unternehmensvermögen beschränkten Haftung kommen will, zum Ausgleich für die damit verbundenen Risiken Verantwortung für die Vermögensaustattung des Unternehmens übernehmen muß. Dazu gehört es auch, insbesondere im Interesse der Gesellschaftsgläubiger die vermögensrechtliche Eigenständigkeit des Unternehmens – wenigstens bis zur Grenze der Stammkapitaldeckung – zu achten. Der „wirtschaftliche" Gesellschafter kann sich daher grundsätzlich nicht darauf berufen, er gehöre nicht zu dem aus § 30 I GmbHG verpflichteten, sondern zu dem durch die Vorschrift geschützten Personenkreis, den Gesellschaftsgläubigern, und dürfe daher Zugriff auf die Stammkapitaldecke nehmen[10]. Vielmehr ist er wegen seines Einflusses in der GmbH einem Gesellschafter gleichzustellen und daher ebenfalls den Bindungen des § 30 I GmbHG unterworfen.

---

[8] Vergleiche zur vergleichbaren Lage bei der Erstreckung der Regeln über eigenkapitalersetzende Darlehen auf Dritte: *Kollhosser*, WM 1985, 929, 934.

[9] Zur Gesetzesumgehung: *Teichmann*, S. 105 f.

[10] Siehe aber unten § 5 II 1.

Die Abgrenzung, ob jemand noch „normaler" Gesellschaftsgläubiger oder schon „wirtschaftlicher" Gesellschafter ist und sich damit § 30 I GmbHG entgegenhalten lassen muß, kann im Einzelfall schwierig sein[11]. Das zeigt insbesondere das Beispiel des atypischen stillen Gesellschafters. Denn der Übergang vom typischen zum atypischen stillen Gesellschafter ist fließend, weil die Vertragsfreiheit ganz unterschiedliche vertragliche Konstruktionen erlaubt. Tatsächlich wird man jeweils nur im Einzelfall nach Abwägung aller Umstände entscheiden können.

II. Gesellschafter als Partner sogenannter Drittgeschäfte

1. Bedeutung der „causa societatis"

Legt man die bisherigen Überlegungen zugrunde, wird jeder Zugriff eines „echten" oder „wirtschaftlichen" Gesellschafters auf das zur Erhaltung des Stammkapitals erforderliche Vermögen von § 30 I GmbHG erfaßt. Fraglich ist, ob hier nicht gewisse Einschränkungen zu machen sind.

Denkbar ist, daß der Gesellschafter zu denselben Konditionen wie ein außenstehender Dritter mit seiner GmbH in geschäftliche Beziehungen tritt und hieraus ein stammkapitalschädlicher Vermögensverlust der Gesellschaft resultiert, ohne daß sich die Gesellschafterstellung ausgewirkt hat, diese also nur „zufällig" bestand. Dann ist zu überlegen, ob nicht auch der Gesellschafter schutzbedürftig ist und § 30 I GmbHG ausnahmsweise nicht gegen sich gelten lassen muß, die Zuwendung also rechtmäßig erfolgte. Diese Frage stellt sich etwa, wenn die GmbH, eine Baugesellschaft, ihrem Gesellschafter zu einem angemessenen Festpreis die Errichtung eines Familienheims versprochen hat und sich erst während der Durchführung der Baumaßnahme herausstellt, daß die Gesellschaft mit dem von ihr kalkulierten Preis die eigenen Kosten nicht decken kann, weil einer ihrer preisgünstigen Zulieferer plötzlich ausgefallen ist und sie sich nunmehr die Zutaten für das Gebäude zu höheren Preisen bei anderen Lieferanten beschaffen muß. Ebenfalls hierher gehört der Fall, daß die Gesellschaft dem Gesellschafter im Rahmen eines Räumungsverkaufs einen Gegenstand zu

---

[11] Zu diesem Problem, beschränkt auf Treuhandverhältnisse: OLG Düsseldorf, U. v. 15.8.1991, GmbHR 1992, 373, 375.

einem Preis unter dem Marktwert verkauft und dieser Preis demjenigen entspricht, den jeder Dritte auch hätte zahlen müssen[12].

Die überwiegende Meinung will § 30 I GmbHG nicht zur Anwendung bringen, wenn der Gesellschafter der GmbH wie ein Dritter gegenübertritt. Anders ausgedrückt soll es für das Eingreifen der Vorschrift erforderlich sein, daß das Gesellschaftsverhältnis für die Auszahlung an den Gesellschafter ursächlich ist, diese also objektiv betrachtet „causa societatis" erfolgt[13]. Demgegenüber wird in neuerer Zeit die Forderung, Zuwendungen im Rahmen von Austauschgeschäften mit Gesellschaftern müßten, um von § 30 I GmbHG erfaßt zu werden, causa societatis erfolgen, zunehmend mit der Begründung abgelehnt, die Vorschrift wolle im Interesse des Gläubigerschutzes sämtliche Formen der Verminderung des stammkapitaldeckenden Vermögens erfassen[14]. Das werde durch den Wortlaut des § 30 I GmbHG bestätigt, der schlicht von einer Auszahlung an die Gesellschafter spreche. Schon „weil der Gesellschafter Gesellschafter" sei, komme die Vorschrift zur Anwendung[15].

Der h. M. ist zuzustimmen. Die Möglichkeit, daß der Gesellschafter der Gesellschaft wie ein Dritter gegenübertritt und bei dem Geschäftsabschluß eine causa societatis nicht mitwirkt, hat der Gesetzgeber bei der Formulierung des § 30 I GmbHG nicht ausdrücklich mitbedacht[16]. Der Wortlaut ist daher nicht entscheidend. Nach Sinn und Zweck hat die Vorschrift aber nur Zuwendungen im Blick, die ihre Ursache im Gesellschaftsverhältnis haben.

§ 30 I GmbHG will die juristische Eigenständigkeit der GmbH gegenüber ihren Gesellschaftern auch vermögensrechtlich absichern[17]. Das gilt wenigstens bis zur Grenze der Stammkapitaldeckung. Dabei liegt der Vorschrift die Erkenntnis zugrunde, daß die Eigenständigkeit des Gesellschaftsvermögens durch die besonderen Zugriffsmöglichkeiten bedroht wird, die sich aus der Gesellschafterstellung ergeben. Vor deren Mißbrauch will die Vorschrift schützen.

---

[12] Dazu auch *Bommert*, S. 34, der in diesem Fall allerdings eine Vorteilsgewährung an den Gesellschafter ablehnen will.

[13] *Hachenburg / Goerdeler / Müller*, § 30 Rn. 59; *Baumbach / Hueck / Hueck*, § 30 Rn. 14; *Scholz / Westermann*, § 30 Rn. 19 f.; BGH, U. v. 24.3.1954, BGHZ 13, 49, 54; ähnlich: BGH, U. v. 15.6.1992, ZIP 1992, 1152, 1154; OLG Hamm, U. v. 19.11.1991, GmbHR 1992, 607, 608.

[14] *Tries*, S. 49 ff.; *Falkenstein*, S. 83 f.; kritisch auch: *Fleck*, ZHR 156 (1992), 81, 82; *derselbe*, FS 100 Jahre GmbH-Gesetz, S. 391, 400.

[15] *Tries*, S. 51.

[16] Siehe: RT-Aktenstück Nr. 660, S. 3745 f.

[17] Siehe bereits oben § 4 II 1.

Denn wenn die Gesellschafter diese Zugriffsmöglichkeiten nutzen, um Gesellschaftsvermögen an sich zurückzuleiten, wird die vermögensrechtliche Eigenständigkeit der GmbH zum Nachteil der Gläubiger ausgehöhlt. Nur in diesem Fall kann § 30 I GmbHG daher seinem Sinn nach zur Anwendung kommen. Demgegenüber wird die vermögensrechtliche Eigenständigkeit der Gesellschaft von vornherein nicht beeinträchtigt, wenn die Gesellschafter dem Gesellschaftsvermögen wie Dritte gegenüberstehen und nicht besondere, sich aus dem Gesellschaftsverhältnis ergebende Zugriffsmöglichkeiten auf das Vermögen nutzen. Hier kann die Vorschrift daher nicht eingreifen.

Auch Gründe des Gläubigerschutzes können es nicht rechtfertigen, im Rahmen des § 30 I GmbHG auf das Merkmal der „causa societatis" zu verzichten und einen Gesellschafter bei Geschäften mit seiner Gesellschaft stärkeren Bindungen zu unterwerfen als Dritte. Denn der Gesellschafter, der der Gesellschaft wie ein Drittgläubiger gegenübertritt, ist genau so schutzbedürftig wie dieser und muß daher ebenfalls die Möglichkeit haben, zur Erfüllung seiner Forderungen gegebenenfalls auch auf die Stammkapitaldecke Zugriff zu nehmen.

Dem steht auch nicht entgegen, daß er – anders als ein Dritter – eine besondere Verantwortung für das Gesellschaftsvermögen trägt[18]. Hieraus erwachsen dem Gesellschafter nur dann Pflichten zur Rücksichtnahme auf das Gesellschaftsvermögen, wenn er der Gesellschaft wie ein Gesellschafter gegenübertritt, indem er eigene (wirkliche oder vermeintliche) Rechte aus dem (wirtschaftlichen) Gesellschaftsverhältnis wahrnimmt oder geltend macht. Denn die Pflicht zur Rücksichtnahme auf das Gesellschaftsvermögen (Stammkapitaldekkung) stellt nur den Ausgleich für die Risiken dar, die sich aus der *tatsächlichen* Geltendmachung oder Wahrnehmung gesellschafterspezifischer Rechte (vermeintliche oder wirkliche) ergeben. Wo letzteres nicht geschieht, kann die Pflicht auch nicht zur Geltung kommen.

Ein Verzicht auf das Merkmal der causa societatis wäre allenfalls dann gerechtfertigt, wenn die Pflicht der Gesellschafter, das zur Erhaltung des Stammkapitals erforderliche Vermögen den Gesellschaftsgläubigern vorzubehalten, auch einen Ausgleich für ihre *abstrakten*, sich aus der Gesellschafterstellung ergebenden Einwirkungsmöglichkeiten auf die Unternehmenspolitik und für die daraus resultierenden Risiken für Außenstehende darstellen würde. Dann könnte man tatsächlich sagen, schon „weil der Gesellschafter Gesellschafter ist", müsse er § 30 I GmbHG gegen sich gelten lassen, ohne daß es noch auf eine causa

[18] Siehe oben § 5 I 2.

societatis bei der Zuwendung ankomme[19]. Im Ergebnis wird man dieser Überlegung nicht folgen können. Denn als Konsequenz müßte sich doch ergeben, daß wenigstens der Minderheitsgesellschafter, der auch in der Gesellschafterversammlung praktisch keinen Einfluß hat, von der Bindung des § 30 I GmbHG freigestellt werden müßte. Diese Konsequenz wird allerdings zu Recht von niemandem gezogen, weil das GmbHG keine Anhaltspunkte in diese Richtung enthält.

Schließt der Gesellschafter daher mit seiner Gesellschaft einen Vertrag über den Austausch von Leistungen und wirkt hierbei eine causa societatis nicht mit (Drittgeschäft), so ist er nicht Leistungsempfänger i. S. d. § 30 I GmbHG, und zwar auch dann nicht, wenn das Geschäft nach seiner Abwicklung zu einem Verlust der Gesellschaft führt[20]. Im Rahmen des § 30 I GmbHG genügt also nicht die Feststellung, daß der Zuwendungsempfänger „formal" – tatsächlicher oder wirtschaftlicher – Gesellschafter ist. Vielmehr muß sich die Gesellschafterstellung auf das „ob" der Zuwendung ausgewirkt haben. Daher kommt auch in den beiden oben genannten Beispielfällen § 30 I GmbHG nicht zur Anwendung. Ferner ist an dieser Stelle kurz auf den oben dargestellten Streit um die Anwendung des § 30 I GmbHG auf Hintermänner (Treugeber) von Gesellschaftern zurückzukommen[21]. Wenn weder das Treuhandverhältnis zwischen Gesellschafter und Drittem gegenüber der GmbH offengelegt worden ist, noch der Gesellschafter – sei es aus eigenem Antrieb oder auf Veranlassung des Dritten (Hintermanns) – seinen Einfluß gerade als Gesellschafter nutzt, um die GmbH zur Auszahlung an den Dritten zu bewegen, kann eine causa societatis für die Zuwendung an den „wirtschaftlichen" Gesellschafter nicht vorliegen. § 30 I GmbHG kommt nicht zur Anwendung, weil der Dritte (Hintermann, Treugeber) zwar „wirtschaftlicher" Gesellschafter der Gesellschaft ist, ihr aber gleichwohl wie ein Dritter gegenübertritt und daher keine gesteigerte Rücksicht schuldet.

---

[19] *Tries*, S. 51.

[20] *Röhrkasten*, Die verdeckte Gewinnausschüttung, S. 108; *Döllerer*, Verdeckte Gewinnausschüttungen, S. 67, für die verdeckte Gewinnausschüttung im Steuerrecht; wohl ebenso: *Lutter / Hommelhoff*, § 30 Rn. 23 a. E.; a. A.: *Tries*, S. 49 ff.

[21] Siehe oben § 5 I 2.

2. *Verdeckte Gewinnausschüttungen*

Im Einzelfall kann fraglich sein, ob die Gesellschafterstellung für eine Zuwendung ursächlich geworden ist. Bei einseitigen Zuwendungen aus dem Gesellschaftsvermögen (z. B. Schenkungen) wirft die Feststellung der „causa societatis" allerdings regelmäßig keine Probleme auf. Werden dem Gesellschafter einseitig Sondervorteile gewährt, so wird dies regelmäßig auch mit Rücksicht auf seine Gesellschafterstellung erfolgen. Vereinbaren Gesellschaft und Gesellschafter aber einen Leistungsaustausch, so läßt sich mitunter nicht leicht feststellen, ob dies causa societatis geschehen ist und die Bindungen des § 30 I GmbHG eingreifen oder ob ein normales Drittgeschäft vorliegt. Nicht selten versuchen Gesellschaft und Gesellschafter, die Vorteilsgewährung unter dem Deckmantel eines Drittgeschäfts zu verbergen, um den Bindungen des § 30 I GmbHG zu entgehen. Das geschieht regelmäßig dadurch, daß sie sich wechselseitig zu Leistungen verpflichten und dabei Konditionen vereinbaren, die scheinbar marktüblich sind. Bei genauerem Hinsehen aber muß man feststellen, daß das Geschäft den Gesellschafter einseitig bevorteilt und gerade wegen der Gesellschafterstellung des Empfängers – also „causa societatis" – zustandegekommen ist. Man spricht dann auch im Gesellschaftsrecht von einer verdeckten Gewinnausschüttung[22]. Diese kann also ebenfalls gegen § 30 I GmbHG verstoßen[23].

Im Kern besteht heute Einigkeit darüber, daß sich die Abgrenzung zwischen einem gem. § 30 I GmbHG unbedenklichen Drittgeschäft und einer verdeckten Gewinnausschüttung (= Zuwendung „causa societatis") danach richtet, ob ein gewissenhaft nach kaufmännischen Grundsätzen handelnder Geschäftsführer unter sonst gleichen Umständen zu gleichen Bedingungen auch mit einem Nichtgesellschafter abgeschlossen hätte, ob die Leistung also durch betriebliche Gründe gerechtfertigt ist[24]. Nur wenn letzteres nicht der Fall ist, erfolgt die Zuwendung „causa societatis" und unterliegt als verdeckte Gewinnausschüttung den Bindungen des § 30 I GmbHG. Bei der Beurteilung, ob betriebliche Gründe für die Zuwendung vorgelegen haben, wird zwar ein gewisses unternehmerisches Handlungsermessen anerkannt. Gleichwohl handelt es sich um einen ob-

---

[22] Allgemein dazu: *Winter*, Treuebindungen, S. 220 ff.; *Lutter / Hommelhoff*, § 29 Rn. 47 ff. m. w. N.

[23] Einhellige Meinung: *Baumbach / Hueck / Hueck*, § 30 Rn. 15; *Lutter / Hommelhoff*, § 30 Rn. 24.

[24] BGH, U. v. 1.12.1986, NJW 1987, 1194 f. m. w. N.; *Lutter*, FS Stiefel, S. 505, 527 ff.

jektiven Maßstab; auf subjektive Elemente auf Seiten der Beteiligten (Erkennbarkeit als verdeckte Gewinnausschüttung) kommt es nicht an[25].

Die Frage nach den betrieblichen Gründen darf nicht mit der Frage der wirtschaftlichen Ausgeglichenheit von Leistung und Gegenleistung gleichgesetzt werden[26]. Sind Leistung und Gegenleistung ausgeglichen, liegt schon keine Auszahlung vor[27], so daß eine Abgrenzung zwischen Gesellschafter- und Drittgeschäft nicht erforderlich ist. Auf der anderen Seite kann es betrieblich gerechtfertigt sein, wenn die Gesellschaft dem Gesellschafter sehenden Auges einen Vorteil gewährt. Das zeigt sich in einem bereits oben erwähnten Fall: Wenn die Gesellschaft ihrem Gesellschafter im Rahmen eines Räumungsverkaufs einen Gegenstand zu einem Preis unter dem Marktwert verkauft und dieser Preis demjenigen entspricht, den jeder Dritte auch hätte zahlen müssen, liegt ein normales Drittgeschäft vor und § 30 I GmbHG greift nicht ein[28]. Regelmäßig wird allerdings bereits das Mißverhältnis zwischen Leistung und Gegenleistung, durch das der Gesellschafter bevorteilt wird, den Schluß auf die fehlende betriebliche Rechtfertigung zulassen[29].

III. Leistungen an Dritte, die in keiner Sonderbeziehung zur GmbH stehen

Nach den bisherigen Überlegungen können Dritte in den Anwendungsbereich des § 30 I GmbHG fallen, wenn sie in einer gesellschafterähnlichen Sonderbeziehung zur GmbH stehen. Soweit sie ihrer Funktion nach – wirtschaftlich – die Rolle eines Gesellschafters übernehmen, müssen sie sich auch wie ein solcher behandeln lassen. Es ist aber bereits angedeutet worden, daß es weitere Gruppen von Drittbeteiligungsfällen gibt, in denen § 30 I GmbHG eingreifen soll. Anders als bei Zuwendungen an Dritte, die wirtschaftlich Gesellschafter sind, geht es hier regelmäßig nicht darum, gerade dem Dritten – offen oder verdeckt – einen Sondervorteil zufließen zu lassen. Auch kann der Dritte hier – anders als der wirtschaftliche Gesellschafter – keine gesellschafterspezifischen Einflüsse geltend machen, um die Auszahlung zu bewirken. Wann

---

[25] *Winter*, Treuebindungen, S. 225 f.

[26] Zutreffend daher: *Flume*, Die juristische Person, § 8 IV 2 b, S. 287; *Winter*, Treuebindungen, S. 225 f.

[27] Siehe oben § 4 II 3.

[28] Siehe oben § 5 II 1.

[29] *Flume*, Die juristische Person, § 8 IV 2 b, S. 287.

Zuwendungen an diese „sonstigen" Dritten, die in keiner Sonderbeziehung zu der Gesellschaft stehen, dennoch von § 30 I GmbHG erfaßt werden, ist im einzelnen umstritten.

1. Mittelbare Vermögensvorteile für den Gesellschafter

Nach h. M. soll § 30 I GmbHG seinem Sinn nach dann eingreifen, wenn die Zuwendung der Gesellschaft an den Dritten mittelbar zu einem Vorteil des Gesellschafters führt[30]. Dieses Kriterium führt in folgenden Drittbeteiligungsfällen zur Annahme einer Auszahlung an den Gesellschafter: Die Gesellschaft erfüllt eine Verpflichtung des Gesellschafters gegenüber einem Dritten (§ 267 BGB); sie wendet im Auftrag des Gesellschafters dem Dritten einen Gegenstand zu oder geht ihm gegenüber eine Verpflichtung ein (z. B. durch Stellung einer Sicherheit für eine Verbindlichkeit des Gesellschafters[31]); sie wendet dem Dritten einen Gegenstand zu, den dieser nach § 667 BGB an den Gesellschafter herauszugeben hat, weil Gesellschaft und Gesellschafter den Dritten als Strohmann eingeschaltet und entsprechend beauftragt haben[32]. Ebenfalls hier einordnen kann man Zuwendungen an Unternehmen, an denen der Gesellschafter beteiligt ist[33]. Denn als Folge erhöht sich der Wert der Unternehmensbeteiligung zum Vorteil des Gesellschafters. Man spricht in all diesen Fällen auch von einer mittelbaren, verdeckten Gewinnausschüttung.

Allen diesen Fällen ist gemeinsam, daß die eigentliche Ursache der Zuwendung an den Dritten im Gesellschaftsverhältnis zwischen der GmbH und ihrem Gesellschafter liegt. Dieses kann nicht hinweggedacht werden, ohne daß die Zuwendung entfiele. Hier liegt der Grund für das Eingreifen von § 30 I GmbHG. Schon oben hat sich gezeigt, daß § 30 I GmbHG nicht auf die „formale" Gesellschafterstellung des Auszahlungsempfängers abstellt, sondern

---

[30] *Tries*, S. 78 f.; *Hachenburg / Goerdeler / Müller*, § 30 Rn. 47; *Lutter / Hommelhoff*, § 30 Rn. 19; *Baumbach / Hueck / Hueck*, § 30 Rn. 17; *Sonnenhol / Stützle*, WM 1983, 2; *Geßler*, FS Fischer, S. 131, 144 f.; *Canaris*, FS Fischer, S. 31, 39 u. 54 f., der hier die Kapitalerhaltungsvorschriften allerdings nur analog anwenden will; BGH, U. v. 11.10.1956, WM 1957, 61.

[31] Dazu oben § 4 III 2 c aa.

[32] *Döllerer*, Verdeckte Gewinnausschüttungen, S. 46 f., 56 f.; *Tries*, S. 78 ff.; *Scholz / Westermann*, § 30 Rn. 28 f.

[33] *Scholz / Westermann*, § 30 Rn. 35; *Baumbach / Hueck / Hueck*, § 30 Rn. 17; *Tries*, S. 78 f. m. w. N.

gerade die Zuwendungen „causa societatis" erfassen will[34]. § 30 I GmbHG will die Stammkapitaldecke den Gesellschaftsgläubigern vorbehalten und daher alle Zugriffe abwehren, die nicht ausschließlich mit Mitteln erfolgen, die jedem Gläubiger offenstehen, sondern unter Ausnutzung der Gesellschafterstellung eines Beteiligten. Der „mittelbare Vermögensvorteil des Gesellschafters" ist Indiz dafür, daß die Gesellschafterstellung den Ausschlag für die Vornahme der Zuwendung gegeben hat, diese also „causa societatis" erfolgt ist und deshalb von § 30 I GmbHG erfaßt wird. Daher ist der h. M. grundsätzlich zu folgen, wenn sie mittelbare Gesellschafterbegünstigungen durch Zuwendungen an Dritte der Anwendung des § 30 I GmbHG unterstellt.

Dabei sind allerdings drei Klarstellungen erforderlich. Leistet die Gesellschaft in den oben genannten Fällen im Auftrag des Gesellschafters an einen Dritten, so kann von einem mittelbaren Vermögensvorteil und einer Zuwendung causa societatis nur dann gesprochen werden, wenn die Gesellschaft von den Kosten der Zuwendung nicht durch entsprechende Leistungen des Gesellschafters freigestellt wird (siehe z. B. § 670 BGB). Denn auch hier muß eine Nettovermögensverschiebung erfolgen[35]. Soll eine Freistellung erfolgen, muß diese i. d. R. vor der Leistung der Gesellschaft an den Dritten erfolgen. Anderenfalls sind die Grundsätze über Kreditgewährungen durch die Gesellschaft zu beachten[36].

Kommt dem Gesellschafter ein mittelbarer Vermögensvorteil zu, so liegt dennoch ausnahmsweise keine Zuwendung causa societatis vor, wenn er ihn auch ohne seine Gesellschafterstellung erhalten hätte, weil der Vorteil durch betriebliche Gründe gerechtfertigt ist und daher ein normales Drittgeschäft vorliegt[37]. Für die Drittbeteiligungsfälle gilt insoweit dasselbe wie für Auszahlungen im 2-Personen-Verhältnis (GmbH-Gesellschafter)[38]. Will der Gesellschafter in dem oben genannten Beispiel[39] aus irgendwelchen Gründen nicht in Erscheinung treten und schiebt einen Strohmann (Dritten) vor, der für ihn im Räumungsverkauf der GmbH einen Gegenstand unter Marktwert erwirbt, um ihn dann an den Gesellschafter herauszugeben (§ 667 BGB), so hat der Gesell-

[34] Siehe oben § 5 II 1.

[35] Siehe oben § 4 II 3; zutreffend daher: *Döllerer*, Verdeckte Gewinnausschüttungen, S. 47.

[36] Siehe oben § 4 III 2 d.

[37] Siehe oben § 5 II 2.

[38] Siehe oben § 5 II 2.

[39] Siehe oben § 5 II 1 u. 2.

schafter zwar einen mittelbaren Vorteil erlangt, gleichwohl ist die Leistung nicht causa societatis erfolgt.

Schließlich findet § 30 I GmbHG nicht nur auf Drittzuwendungen mit mittelbarer Gesellschafterbegünstigung Anwendung, sondern ebenso dann, wenn mittelbar einem sogenannten „wirtschaftlichen“ Gesellschafter (z. B. Hintermann / Treugeber eines Gesellschafters) ein Vorteil zufließt. Bei dieser Konstellation handelt es sich nur um eine Kombination der Fallgruppen „Drittzuwendungen an wirtschaftliche Gesellschafter“[40] und „Drittzuwendungen mit mittelbarer Gesellschafterbegünstigung“.

2. *Auszahlungen, die von einem Gesellschafter veranlaßt worden sind*

§ 30 I GmbHG soll auch dann zur Anwendung kommen, wenn der Gesellschafter zwar keinen persönlichen wirtschaftlichen Vorteil aus der Zuwendung an den Dritten zieht, diese aber durch sein eigenes Verhalten veranlaßt hat und er sie sich deshalb auch zurechnen lassen muß[41]. Tatsächlich ist auch das Kriterium „Veranlassung durch den Gesellschafter“ Indiz für eine Vorteilsgewährung causa societatis und die Anwendung des § 30 I GmbHG daher gerechtfertigt. Allerdings kommt diesem Kriterium neben dem des mittelbaren Geselschaftervorteils keine eigenständige Bedeutung zu. Denn wenn der Gesellschafter bei der Gesellschaft die Zuwendung an den Dritten veranlaßt, wird ihm dies immer auch einen mittelbaren Vorteil einbringen. Das gilt wenigstens dann, wenn man den Begriff „mittelbarer Vorteil“ genau so weit auslegt wie den Begriff „zugewandtes etwas“ in § 812 BGB[42]. Denn „Veranlassung der Auszahlung durch den Gesellschafter“ heißt doch nichts anderes als Beauftragung der Gesellschaft gem. § 662 BGB. Wenn die Gesellschaft anschließend der „Veranlassung“ nachkommt und die Zuwendung an den Dritten vollzieht, erfüllt sie den Auftrag des Gesellschafters und leistet damit „etwas“ i. S. d. § 812 BGB an den Gesellschafter. Es besteht also keine Notwendigkeit, zur Kennzeichnung des Anwendungsbereichs des § 30 I GmbHG eine eigene Fallgruppe „vom Gesellschafter veranlaßte Auszahlungen“ zu bilden.

---

[40] Siehe oben § 5 I 2.

[41] *Geßler*, FS Fischer, S. 131, 145 zur Parallelproblematik in § 57 AktG; *Tries*, S. 78.

[42] Damit soll nicht gesagt werden, daß hier auch der Leistungsbegriff aus § 812 I 1 BGB unbesehen übernommen werden kann; dazu unten § 5 III 4.

3. Nahestehende Personen

Schließlich unterstellt die Rechtsprechung auch Auszahlungen an Ehegatten und minderjährige Kinder eines Gesellschafters der Anwendung des § 30 I GmbHG. Damit will sie Umgehungen der Vorschrift verhindern. Zur näheren Begründung beruft sie sich auf die Rechtsgedanken der Regelungen über Organkredite im Aktienrecht (§§ 89 III, 115 II AktG)[43]. Dem stimmen Teile der Literatur zu[44]. Hinter dieser Ansicht steht die Überlegung, die §§ 89 III, 115 II AktG enthielten die gesetzliche Typisierung eines Umgehungstatbestandes, die verallgemeinerungsfähig sei und sich auf das Verbot des § 30 I GmbHG übertragen lasse[45]. Weitergehend wird teilweise ein Umgehungstatbestand nicht nur bei Vorteilsgewährungen an die in §§ 89 III, 115 II AktG genannten Personen, sondern auch bei Zuwendungen an andere nahestehende Angehörige bejaht[46]. Andererseits gibt es Stimmen, die bei Auszahlungen an Ehegatten und Kinder nicht automatisch einen Anwendungsfall des § 30 GmbHG sehen. Vielmehr soll die Begünstigung dieser Personen nur einen „prima facie Beweis“ für eine mittelbare Gesellschafterbegünstigung[47] erbringen, der sich erschüttern läßt[48].

Die Praxis der Rechtsprechung, unter Hinweis auf §§ 89 III, 115 II AktG das Auszahlungsverbot (§ 30 GmbHG) *schematisch* auf Ehegatten und minderjährige Kinder auszudehnen, ist bedenklich. Zum einen verstößt es nach der Rechtsprechung des Bundesverfassungsgerichts gegen Art. 3 I i. V. m. 6 I GG, Rechtsnachteile allein an die Familienzugehörigkeit zu knüpfen[49]. Von dem Ehegatten eines Gesellschafters kann daher nicht mehr Zurückhaltung beim Zugriff auf das Gesellschaftsvermögen verlangt werden als von einem anderen Nichtgesellschafter, dem § 30 GmbHG nicht entgegengehalten werden kann. Hat ein Dritter eine Zuwendung aus dem Gesellschaftsvermögen erhalten, ohne

---

[43] BGH, U. v. 18.2.1991, WM 1991, 678, 679; U. v. 28.9.1981, BGHZ 81, 365, 368 f.

[44] *Hachenburg / Goerdeler / Müller*, § 30 Rn. 52; *Baumbach / Hueck / Hueck*, § 30 Rn. 17, *Lutter / Hommelhoff*, § 30 Rn. 21; *Roth*, § 30 Anm. 2.2.1.; *Canaris*, FS Fischer, S. 31, 35 ff, 54 f.; *Scholz / Westermann*, § 30 Rn. 29; *Falkenstein*, S. 80 f.

[45] *Canaris*, FS Fischer, S. 31, 38; BGH, U. v. 28.9.1981, BGHZ 81, 365, 369.

[46] *Lutter / Hommelhoff*, § 30 Rn. 21; *Rowedder / Rowedder*, § 30 Rn. 10.

[47] Dazu oben § 5 III 1.

[48] *Tries*, S. 80; ähnlich: *Döllerer*, Verdeckte Gewinnausschüttungen, S. 48 f., für verdeckte Gewinnausschüttungen im Steuerrecht.

[49] BVerfG, B. v. 12.3.1985, BVerfGE 69, 188, 205 ff.; B. v. 30.6.1987, BVerfGE 76, 126, 128 ff. m. w. N.

daß das Gesellschaftsverhältnis hierauf Einfluß gehabt hat, ist kein Gesellschafter nach § 31 GmbHG zur Erstattung verpflichtet, weil § 30 GmbHG nicht eingreift. Um gem. Art. 3 I i. V. m. 6 I GG unzulässige Rechtsnachteile für den Gesellschafter zu vermeiden, darf das Ergebnis nicht anders lauten, wenn der Dritte zufällig ein Familienangehöriger eines Gesellschafters ist. Es lautete aber anders, wenn man der Rechtsprechung folgte und das Auszahlungsverbot (§ 30 GmbHG) auf den Personenkreis der §§ 89 III, 115 II AktG erstreckte. Denn jetzt würde die Zuwendung plötzlich von § 30 GmbHG erfaßt, und der Gesellschafter müßte sie allein schon wegen der familiären Bindung gem. § 31 GmbHG erstatten[50].

Zum anderen wird von der Rechtsprechung nicht hinreichend berücksichtigt, daß die §§ 89 III, 115 II AktG in ihrem unmittelbaren Anwendungsbereich nur die Kontrollbefugnisse des Aufsichtsrats erweitern[51]. Auch wenn die Vorschriften typische Umgehungstatbestände kennzeichnen, kann der Aufsichtsrat im Einzelfall zu dem Ergebnis kommen, daß keine Umgehung vorliegt und der Angehörigenkredit daher gewährt werden kann. Im unmittelbaren Anwendungsbereich der §§ 89 III, 115 II AktG besteht also auch in den sogenannten typischen Umgehungssituationen noch die Möglichkeit, den Besonderheiten des Einzelfalls Rechnung zu tragen. Es kommt also keineswegs zu einer *pauschalen* Gleichsetzung von Organmitgliedern bzw. Bevollmächtigten mit ihren Angehörigen; ein derartiger Automatismus war vom Gesetzgeber nicht gewollt. Eine solche pauschale Gleichsetzung ergibt sich aber bei der von der Rechtsprechung befürworteten Ausdehnung des Auszahlungsverbots (§ 30 GmbHG) auf den in §§ 89 III, 115 II AktG genannten Personenkreis. Denn im GmbH-Recht gibt es kein Gremium, das – ähnlich wie der Aufsichtsrat – das Auszahlungsverbot im Einzelfall suspendieren und damit den besonderen Umständen des Einzelfalls Rechnung tragen könnte. Die §§ 89 III, 115 II AktG rufen im Bereich der Kapitalerhaltung für die GmbH damit Wirkungen hervor, die sie schon in ihrem unmittelbaren Anwendungsbereich nicht haben sollen. Ihre analoge Anwendung ist daher nicht interessengerecht[52].

---

[50] Dabei sei hier vorausgeschickt, daß bei verbotenen Auszahlungen in Drittbeteiligungsfällen grundsätzlich der Gesellschafter, nicht aber der Dritte, zur Erstattung gem. § 31 GmbHG verpflichtet ist; Einzelheiten unten § 11 I.

[51] Ähnlich: *Bommert*, S. 117, zum Anwendungsbereich der §§ 57, 62 AktG.

[52] Im Ergebnis ebenso: *Hager*, ZGR 1989, 71, 102; *Fleck*, FS 100 Jahre GmbH-Gesetz, S. 391, 414; *Bommert*, S. 117, zu §§ 57, 62 AktG.

Wenn damit eine schematische Einbeziehung der Angehörigen in den Anwendungsbereich der Kapitalerhaltungsvorschriften nicht möglich ist, so ist gleichwohl zu berücksichtigen, daß Angehörige des Gesellschafters auch ohne ausdrückliche vertragliche Grundlage die Rolle eines „wirtschaftlichen" Gesellschafters einnehmen können, wenn sie ähnlich wie ein Treugeber mittelbar die Gesellschaft steuern. Dies kann dann der Grund sein, warum eine Auszahlung an sie unter § 30 I GmbHG fällt[53]. Ferner bilden Angehörige des Gesellschafters mit diesem häufig eine Haushalts- und Lebensgemeinschaft. Soweit Zuwendungen an sie aus dem Gesellschaftsvermögen zugleich einen Beitrag (verlorener Zuschuß) des Gesellschafters zu dieser Gemeinschaft darstellen oder der Erfüllung von Unterhaltspflichten des Gesellschafters dienen, kommt § 30 GmbHG ebenfalls zur Anwendung[54]. Der Grund für das Eingreifen von § 30 GmbHG liegt aber auch hier nicht in dem Angehörigenverhältnis, sondern darin, daß die Gesellschaft mittelbar den Gesellschafter begünstigt[55], also eine Leistung causa societatis erbringt. Denn sie erspart ihm Aufwendungen oder versetzt ihn zumindest in die Lage, seinen Angehörigen gegenüber als großzügiger Schenker aufzutreten. Damit wird zugleich deutlich, daß die Vorteilsgewährung an einen Angehörigen keine besondere Fallgruppe bildet, sondern entweder ein Unterfall der mittelbaren Gesellschafterbegünstigung[56] oder der Leistung an einen „wirtschaftlichen" Gesellschafter ist[57]. Auch treffen die hier angestellten Überlegungen nicht nur auf Angehörige i. S. d. §§ 89 III, 115 II AktG zu, sondern auf alle Personen, mit denen der Gesellschafter in einer Lebens- oder Haushaltsgemeinschaft lebt. Tritt ein Angehöriger der Gesellschaft aber wie jeder andere Dritte gegenüber und wird dennoch begünstigt, ohne daß sich eine Gesellschafterstellung ausgewirkt hat, so ist dies kein Fall des § 30 GmbHG.

Allerdings erscheint es sachgerecht, auf der Ebene der Tatsachenfeststellung – ähnlich wie von Teilen der Literatur vorgeschlagen[58] – eine tatsächliche (widerlegbare) Vermutung zu bejahen, daß Zuwendungen an Angehörige dem Gesellschafter zugute kommen (= mittelbarer Gesellschaftervorteil), wenn dieser

---

[53] Siehe oben § 5 I 2.

[54] Ebenso: *Tries*, S. 78 f.

[55] Dazu oben § 5 III 1.

[56] Siehe oben § 5 III 1.

[57] Siehe oben § 5 I 2.

[58] *Tries*, S. 80; ähnlich: *Döllerer*, Verdeckte Gewinnausschüttungen, S. 48 f., für verdeckte Gewinnausschüttungen im Steuerrecht.

mit ihnen eine Haushalts- oder Lebensgemeinschaft bildet oder ihnen gegenüber unterhaltspflichtig ist. Mit der Rechtsprechung des BVerfG zu Art. 3 I i. V. m. 6 I GG[59] läßt sich dies vereinbaren, weil nicht die familiäre Bindung, sondern das tatsächliche Zusammenleben bzw. die Unterhaltspflicht die Grundlage für die Vermutung bildet[60].

4. Rückgriff auf Kriterien aus dem Bereicherungsrecht

Bommert hat den Vorschlag gemacht, auf Erkenntnisse über Dreiecksbeziehungen im Bereicherungsrecht zurückzugreifen, um die Reichweite der Kapitalerhaltungsvorschriften in Drittbeteiligungsfällen zu bestimmen[61]. Seine Ausführungen betreffen unmittelbar zwar nur die §§ 57, 62 AktG, lassen sich aber ohne weiteres auf die Kapitalerhaltung im GmbH-Recht übertragen. Er geht von der Überlegung aus, daß die Kapitalerhaltungsvorschriften funktional dem Bereicherungsrecht nahestehen, weil es in beiden Bereichen um Fragen sowohl der Vermögenszuordnung als auch der Rückabwicklung (§ 62 AktG) geht[62]. Der Auszahlungsempfänger im Bereich der Kapitalerhaltung bestimme sich daher in Fällen der Drittbeteiligung nach denselben Grundsätzen wie der Leistungsempfänger im Bereicherungsrecht. Daraus folgert er für das Aktienrecht, daß die Kapitalerhaltungsvorschriften eingriffen, wenn bereicherungsrechtlich nicht der Dritte, sondern der Gesellschafter Leistungsempfänger sei. Demzufolge müßte man eine Auszahlung an den Gesellschafter und damit die Anwendbarkeit des § 30 I GmbHG annehmen, wenn die Vermögensbewegung an den Dritten im bereicherungsrechtlichen Sinne als Leistung an den Gesellschafter anzusehen ist[63].

Zutreffend ist sicherlich, daß die Kapitalerhaltungsvorschriften funktional dem Bereicherungsrecht nahestehen[64]. Auch führt dieser Lösungsansatz weitgehend zu denselben Ergebnissen, die sich dann ergeben, wenn man in den Drittbeteiligungsfällen auf den mittelbaren Gesellschaftervorteil und – was nach hier vertretener Ansicht entscheidend ist – auf das Vorliegen einer causa societatis

[59] BVerfG, B. v. 12.3.1985, BVerfGE 69, 188, 205 ff.

[60] Siehe auch: BFH, U. v. 2.3.1988, BB 1988, 1806, 1807.

[61] *Bommert*, S. 100 ff.

[62] *Bommert*, S. 101.

[63] Vgl.: *Bommert*, S. 106.

[64] Siehe unten § 10 I 2.

abstellt. Das beruht darauf, daß die bereicherungsrechtlichen Leistungsverhältnisse in den meisten der genannten Fälle (die Gesellschaft erfüllt eine Verpflichtung des Gesellschafters gegenüber einem Dritten[65], die Gesellschaft wendet im Auftrag des Gesellschafters dem Dritten einen Gegenstand zu oder geht ihm gegenüber eine Verpflichtung ein[66]) zwischen der Gesellschaft und dem Gesellschafter einerseits und dem Gesellschafter und dem Dritten andererseits bestehen (bereicherungsrechtliche Dreiecksverhältnisse). Bereicherungsrechtlich ist damit nicht der Dritte, sondern der Gesellschafter Leistungsempfänger, also derjenige, der aus oben genannten Gründen auch mittelbarer Vorteilsempfänger i. S. d. § 30 I GmbHG ist.

Gleichwohl führt der Ansatz von Bommert in wenigstens einem – allerdings recht wichtigem – Fall zu einem abweichenden Ergebnis. Wendet die GmbH zunächst einem in eigenem Namen handelnden Strohmann (Dritten) einen Vorteil zu, damit dieser ihn vereinbarungsgemäß an den Gesellschafter weiterleitet, so ist nach h. M. der Gesellschafter Empfänger i. S. d. § 3O I GmbHG, weil der Vorteil mittelbar ihm zukommt[67]. Dieses Ergebnis ist auch richtig, weil die Auszahlung in Hinblick auf die Gesellschafterstellung, also causa societatis, erfolgt. Nur Bommert muß zu einer abweichenden Lösung kommen[68]. Denn bereicherungsrechtlich ist nach ganz h. M. hier nicht der Gesellschafter Empfänger der Zuwendung aus dem Gesellschaftsvermögen, sondern der Strohmann (Dritte)[69].

Tatsächlich offenbart sich hier eine Schwäche des bereicherungsrechtlichen Ansatzes. Der bereicherungsrechtliche Begriff des Leistungsempfängers, auf den Bommert abstellen will, beruht auf Wertungen, die es verbieten, ihn ohne weiteres mit dem Begriff des Auszahlungsempfängers i. S. d. § 30 I GmbHG gleichzusetzen. In Mehrpersonenverhältnissen wird bereicherungsrechtlich eine Leistungsbeziehung immer nur zum jeweiligen Vertragspartner angenommen, weil auch die – eventuell erforderliche – Rückabwicklung in den Kausalverhältnissen erfolgen soll. Dadurch sollen den Beteiligten im Fall der Rückabwicklung der Verträge die zwischen den jeweiligen Vertragspartnern bestehen-

---

[65] Vgl.: *Palandt / Thomas*, § 812 Rn. 58 f.

[66] Vgl.: *Palandt / Thomas*, § 812 Rn. 49 ff.

[67] *Scholz / Westermann*, § 30 Rn. 29; *Tries*, S. 78; *Canaris*, FS Fischer, S. 31, 36; *Döllerer*, Verdeckte Gewinnausschüttungen, S. 46.

[68] *Bommert*, S. 109.

[69] *Palandt / Thomas*, § 812 Rn. 47; *Staudinger / Lorenz*, § 812 Rn. 33; BGH, U. v. 20.9.1962, WM 1962, 1174, 1175.

den Einwendungen erhalten bleiben und das Insolvenzrisiko angemessen verteilt werden[70]. Letztlich geht es darum, den tatsächlichen Empfänger einer Vermögensbewegung zu schützen. Diese Wertungen, die zu der Ausformung des bereicherungsrechtlichen Leistungsbegriffs und dessen Ergänzung durch den Subsidiaritätsgrundsatz[71] geführt haben, spielen beim Auszahlungs- und Empfängerbegriff des § 30 I GmbHG keine Rolle. Entgegen Bommert kann daher in den Drittbeteiligungsfällen § 30 I GmbHG auch dann zur Anwendung kommen, wenn der Gesellschafter bereicherungsrechtlich zwar nicht Leistungsempfänger ist, ihm aber ein mittelbarer Vorteil zukommt. Da die Interessenlage in den bereicherungsrechtlichen Dreiecksbeziehungen einerseits und den vorliegenden Drittbeteiligungsfällen andererseits durchaus unterschiedlich ist und sich diese Unterschiede auch auf die Bestimmung des Leistungsempfängers im Bereicherungs- und Kapitalerhaltungsrecht auswirken, kann dem Vorschlag Bommerts, zur Lösung der Drittbeteiligungsfälle auf bereicherungsrechtliche Erkenntnisse zu Mehrpersonenverhältnissen zurückzugreifen, letztlich nicht gefolgt werden.

IV. Zwischenergebnis

Neben den „echten" Gesellschaftern werden auch solche Dritte von § 30 I GmbHG erfaßt, die der Funktion nach die Rolle von Gesellschaftern innehaben („wirtschaftliche" Gesellschafter). Allein die Feststellung, daß jemand „echter" oder „wirtschaftlicher" Gesellschafter ist, führt aber noch nicht zur Anwendung der Vorschrift. § 30 I GmbHG will nur solche Auszahlungen erfassen, die auch ihren Grund im Gesellschaftsverhältnis haben. Sowohl der „echte" als auch der „wirtschaftliche" Gesellschafter sind daher nur dann Empfänger einer Auszahlung i. S. d. § 30 I GmbHG, wenn die Zuwendung in Hinblick auf ihre Gesellschafterstellung, also causa societatis, erfolgt ist.

Das führt auf der einen Seite dazu, daß Zuwendungen an einen – „echten" oder „wirtschaftlichen" – Gesellschafter nicht unter § 30 I GmbHG fallen, wenn dieser wie ein Dritter in Beziehung zu der Gesellschaft getreten ist und dabei Vorteile aus dem Gesellschaftsvermögen bezogen hat. Ob ein erlaubtes Drittgeschäft vorliegt, ist nicht leicht festzustellen, wenn Gesellschaft und Gesellschafter die Zuwendung causa societatis durch ein schuldrechtliches Ge-

---

[70] *Staudinger / Lorenz*, § 812 Rn. 6; eingehend: *Canaris*, FS Larenz, S. 799, 802 ff.

[71] Dazu: MK / *Lieb*, § 812 Rn. 232 ff. m. w. N.

schäft „tarnen“ (sogenannte verdeckte Gewinnausschüttung). Maßgebliches Indiz für eine Zuwendung causa societatis ist dann das Fehlen einer betrieblichen Rechtfertigung für den Abschluß des Vertrages.

Auf der anderen Seite können auch Zuwendungen, die sich von außen betrachtet nur zwischen der Gesellschaft und einem Dritten, der auch nicht „wirtschaftlicher“ Gesellschafter ist, vollziehen, Auszahlungen an einen – „echten“ oder „wirtschaftlichen“ – Gesellschafter sein. Das ist der Fall, wenn der eigentliche Grund der Zuwendung im Gesellschaftsverhältnis liegt. Indiz für eine Zuwendung causa societatis ist in diesen Drittbeteiligungsfällen regelmäßig das Entstehen eines mittelbaren Vorteils beim – „echten“ oder „wirtschaftlichen“ – Gesellschafter zu Lasten des Gesellschaftsvermögens, der aus Sicht der Gesellschaft nicht betrieblich gerechtfertigt ist.

§ 6 Die gem. § 30 I GmbHG „verbotene“ Auszahlung

I. Verbot der Unterbilanz

Die §§ 57, 58 AktG entziehen das gesamte Vermögen der AG mit Ausnahme des festgestellten Bilanzgewinns dem Zugriff der Aktionäre. Demgegenüber schützt § 30 I GmbHG das Gesellschaftsvermögen nur in dem Umfang, in dem es benötigt wird, um Schulden und Stammkapital bilanziell abzudecken. Geschützt ist m. a. W. nur der Bereich unterhalb der Stammkapitalziffer. Daher ist auch nicht jede Auszahlung im oben genannten Sinne[1] sogleich eine verbotene.

Verboten ist eine Auszahlung zunächst dann, wenn bereits vor der Auszahlung eine Unterbilanz[2] vorliegt[3]. Dabei kommt es entgegen einer weit verbreiteten Ansicht allerdings nicht mehr darauf an, ob die Unterbilanz durch die Auszahlung weiter „vertieft“ wird[4], ob sich also eine weitere Verringerung gerade des Bilanzvermögens feststellen läßt. Der bilanzorientierten Betrachtung im Rahmen

---

[1] Siehe oben § 4.

[2] Näher zu diesem Begriff oben § 2.

[3] *Baumbach / Hueck / Hueck*, § 30 Rn. 4; *Hachenburg / Goerdeler / Müller*, § 30 Rn. 28; *Rowedder / Rowedder*, § 30 Rn. 5.

[4] So aber: *Lutter / Hommelhoff*, § 30 Rn. 22; *K. Schmidt*, Gesellschaftsrecht, § 37 III 1 d, S. 942; *Döllerer*, Verdeckte Gewinnausschüttungen, S. 40; *Winter*, Treuebindungen, S. 102; *Oetker*, KTS 1991, 521, 525 f.; *Falkenstein*, S. 70.

des § 30 GmbHG sind Grenzen gesetzt[5]. Wie bereits an anderer Stelle ausgeführt, erfaßt der Auszahlungsbegriff der Vorschrift auch solche Zuwendungen, die das in der Bilanz ausgewiesene Vermögen nicht berühren[6]. Denn auch sie können das zur Erhaltung des Stammkapitals erforderliche Vermögen beeinträchtigen und sind deshalb – ungeachtet ihrer bilanziellen Wirkungen – verboten, solange eine Unterbilanz besteht.

Ist das Stammkapital vor der Auszahlung noch gedeckt, ist diese zweifellos dann unzulässig, wenn als Folge eine Unterbilanz entstünde[7]. Aber auch hier darf man – was nicht hinreichend berücksichtigt wird – nicht allein auf die bilanziellen Wirkungen der Zuwendung blicken. Das sei an zwei Beispielen verdeutlicht. Bestellt die Gesellschaft ihrem Gesellschafter zu einem Zeitpunkt, zu dem ihr Stammkapital *nur so gerade noch* gedeckt ist, eine *umfangreiche* dingliche Sicherheit, so liegt in diesem Vorgang zwar eine Auszahlung[8]. Da die Bestellung einer Sicherheit das Bilanzreinvermögen aber regelmäßig nicht berührt[9], kann auch keine Unterbilanz entstehen. Soll auch in diesem Fall die Stellung der Sicherheit noch zulässig sein? Entsprechend stellt sich die Frage, wenn die Gesellschaft bei *gerade noch* vorhandener Stammkapitaldeckung *umfangreiche* ungesicherte Darlehen vergibt, die zwar Auszahlungen beinhalten[10], gleichwohl aber das Bilanzreinvermögen nicht berühren müssen (Aktiventausch)[11].

Auch in den beiden Beispielen sind die Auszahlungen – auch wenn sie keine bilanziellen Wirkungen (Unterbilanz) hervorrufen – nach Sinn und Zweck des § 30 I GmbHG verboten. Nur so kann verhindert werden, daß das Stammkapital im Interesse der Gesellschafter und zu Lasten der Gläubiger angegriffen wird. Zwar ist in den genannten Beispielen noch Eigenkapital oberhalb der Stammkapitalgrenze vorhanden. Diese Eigenkapitaldecke ist aber zu dünn, um die Risiken aufzufangen, die von den genannten Auszahlungen (Bestellung der Sicherheit, Kreditvergabe) ausgehen. Folge ist, daß auch das Stammkapital dem Risiko ausgesetzt wird, im Interesse der Gesellschafter aufgezehrt zu werden.

---

[5] Siehe oben § 4 V.

[6] Siehe oben § 4 III 2.

[7] Einhellige Meinung: *Hachenburg / Goerdeler / Müller*, § 30 Rn. 28; *Lutter / Hommelhoff*, § 30 Rn. 22; *Baumbach / Hueck / Hueck*, § 30 Rn. 4.

[8] Siehe oben § 4 III 2 c cc.

[9] Siehe oben § 4 III 2 a u. c.

[10] Siehe oben § 4 III 2 d bb (1).

[11] Siehe oben § 4 III 2 a m. w. N.

Das zuzulassen widerspräche dem Zweck des § 30 I GmbHG. Wenn also bei noch vorhandener Stammkapitaldeckung Auszahlungen an Gesellschafter zur Folge haben, daß auch das Stammkapital mit dem Risiko der Inanspruchnahme durch die Gesellschafter belastet wird, sind diese Auszahlungen ebenfalls verboten. Das gilt unabhängig davon, ob sie unmittelbar zu einer Minderung des Bilanzreinvermögens und einer Unterbilanz führen oder nicht[12].

Die bisherigen Überlegungen lassen sich damit wie folgt zusammenfassen: Jede bilanzwirksame oder -neutrale Auszahlung an einen Gesellschafter, die nicht vollständig aus dem Eigenkapital oberhalb der Stammkapitalgrenze erbracht werden kann, ist nach § 30 I GmbHG verboten.

II. Überschuldungssituation

Umstritten war lange Zeit, ob § 30 I GmbHG auch dann noch eingreifen kann, wenn die Gesellschaft im Zeitpunkt der Auszahlung bereits überschuldet ist, das heißt die Verbindlichkeiten und Rückstellungen die Aktiva übersteigen. Der BGH hat dies zunächst abgelehnt. Er war der Ansicht, die §§ 30, 31 GmbHG griffen dann nicht unmittelbar ein, wenn das Vermögen der GmbH „bereits völlig aufgezehrt" sei und die Auszahlung der Gesellschaft „nur noch aus Fremdmitteln, also unmittelbar auf Kosten der Gesellschaftsgläubiger" erfolgen könnte. Denn das Verbot des § 30 I GmbHG garantiere nur „die Erhaltung noch vorhandenen Stammkapitals"[13]. Eine erweiternde Auslegung lehnte er mit Rücksicht auf die Mithaftung der übrigen Gesellschafter für den Erstattungsanspruch (§ 31 III GmbHG) ab, weil diese sich dann nicht mehr in „kalkulierbaren Grenzen" halte[14]. Der BGH sprach sich jedoch aus Gründen des Gläubigerschutzes für eine analoge Anwendung der genannten Vorschriften aus, allerdings mit Ausnahme des § 31 III GmbHG[15].

Dogmatisch war diese Ansicht nicht haltbar. Sie ließ sich nur mit dem Anliegen begründen, den Ausgleichsanspruch nach § 31 III GmbHG im Interesse der Mitgesellschafter zu begrenzen. Nach hier vertretener Meinung bestehen bereits

---

[12] Siehe aber auch unten § 6 III 3.

[13] BGH, U. v. 29.3.1973, BGHZ 60, 324, 331; bestätigt durch BGH, U. v. 27.9.1976, BGHZ 67, 171, 174; U. v. 13.7.1981, BGHZ 81, 252, 259; B. v. 11.8.1989, BB 1989, 1712.

[14] BGH, U. v. 29.3.1973, BGHZ 60, 324, 331.

[15] BGH, U. v. 29.3.1973, BGHZ 60, 324, 331 f.

Zweifel, ob dieses Anliegen berechtigt ist[16]. Hinzu kommt, daß § 30 I GmbHG das zur Deckung des Stammkapitals „erforderliche" Vermögen bindet. Auch das in der Überschuldungssituation noch vorhandene Vermögen gehört dazu. Denn solange der Betrag der Aktiva hinter der Summe aus Schulden und Stammkapital zurückbleibt, ist bei bilanzieller Betrachtung jegliches Vermögen auch zur Deckung des Stammkapitals erforderlich[17]. Das entspricht schon lange der h. L.[18]. Dem hat sich der BGH inzwischen angeschlossen[19]. Damit ist heute geklärt, daß das Verbot des § 30 I GmbHG auch in der Überschuldungssituation unmittelbar Anwendung findet.

III. Eingriffe in das Eigenkapital oberhalb der Stammkapitalgrenze

Nach dem bisher Gesagten sind Zuwendungen, die das zur Erhaltung des Stammkapitals erforderliche Vermögen nicht berühren und lediglich zu Lasten von Rücklagen erfolgen, mit Blick auf § 30 I GmbHG unbedenklich[20]. Tatsächlich gilt das aber nicht ohne Einschränkungen[21].

1. Rücklagen für eigene Anteile gem. § 272 IV HGB

Hält die GmbH eigene Geschäftsanteile und muß daher eine Rücklage gem. § 272 IV HGB bilden, darf dieser Rücklage genausowenig wie dem Stammkapital durch Auszahlungen die bilanzielle Deckung entzogen werden. Das steht zwar nicht ausdrücklich in § 30 I GmbHG, ergibt sich aber aus dem Rechtsgedanken des § 33 II GmbHG. Diese Vorschrift will ebenso wie § 30 I GmbHG sicherstellen, daß der Gesellschaft ein dem Stammkapital entspre-

---

[16] Einzelheiten dazu unten § 13.

[17] Zwar kann die bilanzorientierte Betrachtung nach Sinn und Zweck des § 30 I GmbHG – wie verschiedentlich gezeigt – bisweilen durchbrochen werden. Dafür besteht an dieser Stelle aber kein Anlaß.

[18] *K. Schmidt*, Gesellschaftsrecht, § 37 III 1 e, S. 943; *derselbe*, BB 1985, 154, 156; *Joost*, GmbHR 1983, 285, 287 f.; *Immenga*, ZGR 1975, 487, 491; *Baumbach / Hueck / Hueck*, § 30 Rn. 9; *Hachenburg / Goerdeler / Müller*, § 30 Rn. 46; *Scholz / Westermann*, § 30 Rn. 18.

[19] BGH, U. v. 5.2.1990, WM 1990, 502, 504.

[20] Ausdrücklich: *Baumbach / Hueck / Hueck*, § 30 Rn. 8.

[21] Zu Besonderheiten, die sich aus dem D-Markbilanzgesetz ergeben: *Kleffner*, BuW 1992, 455, 458.

chendes Reinvermögen als Verlustpolster erhalten bleibt[22]. Sie beschränkt den Erwerb eigener Geschäftsanteile, auf die die Einlagen vollständig geleistet sind. Neben dem verschleierten Abfluß von Stammkapital[23] soll insbesondere verhindert werden, daß eine Stammkapitaldeckung nur unter Einbeziehung der aktivierten eigenen Geschäftsanteile gewährleistet werden kann. Das wäre deswegen riskant, weil eigene Geschäftsanteile in der Unternehmenskrise an Wert verlieren, eventuell sogar unverkäuflich werden und sich daher als Verlustpolster zum Schutz vor dem möglichen Konkurs[24] nicht eignen[25]. Das ginge letztlich zu Lasten der Gesellschaftsgläubiger.

Der Schutz des Stammkapitals wird in § 33 II GmbHG durch zwei Anforderungen verwirklicht. Zunächst verlangt die Vorschrift, den Erwerb eigener Geschäftsanteile ohne die Inanspruchnahme des Stammkapitals zu finanzieren. Das alleine würde aber nicht ausreichen. Der GmbH verbliebe die Möglichkeit, selbst bei bereits angegriffener Stammkapitaldecke eigene Geschäftsanteile zu erwerben, soweit nur sichergestellt ist, daß der Kaufpreis angemessen ist. Denn in diesem Fall läge keine das Eigenkapital (Stammkapital) mindernde Nettovermögensverschiebung vor[26], sondern lediglich ein ergebnisneutraler Aktiventausch (Geld gegen Geschäftsanteil). Dieser hätte aber die ungewünschte Folge, daß das Stammkapital statt mit krisenfesten Mitteln (Geldvermögen) nunmehr mit den risikobehafteten eigenen Geschäftsanteilen belegt wäre. Um das zu verhindern, verlangt § 33 II GmbHG seit der Novellierung durch das Bilanzrichtliniengesetz zusätzlich, daß genügend ungebundene Mittel vorhanden sind, um eine Rücklage für eigene Anteile (§ 272 IV HGB) zu bilden. Sie soll die erworbenen Geschäftsanteile bilanziell neutralisieren. Die Schaffung der Rücklage für eigene Anteile war also ein Kunstgriff des Gesetzgebers, um den Schutz des Stammkapitals zu optimieren[27].

Diese Wertungen müssen auch im Rahmen des § 30 I GmbHG zur Geltung gebracht werden. Auch hier muß verhindert werden, daß nach einer Auszahlung zwar ein Reinvermögen in Höhe des Stammkapitals verbleibt, dieser Betrag

---

[22] BGH, U. v. 12.1.1956, NJW 1956, 1326, 1327; *Lutter / Hommelhoff*, § 33 Rn. 1; *Baumbach / Hueck / Hueck*, § 33 Rn. 9.

[23] Diesen Aspekt hat der historische Gesetzgeber bei Schaffung des GmbHG in den Vordergrund gerückt: RT-Aktenstück Nr. 660, S. 3746.

[24] Dazu oben § 1 III 2.

[25] Dazu auch: *Roth*, § 30 GmbHG, Anm. 2.1.2.

[26] Dazu oben § 4 II 3.

[27] Ebenso: BT-Drucksache 10 / 317, S. 109 u. 110.

aber nur unter Einbeziehung des Wertes der risikobehafteten eigenen Geschäftsanteile erreicht wird. Dieses Problem wird vielfach erkannt. Nach teilweise vertretener Ansicht soll es dadurch gelöst werden, daß eigene Geschäftsanteile in der Bilanz nach § 30 I GmbHG mit einem Aktivierungsverbot belegt werden[28]. Nach der Neufassung des § 33 II GmbHG durch das Bilanzrichtliniengesetz erscheint es gesetzeskonformer, im Bereich des § 30 I GmbHG einen anderen Weg einzuschlagen[29]. Er führt zwar zu demselben Ergebnis, gewährleistet aber die systematische Übereinstimmung zwischen den Kapitalerhaltungsvorschriften besser. Wie in der Bilanz nach § 33 II GmbHG werden in derjenigen nach § 30 I GmbHG eigene Geschäftsanteile aktiviert. Im Wege der Rechtsfortbildung werden dann neben den stammkapitalschädlichen Auszahlungen auch solche mit dem Auszahlungsverbot belegt, die auf Kosten der Rücklagen für eigene Anteile (§ 272 IV HGB) erfolgen sollen[30]. Damit wird das Auszahlungsverbot des § 30 I GmbHG zwar in den Eigenkapitalbereich oberhalb der Stammkapitalgrenze vorverlagert. Dies ist aber zur Optimierung des Stammkapitalschutzes ebenso wie im Rahmen des § 33 II GmbHG erforderlich.

2. Rücklagen, die nach dem Gesellschaftsvertrag zu bilden sind und nicht zu Zahlungen an Gesellschafter verwandt werden dürfen

Nach der ursprünglichen Konzeption von 1892 war der Schutz der Kapitalerhaltungsvorschriften (§§ 30 I, 31, 32, 33 II, 34 III GmbHG) lediglich auf das Stammkapital beschränkt. Die Erweiterung dieses Schutzes auf einen Teil des Eigenkapitals oberhalb der Stammkapitalgrenze, nämlich die Rücklagen für eigene Anteile (§ 272 IV HGB), fügt sich noch ohne weiteres in dieses Konzept ein. Denn diese Maßnahme dient nur der Verbesserung des Schutzes des Stammkapitals.

In der Neufassung des § 33 II GmbHG durch das Bilanzrichtliniengesetz ist der Gesetzgeber aber noch einen Schritt weiter gegangen. Der Erwerb eigener Geschäftsanteile ist nicht nur dann verboten, wenn hierdurch die Deckung des Stammkapitals beeinträchtigt wird, sondern auch dann, wenn – nur – die nach dem Gesellschaftsvertrag zu bildenden und nicht zur Zahlung an die Gesell-

---

[28] *Rowedder / Rowedder*, § 30 Rn. 7; *Roth*, § 30 Anm. 2.1.2.; *Baumbach / Hueck / Hueck*, § 30 Rn. 5.

[29] Siehe auch: *Hachenburg / Goerdeler / Müller*, § 30 Rn. 39.

[30] Zutreffend daher: *Lutter / Hommelhoff*, § 30 Rn. 12.

schafter zur Verfügung stehenden Rücklagen angegriffen werden müssen, um die Rücklagen nach § 272 IV HGB zu bilden. Damit werden auch die Rücklagen, die nach dem Gesellschaftsvertrag zu bilden sind und nicht zu Zahlungen an Gesellschafter verwandt werden dürfen, in den Schutzbereich des § 33 II GmbHG einbezogen[31]. Die vormals ausschließlich auf den Stammkapitalschutz zugeschnittene Vorschrift erhält somit eine neue Qualität. Sie soll nicht mehr nur die Minderung des Stammkapitals unterbinden, sondern auch diejenige anderer Teile des Eigenkapitals, nämlich diejenige der gesellschaftsvertraglich gebundenen Rücklagen[32].

Diese Entwicklung muß auch bei der Anwendung des Auszahlungsverbots nach § 30 I GmbHG Beachtung finden. Beide Vorschriften gehören einem einheitlichen Regelungssystem an[33]. Wie nach der ursprünglichen Konzeption müssen auch in Zukunft die Schutzbereiche der beiden Vorschriften aufeinander abgestimmt und gleich abgesteckt sein. Allerdings hat es der Gesetzgeber bislang unterlassen, § 30 I GmbHG entsprechend § 33 II GmbHG zu ändern und das Auszahlungsverbot auf gesellschaftsvertraglich gebundene Rücklagen zu erweitern. Hier besteht Nachholbedarf. Bis dahin bleibt nur die Möglichkeit, das Auszahlungsverbot gem. § 30 I GmbHG im Wege der Rechtsfortbildung entsprechend zu erweitern.

3. Existenzgefährdende Entnahmen

Einen weiteren Ansatz, um den Bereich des Auszahlungsverbots (§ 30 I GmbHG) über die Stammkapitalgrenze hinaus auf das sonstige Eigenkapital zu erstrecken, hat Fleck entwickelt[34]. Er weist darauf hin, daß auch durch Zuwendungen, die im Augenblick nur den Bereich oberhalb der Stammkapitalgrenze berühren, die Existenz der Gesellschaft so stark gefährdet werden kann, daß in absehbarer Zeit nach der Auszahlung die Insolvenz oder wenigstens der Verlust des zur Deckung des Stammkapitals erforderlichen Vermögens zu befürchten ist. Gemeint sind z. B. Fälle, in denen die GmbH ihrem Gesellschafter ohne angemessenes Entgelt eine Spezialmaschine oder auch ein Patent überläßt, ohne daß hierdurch das Stammkapital unmittelbar angegriffen wird. Das kann aber

---

[31] BT-Drucksache 10 / 317, S. 109.

[32] BT-Drucksache 10 / 317, S. 109.

[33] So schon: BGH, U. v. 12.1.1956, NJW 1956, 1326, 1327.

[34] *Fleck*, ZGR 1990, 31, 36 ff.; *derselbe*, FS 100 Jahre GmbH-Gesetz, S. 391, 398 f.

durchaus in der Folgezeit geschehen, wenn die Gesellschaft von der Maschine oder dem Patent so stark abhängig war, daß nach dem Verlust dieser Vermögensgegenstände der wirtschaftliche Niedergang des Unternehmens einsetzt, an dessen Ende der Verlust des Stammkapitals oder sogar die Insolvenz der Gesellschaft steht. Im Interesse des Gläubigerschutzes sollen derartige existenzgefährdende Zuwendungen im Wege der Rechtsfortbildung ebenfalls dem Auszahlungsverbot des § 30 I GmbHG unterstellt werden[35].

Eine unmittelbare Anwendung des § 30 I GmbHG scheint hier allerdings auszuscheiden. Denn es fließt kein Kapital aus dem Bereich unterhalb der Stammkapitalgrenze *an den Gesellschafter*. Darin besteht auch ein Unterschied zu dem oben erörterten Fall der Bestellung einer dinglichen Sicherheit bei gerade noch vorhandener Stammkapitaldeckung[36]. Während die Bestellung der Sicherheit *gleichzeitig* eine Verwendung der Stammkapitaldecke im Interesse des Gesellschafters beinhaltete, zeichnet sich die Fallgruppe der existenzgefährdenden Zuwendungen dadurch aus, daß die Auszahlung an den Gesellschafter zunächst vollständig aus dem Eigenkapital oberhalb der Stammkapitalgrenze, also ohne *gleichzeitige* Inanspruchnahme der Stammkapitaldecke, finanziert wird. Was die von Fleck ins Auge gefaßten Zuwendungen gleichwohl in die Nähe des § 30 I GmbHG rückt, ist der Umstand, daß der Eingriff im Interesse des Gesellschafters eine Entwicklung einleitet, an deren Ende die Gesellschaft gezwungen ist, auch ihre Stammkapitaldecke anzugreifen. Das das Stammkapital deckende Vermögen fließt dann zwar nicht – wie im unmittelbaren Anwendungsbereich des § 30 I GmbHG – an einen Gesellschafter. Es muß aber nur deshalb zur Gläubigerbefriedigung verwandt werden, weil zuvor eine Auszahlung an einen Gesellschafter erfolgt ist.

Dennoch ist es zweifelhaft, ob tatsächlich die Notwendigkeit besteht, zur Lösung der Fälle existenzgefährdender Zuwendungen das Auszahlungsverbot (§ 30 I GmbHG) auf den Bereich oberhalb der Stammkapitalgrenze auszudehnen. Denn schon Flecks Annahme, daß Auszahlungen existenzgefährdend sein können, gleichwohl aber im Augenblick nur den Bereich oberhalb der Stammkapitalgrenze berühren, trifft bei genauerer Betrachtung regelmäßig nicht zu. Das gilt wenigstens dann, wenn man der hier vertretenen Ansicht zu den Bilanzierungsvorschriften im Anwendungsbereich des § 30 I GmbHG folgt[37].

---

[35] *Fleck*, ZGR 1990, 31, 38 u. 42; *derselbe*, FS 100 Jahre GmbH-Gesetz, S. 391, 398 f.; zustimmend: *Lutter / Hommelhoff*, § 30 Rn. 5.

[36] Dazu oben § 6 I.

[37] Siehe oben § 3.

Diese bewirken, daß existenzgefährdende Zuwendungen praktisch immer auch sofort stammkapitalschädlich und damit unmittelbar nach § 30 I GmbHG verboten sind.

Faßt die Gesellschaft eine existenzgefährdende Auszahlung an einen Gesellschafter ins Auge, so liegen tatsächliche Gegebenheiten i. S. d. § 252 I Nr. 2 HGB vor, die im Rahmen des § 30 I GmbHG einer Bilanzierung unter der Annahme der Unternehmensfortführung entgegenstehen[38]. Die Vermögensgegenstände sind daher unter Berücksichtigung der voraussichtlichen Veräußerungserlöse zu bewerten, was häufig erhebliche Abwertungen gegenüber den Fortführungswerten zur Folge hat (Ausnahme: bei Grundbesitz)[39]. Zugleich sind Rückstellungen zur Abdeckung der mit einem Zusammenbruch der GmbH verbundenen Zusatzbelastungen zu bilden[40]. Für den Fall, daß eine existenznotwendige Produktionsanlage aus dem Unternehmensvermögen herausgelöst werden soll, um sie dem Gesellschafter zur Verfügung zu stellen, kann das zur Folge haben, daß die verbleibenden, nunmehr weitgehend nutzlosen Produktionsanlagen nur mit ihrem Schrottwert anzusetzen sind. Eine Bilanz, die unter Berücksichtigung dieser Gesichtspunkte aufgestellt wird, wird bei existenzgefährdenden Zuwendungen regelmäßig auch eine Beeinträchtigung des Stammkapitals ausweisen, was dann unmittelbar ein Eingreifen des Verbots nach § 30 I GmbHG zur Folge hat.

4. Sonstige Zuwendungen, die aus dem Eigenkapital oberhalb der Stammkapitalgrenze finanziert werden

Soweit nicht eine der erörterten Ausnahmen eingreift[41], erlaubt § 30 I GmbHG Zuwendungen an Gesellschafter, die aus dem Eigenkapital oberhalb der Stammkapitalgrenze finanziert werden. Das darf aber nicht zu Mißverständnissen führen. Auch solche Auszahlungen können unzulässig sein, weil sie gegen den Gleichbehandlungsgrundsatz, die Treuepflicht oder gegen die innergesellschaftliche Kompetenzverteilung verstoßen. Dabei handelt es sich dann aber um Verstöße gegen Regeln aus dem Innenverhältnis der GmbH. Sie können unabhängig von Verstößen gegen die Kapitalerhaltungsvorschriften erfolgen

---

[38] Einzelheiten siehe auch oben § 3 III 1.

[39] Siehe schon oben § 3 III 1.

[40] Siehe schon oben § 3 III 1.

[41] Siehe oben § 6 III 1 u. 2.

und dann auch andere Rechtsfolgen auslösen, als die §§ 30, 31 GmbHG vorsehen[42]. Da die Beschränkungen, die sich aus dem Innenverhältnis der GmbH für Zuwendungen ergeben, streng von dem Auszahlungsverbot des § 30 I GmbHG zu unterscheiden sind, können sie hier unbeachtet bleiben.

IV. Zwischenergebnis

§ 30 I GmbHG verbietet alle Auszahlungen an Gesellschafter, die nicht vollständig aus dem Eigenkapital oberhalb der Stammkapitalgrenze finanziert werden können. Das Verbot greift auch dann, wenn die Gesellschaft im Auszahlungszeitpunkt bereits überschuldet ist. Ebenfalls verboten sind Zuwendungen, die Rücklagen für eigene Anteile (§ 272 IV HGB) angreifen. Um den Gleichlauf zwischen § 33 II GmbHG und § 30 I GmbHG zu gewährleisten, muß dasselbe auch für solche Auszahlungen gelten, die nur unter Inanspruchnahme der gesellschaftsvertraglich gebundenen Rücklagen erfolgen können. Hier ist der Gesetzgeber aufgerufen, § 30 I GmbHG entsprechend § 33 II GmbHG „nachzubessern". Nicht erforderlich ist, das Verbot des § 30 I GmbHG auf sogenannte „existenzgefährdende Auszahlungen" oberhalb der Stammkapitalgrenze auszudehnen. Insoweit ist der durch die Bilanzvorschriften vermittelte Gläubigerschutz ausreichend. Neben § 30 I GmbHG gibt es weitere, hier nicht weiter interessierende Regeln, die Auszahlungen an Gesellschafter beschränken.

§ 7 Das Auszahlungsverbot gem. § 30 II GmbHG

I. Unmittelbarer Anwendungsbereich

Wenig Beachtung wird dem besonderen Auszahlungsverbot des § 30 II GmbHG geschenkt. Das mag daran liegen, daß es in der Rechtsprechung keine Rolle spielt. Seinem Wortlaut nach regelt es die Rückzahlung eingezahlter Nachschüsse. Diese unterliegen zunächst dem Auszahlungsverbot des § 30 I GmbHG. Sie dürfen also nur zurückgezahlt werden, soweit die hierfür erforderlichen Beträge aus dem Bereich oberhalb der Stammkapitalgrenze entnommen werden können[1]. Das wird in § 30 II 1 GmbHG nochmals klargestellt; eine

---

[42] Dazu bereits oben § 1 V 2 m. w. N.

[1] Einzelheiten oben § 6.

eigenständige Bedeutung kommt der Vorschrift insoweit aber nicht zu. Ist die Stammkapitaldeckung sichergestellt, so ist die Zulässigkeit der Rückzahlung gem. § 30 II 2 GmbHG zusätzlich davon abhängig, daß das in der Vorschrift genannte Verfahren eingehalten wird.

Das Zusammenspiel von § 30 I und II GmbHG läßt sich also folgendermaßen beschreiben: Während § 30 I GmbHG eine *strikte* Vermögensbindung *unterhalb* der Stammkapitalgrenze statuiert[2], zielt das Auszahlungsverbot des § 30 II GmbHG – soweit ihm eine eigenständige Bedeutung zukommt – auf den Schutz eines Teils des Eigenkapitals *oberhalb* der Stammkapitalgrenze, die eingezahlten Nachschüsse. Hier ist die Vermögensbindung jedoch *gelockert*, weil die Zulässigkeit von Auszahlungen nur von der Einhaltung eines bestimmten Verfahrens abhängt. In diesem Bereich findet also nicht ein *materieller*, sondern nur ein *formeller* (verfahrensmäßiger) Vermögensschutz statt[3].

Der Sinn dieses Vermögensschutzes liegt weitgehend im Unklaren. Gestützt auf Äußerungen des Gesetzgebers[4] wird vielfach einseitig darauf hingewiesen, die Nachschüsse dienten – anders als das Stammkapital – unmittelbar nur den Interessen der Gesellschaft[5]. Daraus könnte herzuleiten sein, daß § 30 II GmbHG – anders als § 30 I GmbHG – nur den Schutz der Gesellschaft selbst im Auge hat. Das wäre jedoch nicht zutreffend. Wenn man sich die Ausgestaltung des formellen Vermögensschutzes in § 30 II GmbHG näher ansieht, wird deutlich, daß es der Vorschrift auch um den Schutz der Gesellschaftsgläubiger geht[6]. Denn die Zulässigkeit der Rückzahlung wird unter anderem davon abhängig gemacht, daß der Rückzahlungsbeschluß nach Maßgabe des § 30 II 2 GmbHG publiziert wird. Das wäre sicherlich nicht nötig gewesen, wenn es nur um den Schutz der Gesellschaft selbst gegangen wäre. Dann hätte die in § 30 II 2 GmbHG vorgesehene dreimonatige Wartefrist ausgereicht. Die von der Vorschrift verlangte Publizität, verbunden mit einer Wartefrist, kann nur einen Sinn haben: Außenstehende Dritte – insbesondere Gesellschaftsgläubiger – sollen informiert und in die Lage versetzt werden, sich rechtzeitig auf die beabsichtigte Verringerung des Gesellschaftsvermögens einzustellen.

---

[2] Zu den Erweiterungen in den Bereich oberhalb der Stammkapitalgrenze siehe oben § 6 III.

[3] Dazu auch: *Wilhelm*, FS Flume II, S. 337, 359 u. 368.

[4] RT-Aktenstück Nr. 660, S. 3730.

[5] *Hachenburg / Müller*, § 26 Rn. 14; *K. Schmidt*, Gesellschaftsrecht, § 37 II 6 a, S. 939.

[6] Im Ergebnis ebenfalls: *Scholz / Westermann*, § 30 Rn. 44.

II. Erweiterungen

Nach h. M. soll die Anwendung des § 30 II GmbHG auf echte Nachschüsse beschränkt sein[7]. Doch auch hier ist zu überlegen, ob die Vorschrift im Interesse des Gläubigerschutzes auf die – wertmäßige – Rückzahlung anderer Gesellschafterbeiträge analog angewendet werden muß, die – ebenso wie Nachschüsse – auf gesellschaftsvertraglicher Grundlage in das Gesellschaftsvermögen gelangt sind. Angesprochen sind damit Geldleistungen, die als Nebenleistungen i. S. d. § 3 II GmbHG erbracht worden sind (z. B. Agios, Leistung von – künftigen – Zuschüssen, Ausgleich von Verlusten[8]).

Der Anlaß für solche Überlegungen ergibt sich aus einer „Fehlentwicklung" im GmbH-Recht. Nach dem Willen des Gesetzgebers sollte die Nachschußpflicht (§§ 26 ff. GmbHG) das Finanzierungsinstrument sein, um der Gesellschaft über das Stammkapital hinaus Betriebsmittel zur Verfügung zu stellen. Anders als das Stammkapital sollten die Nachschüsse den „beweglichen Teil" des Betriebsvermögens bilden und deshalb auch wieder an die Gesellschafter zurückfließen können, soweit nur die Schranken in § 30 I und II GmbHG beachtet werden[9]. Die Praxis hat dieses Angebot nicht angenommen[10]. Stattdessen greift sie als Finanzierungsalternative zum einen auf Gesellschafterdarlehen zurück, die auf rein schuldrechtlicher Grundlage gewährt werden. Zum anderen begründet sie Geldleistungspflichten als gesellschaftsvertragliche Nebenpflichten i. S. d. § 3 II GmbHG, die dieselbe Funktion wie die Nachschußpflicht erfüllen, dem Wortlaut nach aber nicht von § 30 II GmbHG erfaßt werden.

An eine derartige Entwicklung im Bereich der Nebenpflichten (§ 3 II GmbHG) hatte der Gesetzgeber nicht gedacht. Die Möglichkeit, gem. § 3 II GmbHG Nebenpflichten zu begründen, sollte ein Weg sein, die Gesellschafter zu „sonstigen Leistungen außer den Kapitaleinlagen" zu verpflichten[11]. Der Gesetzgeber hatte dabei Dienstleistungen („Rübenbaupflicht") der Gesellschafter im Blick[12], nicht aber Geldleistungspflichten. Vor diesem Hintergrund hat sich

---

[7] *Scholz / Westermann*, § 30 Rn. 45; *Hachenburg / Goerdeler / Müller*, § 30 Rn. 94; *Ehrenberg / Feine*, S. 318 f.; unklar: RG, U. v. 27.10.1922, RGZ 105, 299, 301 f.

[8] Weitere Beispiele: *Scholz / Emmerich*, § 3 Rn. 47; *Lutter / Hommelhoff*, § 3 Rn. 33 f.

[9] RT-Aktenstück Nr. 660, S. 3730 u. 3745.

[10] *Lutter / Hommelhoff*, § 26 Rn. 2; *Ehrenberg / Feine*, S. 317.

[11] RT-Aktenstück Nr. 660, S. 3731.

[12] RT-Aktenstück Nr. 660, S. 3731.

für ihn die Frage, ob Finanzierungsbeiträge, die nicht als Nachschüsse, sondern in Erfüllung einer Nebenpflicht (§ 3 II GmbHG) erbracht werden, im Wege der Rückzahlung wieder rückgängig gemacht werden dürfen und welches Verfahren gegebenenfalls einzuhalten ist, gar nicht gestellt. Die Frage ist erst mit der Weiterentwicklung der Finanzierungsmittel durch die Praxis aufgetaucht und weist auf eine Regelungslücke hin. Diese muß unter Beachtung der Wertungen des GmbHG gefüllt werden.

Entscheidende Bedeutung kommt dabei dem Umstand zu, daß die in Erfüllung gesellschaftsvertraglicher Nebenpflichten erbrachten Finanzierungsbeiträge dieselbe Funktion wie Nachschüsse erfüllen[13]. Das rechtfertigt es, auf solche Beiträge die formelle Auszahlungsbeschränkung des § 30 II GmbHG analog anzuwenden.

III. Zwischenergebnis

Die strikte Vermögensbindung des § 30 I GmbHG im Bereich unterhalb der Stammkapitalgrenze wird oberhalb derselben durch die verfahrensmäßige Auszahlungsbeschränkung des § 30 II 2 GmbHG ergänzt. Damit besteht ein graduell abgestuftes System der Vermögensbindung. Dem Wortlaut nach schützt § 30 II GmbHG im Interesse der Gesellschaftsgläubiger nur eingezahlte Nachschüsse. Die Vorschrift ist aber analog auf sonstige Finanzierungsbeiträge anzuwenden, die in Erfüllung einer gesellschaftsvertraglich vereinbarten Nebenpflicht erbracht werden.

§ 8 Die Wirkung des Auszahlungsverbots auf den Bestand von Leistungsversprechen und Erfüllungshandlungen

Seinem Wortlaut nach beschränkt sich § 30 I GmbHG darauf, ein Auszahlungsverbot auszusprechen. Entsprechendes gilt für § 30 II GmbHG. Damit bleibt zu klären, wie sich diese Verbote auf das der jeweiligen Auszahlung zugrundeliegende Leistungsversprechen sowie den rechtlichen Bestand des dazugehörigen Erfüllungsgeschäfts auswirken. Bei der Erörterung dieser Fragen konzentriert die Literatur ihren Blick ganz auf § 30 I GmbHG. Auch in der

---

[13] Insoweit zutreffend: *Hachenburg / Müller*, § 26 Rn. 25 f.; siehe auch: *Lutter / Hommelhoff*, § 26 Rn. 4.

Rechtsprechung spielt § 30 II GmbHG keine Rolle. Entsprechend soll in den folgenden Ausführungen die Auswirkung des § 30 I GmbHG auf den Bestand von Leistungsversprechen und Erfüllungshandlungen in den Mittelpunkt der Überlegungen gerückt werden. Denn die für den Anwendungsbereich dieser Vorschrift herausgearbeiteten Antworten lassen sich regelmäßig entsprechend auf Auszahlungen im Anwendungsbereich des § 30 II GmbHG übertragen.

I. Vertragsabschluß unter dem Vorbehalt der Vereinbarkeit mit § 30 I GmbHG

Zuwendungen, die in den Anwendungsbereich des § 30 I GmbHG fallen, erfolgen meist auf schuldrechtlicher Grundlage und sind in einen Austauschvertrag gekleidet (verdeckte Gewinnausschüttungen)[1]. Nach verbreiteter Meinung sollen derartige Verträge *grundsätzlich* dahin ausgelegt werden können, daß sie nur unter der Bedingung, daß die Auszahlung mit § 30 I GmbHG vereinbar ist, zur Leistung verpflichten[2]. Das hätte dann zur Folge, daß ein Konflikt zwischen Verpflichtungsgeschäft und § 30 I GmbHG von vornherein ausgeschlossen wäre[3].

1. Dogmatische Konstruktion

Der Vorschlag, im Wege der Vertragsauslegung Konflikte zwischen den schuldrechtlichen Pflichten und dem Verbot des § 30 I GmbHG zu vermeiden, erscheint verlockend. Genaugenommen muß sich jedoch feststellen lassen, daß Gesellschaft und Gesellschafter mehrere Bedingungen vereinbart haben[4], damit keine Widersprüche zwischen den schuldrechtlichen Leistungspflichten und dem Auszahlungsverbot entstehen können. Die Leistungspflichten aus dem Verpflichtungsgeschäft müssen zunächst unter einer auflösenden Bedingung stehen: Wenn die in Aussicht genommene Zuwendung an den Gesellschafter nur unter Verstoß gegen § 30 I GmbHG möglich sein sollte, sollen die Leistungspflichten

---

[1] Siehe bereits oben § 5 II.

[2] *Scholz / Westermann*, § 30 Rn. 11; *Baumbach / Hueck / Hueck*, § 30 Rn. 21; *Immenga*, Die personalistische Kapitalgesellschaft, S. 221; *Meister*, WM 1980, 390, 397; *Röhrkasten*, GmbHR 1974, 36, 37; *Butzke*, ZHR 154 (1990), 357, 368; BGH, U. v. 1.4.1953, BGHZ 9, 157, 169.

[3] Dazu auch: *Canaris*, Gesetzliches Verbot, S. 22.

[4] Zur Möglichkeit, Bedingungen zu kombinieren: MK / *Westermann*, § 158 Rn. 15; *Soergel / Wolf*, § 158 Rn. 7.

entfallen. Der Bedingungseintritt führt dann aber nicht – wie es § 158 II BGB vermuten läßt – zum vollständigen Wegfall des Verpflichtungsgeschäfts. Das liegt daran, daß sich die auflösende Bedingung – was zulässig ist[5] – nur auf einen Teil des Verpflichtungsgeschäfts bezieht. Mit dem Bedingungseintritt werden nur die Leistungspflichten suspendiert, der Vertrag als solcher bleibt aber schwebend wirksam[6]. Nunmehr steht das erneute Wiederaufleben der Auszahlungspflicht unter der aufschiebenden Bedingung (§ 158 I BGB), daß sich die Vermögenslage der GmbH soweit verbessert, daß die Zuwendung ohne Verstoß gegen § 30 I GmbHG erfolgen kann. Tritt diese Bedingung ein, lebt die vertragliche Ausgangssituation wieder auf: Die Leistungspflichten bestehen wieder, stehen aber unter der oben genannten auflösenden Bedingung. Mit dieser Konstruktion wird dem Umstand Rechnung getragen, daß sich die Vermögenslage der Gesellschaft laufend ändern kann und § 30 I GmbHG einer Zuwendung häufig nur vorübergehend entgegensteht, wobei sich diese vorübergehenden Phasen allerdings wiederholen können.

2. *Rechtsfolgen*

Entscheiden sich Gesellschaft und Gesellschafter für ein derart bedingtes Verpflichtungsgeschäft, so führt das mit Blick auf §§ 30, 31 GmbHG zu praktikabelen Lösungen. Bei mangelnder Stammkapitaldeckung hat der Gesellschafter keinen Erfüllungsanspruch. Denn wegen des Eintritts der auflösenden Bedingung (§ 158 II BGB) und des noch fehlenden Eintritts der aufschiebenden Bedingung (§ 158 I BGB) besteht kein erfüllbarer Anspruch gegen die Gesellschaft. Insoweit ist dann – was die h. M. übersieht – das Zurückgreifen auf ein besonderes Leistungsverweigerungsrecht der Gesellschaft aus §§ 30 oder 31 GmbHG überflüssig[7]; die mit dem Leistungsverweigerungsrecht verbundenen Unsicherheiten[8] werden also ebenfalls umgangen.

---

[5] *Soergel / Wolf*, Vor § 158 Rn. 5.

[6] Ebenfalls von einem Schwebezustand gehen – ohne nähere Begründung – aus: *Flume*, ZHR 144 (1980), 18, 23; *Fischer / Lutter / Hommelhoff*, 12. Aufl., § 30 Rn. 28; *Rowedder / Rowedder*, § 30 Rn. 16.

Aus dem Rechtsgedanken des § 162 BGB kann der Gesellschafter die Berechtigung herleiten, durch freiwillige Zuzahlungen die Voraussetzungen zu schaffen, um das Verpflichtungsgeschäft zur Durchführung zu bringen. Denn die Gesellschaft verhielte sich treuwidrig, wenn sie die Zuzahlung zur Wiederherstellung der Stammkapitaldeckung ablehnte, um die Abwicklung des Vertrages zu verhindern[9].

Erfolgt die Zuwendung dennoch unter Verstoß gegen § 30 I GmbHG, so wird das Verpflichtungsgeschäft mangels Erfüllbarkeit damit nicht erfüllt. Die Zuwendung ist gem. § 31 GmbHG zu erstatten. Sollte sich die Vermögenslage der Gesellschaft nachträglich bessern, bevor der Anspruch aus § 31 GmbHG erfüllt ist, so tritt in diesem Augenblick die aufschiebende Bedingung ein, die die suspendierten Leistungspflichten aus dem Verpflichtungsgeschäft wieder entstehen läßt. Gleichzeitig tritt dessen Erfüllung ein, weil die geschuldete Leistungshandlung (Auszahlung) ja bereits vorgenommen worden ist und dem Eintritt des Leistungserfolges jetzt nichts mehr im Wege steht. Die Erstattungspflicht aus § 31 GmbHG entfällt wieder[10].

3. Bedenken

So praktikabel das Modell des bedingten Verpflichtungsgeschäfts auch ist, so wenig wird sich im Einzelfall doch feststellen lassen, daß Gesellschaft und Gesellschafter dieses Modell ausdrücklich vereinbart haben. Hier setzen dann auch die Bedenken gegen die Lösung an. Der Ansicht, *regelmäßig* könne im Wege der Auslegung die Vereinbarung eines bedingten Verpflichtungsgeschäfts

---

[7] Siehe nur *Baumbach / Hueck / Hueck*, § 30 Rn. 21; *Scholz / Westermann*, § 30 Rn. 11 und *Meister*, WM 1980, 390, 394 f. und 397, die einerseits einen Vertragsabschluß unter dem Vorbehalt der Vereinbarkeit mit § 30 I GmbHG annehmen, andererseits aber meinen, auf ein Leistungsverweigerungsrecht aus § 30 GmbHG zurückgreifen zu müssen, um der Gesellschaft die Möglichkeit zu geben, den Erfüllungsanspruch des Gesellschafters abzuwehren. Das ist bei ihrem Ansatz überflüssig, weil dem Gesellschafter schon kein erfüllbarer Anspruch zusteht. Dazu muß erst die oben genannte aufschiebende Bedingung eintreten; zutreffend daher: *Röhrkasten*, GmbHR 1974, 36, 37; eingehend zum Leistungsverweigerungsrecht unten § 9 I.

[8] Dazu unten § 9 I.

[9] Siehe auch: *Palandt / Heinrichs*, § 162 Rn. 1.

[10] Einzelheiten dazu unten § 12.

festgestellt werden[11], wird entgegengehalten, das angebliche Auslegungsergebnis sei bloße Fiktion[12].

Tatsächlich wird man den Abschluß eines *bedingten* Verpflichtungsgeschäfts i. d. R. nur unter den Voraussetzungen der ergänzenden Vertragsauslegung (§ 157 BGB) annehmen können. Erforderlich dafür ist, daß das Verpflichtungsgeschäft ohne die genannten Bedingungen lückenhaft ist und die Ergänzung des Vertrages um diese Bedingungen zur Lückenfüllung notwendig ist[13].

Zwar werden Gesellschaft und Gesellschafter bei der Vereinbarung einer Zuwendung an den Gesellschafter häufig nicht bedenken, daß die Auszahlung möglicherweise gegen § 30 I GmbHG verstößt, zumal sich bei Abschluß des Verpflichtungsgeschäftes die Vermögenslage der Gesellschaft im späteren Auszahlungszeitpunkt vielfach nicht genau vorhersehen läßt[14]. Daraus ergibt sich aber noch keine ausfüllungsbedürftige Regelungslücke im Vertrag. Eine solche liegt nämlich nicht vor, wenn die von der ergänzenden Vertragsauslegung ins Auge gefaßten Rechtsfolgen auch durch nachträgliche Rechtshandlungen eines Beteiligten herbeigeführt werden können, weil bereits das Gesetz entsprechende Möglichkeiten zur Verfügung stellt[15]. Das ist hier der Fall. Einer Ergänzung des Verpflichtungsgeschäfts im Wege der Auslegung um den Vorbehalt (genauer: die oben genannten Bedingungen), es müsse nur dann erfüllt werden, wenn die Erfüllung nicht gegen § 30 I GmbHG verstoße, ist nicht notwendig. Denn die mit dieser Konstruktion angestrebten Rechtsfolgen – insbesondere eine Leistungsverweigerungsmöglichkeit der Gesellschaft bei mangelnder Stammkapitaldeckung – lassen sich ohne weiteres aus den §§ 30 f. GmbHG herleiten. Das wird im einzelnen noch zu zeigen sein[16]. Die Voraussetzungen, unter denen eine ergänzende Vertragsauslegung möglich ist, liegen also nicht vor. Verpflichtungsgeschäfte zwischen Gesellschaft und Gesellschafter können daher entgegen der h. M. jedenfalls nicht ohne weitere Anhaltspunkte dahin verstanden werden, sie seien nur unter der Bedingung der Vereinbarkeit mit § 30 I GmbHG geschlossen worden.

---

[11] *Scholz / Westermann*, § 30 Rn. 11; *Baumbach / Hueck / Hueck*, § 30 Rn. 21; *Immenga*, Die personalistische Kapitalgesellschaft, S. 221; *Meister*, WM 1980, 390, 397; *Röhrkasten*, GmbHR 1974, 36, 37; *Butzke*, ZHR 154 (1990), 357, 368; BGH, U. v. 1.4.1953, BGHZ 9, 157, 169.

[12] *Joost*, ZHR 148 (1984), 27, 32 Fn. 18.

[13] MK / *Mayer-Maly*, § 157 Rn. 36; *Soergel / Wolf*, § 157 Rn. 123.

[14] Zum gezielten Verstoß gegen § 30 I GmbHG siehe unten § 8 III 1, 2 und 3.

[15] MK / *Mayer-Maly*, § 157 Rn. 35; *Ermann / Hefermehl*, § 157 Rn. 20.

[16] Siehe unten § 9 I.

II. Auszahlungsverbot und Vertretungsmacht des Geschäftsführers

Wenig Beachtung hat bislang die Frage gefunden, ob § 30 I GmbHG die Vertretungsmacht des Geschäftsführers gegenüber Gesellschaftern auf den Abschluß von Rechtsgeschäften beschränkt, die nicht zu einer Beeinträchtigung des zur Erhaltung des Stammkapitals erforderlichen Vermögens führen. Insoweit ist zu unterscheiden.

1. Verpflichtungsgeschäfte

Vereinzelt ist eine Beschränkung der Vertretungsmacht des Geschäftsführers durch § 30 I GmbHG beim Abschluß von Verpflichtungsgeschäften mit Gesellschaftern angenommen worden[17]. Diese These läßt sich scheinbar leicht widerlegen: § 30 I GmbHG beschränkt zwar die Kompetenzen des Geschäftsführers im Innenverhältnis[18], dient aufgrund seiner systematischen Stellung aber dennoch nicht der Regelung der Vertretungsmacht. Diese ist nach §§ 35, 37 II GmbHG unbeschränkt und unbeschränkbar.

Indessen ist letzteres nur für Geschäfte mit außenstehenden Dritten unumstritten. Anderes soll nach verbreiteter Ansicht für Geschäfte mit Gesellschaftern gelten[19]. Hier sollen Beschränkungen des Geschäftsführers aus dem Innenverhältnis unmittelbar auf die Vertretungsmacht im Außenverhältnis durchschlagen. Zur Begründung läßt sich geltend machen, der mit der unbeschränkten Vertretungsmacht angestrebte Schutz der Geschäftspartner der GmbH sei für die Gesellschafter nicht erforderlich, weil sie mit den Interna der Gesellschaft vertraut sind oder es zumindest sein können. Der Wortlaut des § 37 II GmbHG stützt diese Ansicht. Denn die Vorschrift sagt nur, daß die Vertretungsmacht des Geschäftsführers gegenüber Dritten unbeschränkbar ist, nicht aber, daß dasselbe auch gegenüber Gesellschaftern gilt.

Von diesem Ansatz aus erscheint es zunächst naheliegend, den Geschäftsführer bei Verpflichtungsgeschäften mit Gesellschaftern, die zu einer verbots-

---

[17] *Wilhelm*, FS Flume II, S. 337, 364 f., der seinen Ansatz dann aber nicht weiter verfolgt; a. A.: *Dressel*, S. 266; *Tries*, S. 39; *Schulze-Osterloh*, FS Stimpel, S. 487, 495 f.

[18] *Winter*, Treuebindungen, S. 227.

[19] *Baumbach / Hueck / Zöllner*, § 35 Rn. 42, 49 u. § 37 Rn. 29; *Scholz / Schneider*, § 35 Rn. 26 ff.; *Röhrkasten*, Die verdeckte Gewinnausschüttung, S. 129; *Tries*, S. 113 f.; a. A.: *Lutter / Hommelhoff*, § 35 Rn. 3 f. u. 9.

widrigen Auszahlung führen (§ 30 I GmbHG), als Vertreter ohne Vertretungsmacht anzusehen. Unberührt bliebe die Vertretungsmacht lediglich in den sogenannten Drittbeteiligungsfällen[20], wenn sich die GmbH im Interesse ihres Gesellschafters einem außenstehenden Dritten gegenüber zu ihrem Nachteil schuldrechtlich bindet und dadurch § 30 I GmbHG verletzt wird[21].

Diese Überlegungen berücksichtigen jedoch nicht, daß § 30 I GmbHG die Kompetenzen des Geschäftsführers nur für die Vornahme von „Auszahlungen" beschränkt. Damit sind regelmäßig nur die Erfüllungsgeschäfte (genauer: Übertragungsgeschäfte und sonstige Wertverschiebungen), nicht aber schon die schuldrechtlichen Verpflichtungsgeschäfte mit Gesellschaftern gemeint[22]. Selbst wenn man also der Ansicht folgt, daß bei Rechtsgeschäften der Gesellschaft mit Gesellschaftern Beschränkungen des Geschäftsführers aus dem Innenverhältnis auf seine Vertretungsmacht durchschlagen, können sich aus § 30 I GmbHG keine Beschränkungen der Vertretungsmacht für den Abschluß von Verpflichtungsgeschäften ergeben. Diese Lösung trägt schließlich dem Umstand Rechnung, daß im Zeitpunkt des Abschlusses des Verpflichtungsgeschäfts häufig noch nicht absehbar ist, ob die spätere Erfüllung gegen § 30 I GmbHG verstoßen wird oder nicht.

2. *Übertragungsgeschäfte*

Aber auch für den Abschluß von Übertragungsgeschäften, die zur Erfüllung einer Verpflichtung geschlossen werden und – anders als Verpflichtungsgeschäfte mit Gesellschaftern – Auszahlungen beinhalten[23], läßt sich aus § 30 I GmbHG eine Beschränkung der Vertretungsmacht nicht herleiten[24]. Der gegenteiligen Ansicht in Teilen der Literatur[25] kann auch dann nicht zugestimmt werden, wenn man grundsätzlich ihren Standpunkt teilt, daß bei Rechtsgeschäften mit Gesellschaftern interne Kompetenzregeln unmittelbar auf die Vertretungsmacht des Geschäftsführers durchschlagen. Für den Bereich der Kapitaler-

---

[20] Siehe oben § 5 III.

[21] Siehe oben § 4 III 1 a und 2 c cc.

[22] Einzelheiten dazu oben § 4 III und IV.

[23] Siehe oben § 4 III 1 b.

[24] Entsprechendes gilt natürlich auch für die Bestellung von Sicherheiten, soweit darin eine Auszahlung liegt; dazu oben § 4 III 2 c.

[25] *Hager*, ZGR 1989, 71, 97 u. 100; *Ziche*, S. 63 ff., 66, 68 f. u. 95.

haltungsvorschriften gilt dann jedenfalls eine Ausnahme. Das zeigt ein Blick in die Gesetzessystematik.

Nähme man ein vollmachtloses Handeln des Geschäftsführers bei der Vornahme des Erfüllungsgeschäfts (Auszahlung) unter Verstoß gegen § 30 I GmbHG an, so hätte dies gem. § 177 BGB die schwebende Unwirksamkeit dieses Geschäfts zur Folge. Dieses Ergebnis wäre zunächst unpraktikabel, weil es niemanden geben würde, der das Geschäft gem. § 177 BGB genehmigen könnte. Die Gesellschafter wären daran gehindert, weil die Einhaltung des § 30 I GmbHG nicht zu ihrer Disposition steht[26]. Man müßte daher schon von der völligen Unwirksamkeit des Erfüllungsgeschäfts ausgehen. Bei Übertragungsgeschäften gem. §§ 929 ff. BGB würde das die Möglichkeit der Rückforderung gem. §§ 985 ff. BGB eröffnen. Diese Rechtsfolgen stünden im Widerspruch zu den Wertungen des § 31 GmbHG. Insbesondere § 31 II GmbHG läßt erkennen, daß der Gesetzgeber nicht die generelle Unwirksamkeit des Erfüllungsgeschäfts gewollt hat[27]. Denn wenn dem gutgläubigen Auszahlungsempfänger der zugewandte Vermögensvorteil verbleiben soll, soweit dem nicht Interessen der Gesellschaftsgläubiger entgegenstehen, so setzt das voraus, daß das Erfüllungsgeschäft insoweit wirksam ist.

III. Nichtigkeitsfolgen

1. Verpflichtungsgeschäfte

Weitgehend Einigkeit besteht heute darüber, daß § 30 I GmbHG i. V. m. § 134 BGB grundsätzlich nicht zur Nichtigkeit von Verpflichtungsgeschäften führen kann, die auf eine Vermögensverschiebung an den Gesellschafter gerichtet sind[28]. Dem ist zuzustimmen.

Zwar ist § 30 I GmbHG seinem eindeutigen Wortlaut nach ein Verbotsgesetz[29]. Dieses richtet sich aber nur gegen Auszahlungen, zu denen Verpflich-

---

[26] *Baumbach / Hueck / Hueck*, § 30 Rn. 1; *Lutter / Hommelhoff*, § 30 Rn. 1.

[27] BGH, U. v. 14.1.1953, GmbHR 1953, 58, 59; siehe auch: *Wilhelm*, FS Flume II, S. 337, 385; *Meister*, WM 1980, 390, 397; *Schneider*, GmbHR 1982, 197, 203.

[28] *Baumbach / Hueck / Hueck*, § 30 Rn. 21; *Lutter / Hommelhoff*, § 30 Rn. 32; *Scholz / Westermann*, § 30 Rn. 11; *Butzke*, ZHR 154 (1990), 357, 370; *Tries*, S. 39; *Zacher*, S. 154; *Joost*, ZHR 148 (1984), 27, 34; *Röhrkasten*, GmbHR 1974, 36, 37; a. A.: *Wiedemann*, Gesellschaftsrecht, § 8 III 1 a, S. 442; *Staudinger / Dilcher*, § 134 Rn. 15; *Soergel / Hefermehl*, § 134 Rn. 79.

[29] Zutreffend: *K. Schmidt*, Gesellschaftsrecht, § 37 III 2 c, S. 946.

tungsgeschäfte zwischen der GmbH und ihren Gesellschaftern aber gerade nicht gehören[30]. Insoweit kann auf bereits bekannte Überlegungen aus der Erörterung einer möglichen Beschränkung der Vertretungsmacht der Geschäftsführer zurückgegriffen werden[31]. Diese Unterscheidung zwischen der Begründung der Verpflichtung und der Auszahlung selbst kann auch nicht mit dem Hinweis überspielt werden, das Verpflichtungsgeschäft führe zwangsläufig zu einer verbotswidrigen Auszahlung. Ob dies der Fall sein wird, steht im Zeitpunkt des Abschlusses des Verpflichtungsgeschäfts i. d. R. noch nicht fest, weil sich die Vermögenslage der Gesellschaft bis zur Auszahlung ändern kann[32].

Schwieriger wird es allerdings, wenn man die Drittbeteiligungsfälle in die Betrachtung einbezieht. Schließt die Gesellschaft das Verpflichtungsgeschäft nämlich mit einem Dritten, um mittelbar ihren Gesellschafter zu begünstigen (z. B. Bürgschaft für Verbindlichkeit des Gesellschafters), so liegt ausnahmsweise bereits in dem Verpflichtungsgeschäft eine Auszahlung i. S. d. § 30 I GmbHG[33]. Gleichwohl führt § 134 BGB auch in diesem Fall nicht zur Nichtigkeit des Rechtsgeschäfts, weil sich im Wege der Auslegung „aus dem Gesetz ein anderes ergibt". Das Auszahlungsverbot (§ 30 I GmbHG) richtet sich zwar gegen die Geschäftsführer und die Gesellschafter, nicht aber gegen Dritte[34]. Deren Rechtsposition will die Vorschrift nicht beschränken. Das Schutzbedürfnis der Dritten ist auch nicht etwa deshalb zu verneinen, weil mittelbar auch ein Gesellschafter begünstigt wird. Daher muß ein zwischen ihnen und der Gesellschaft geschlossenes Verpflichtungsgeschäft nach Sinn und Zweck des § 30 I GmbHG wirksam sein[35]. Dies entspricht der verbreiteten Ansicht, daß ein verbotswidriges Rechtsgeschäft i. d. R. gültig ist, wenn es nur für einen Vertragsteil verboten ist[36].

Indessen soll ein Verpflichtungsgeschäft zwischen Gesellschaft und Gesellschafter nichtig sein, wenn die Beteiligten bewußt gegen § 30 I GmbHG verstoßen wollen und daher ausdrücklich eine Auszahlung zu Lasten der Stamm-

---

[30] Siehe oben § 4 III 1 a.

[31] Siehe oben § 8 II 1.

[32] BGH, U. v. 14.1.1953, GmbHR 1953, 58, 59; siehe auch: *Zacher*, S. 154.

[33] Siehe oben § 4 III 1 a und 2 c aa, cc.

[34] BGH, U. v. 10.12.1984, ZIP 1985, 279, 280; *Lutter / Hommelhoff*, § 30 Rn. 33.

[35] Um Mißverständnissen vorzubeugen, sei schon jetzt darauf hingewiesen, daß das Gesellschaftsvermögen auch in diesem Fall durch die Erstattungspflicht (§ 31 GmbHG) des mittelbar begünstigten Gesellschafters geschützt wird; Einzelheiten dazu unten § 11 I.

[36] *Palandt / Heinrichs*, § 134 Rn. 9 m. w. N.; siehe auch: *Staudinger / Dilcher*, § 134 Rn. 4.

kapitaldeckung vereinbaren[37]. Dies ist im Ergebnis richtig. Allerdings läßt sich dies nicht aus § 30 I GmbHG i. V. m. § 134 BGB herleiten. Denn wie bereits gesagt beinhaltet ein derartiges Verpflichtungsgeschäft keine Auszahlung und kann daher schon deshalb nicht gegen das Auszahlungsverbot verstoßen. Zutreffend ist es daher, die Nichtigkeit unter Hinweis auf § 138 I BGB zu begründen, weil Gesellschaft und Gesellschafter kollusiv zur Gefährdung der Gesellschaftsgläubiger zusammenwirken[38].

2. *Auszahlungsbeschlüsse*

Auch für Auszahlungsbeschlüsse zugunsten von Gesellschaftern stellt sich die Frage, ob ihre Wirksamkeit durch § 30 I GmbHG berührt werden kann. Nach h. M. ist § 30 GmbHG eine gläubigerschützende Vorschrift i. S. d. § 241 Nr. 3 AktG (analog)[39]. Daher sollen Auszahlungsbeschlüsse entsprechend § 241 Nr. 3 AktG nichtig sein können, wenn sie gegen § 30 GmbHG verstoßen[40].

Dem kann so nicht zugestimmt werden. Auch hier gilt, daß gegen § 30 I GmbHG nur Auszahlungen verstoßen. Eine Auszahlung ist aber nicht schon der Auszahlungsbeschluß, sondern erst das nachfolgende Erfüllungsgeschäft (z. B. Übereignung von Geld). Daher ist der Auszahlungsbeschluß grundsätzlich nicht nichtig. Wie bei Verpflichtungsgeschäften mit Gesellschaftern ist Nichtigkeit nur anzunehmen, soweit der Beschluß ausdrücklich eine Auszahlung auch zu Lasten der Stammkapitaldeckung vorsieht[41]. Das ergibt sich dann aus der analogen Anwendung des § 241 Nr. 4 AktG, weil ein kollusives Zusammenwirken zum Nachteil der Gesellschaftsgläubiger vorliegt.

---

[37] BGH, U. v. 14.1.1953, GmbHR 1953, 58, 59; U. v. 29.9.1977, BGHZ 69, 274, 280; *Hachenburg / Goerdeler / Müller*, § 30 Rn. 77 f.; a. A.: *Falkenstein*, S. 88.

[38] Ebenso: *Butzke*, ZHR 154 (1990), 357, 368; *Oetker*, KTS 1991, 521, 531 f. m. w. N.

[39] *Lutter / Hommelhoff*, Anh. § 47 Rn. 17; *Rowedder / Koppensteiner*, § 47 Rn. 84; *Meyer-Landrut / Meyer-Landrut*, § 47 Rn. 72.

[40] *Scholz / K. Schmidt*, § 45 Rn. 74; *Baumbach / Hueck / Zöllner*, Anh. § 47 Rn. 24.

[41] Im Ergebnis ebenso: *Baumbach / Hueck / Hueck*, § 30 Rn. 21; *Hachenburg / Goerdeler / Müller*, § 30 Rn. 76.

3. Übertragungsgeschäfte

Ob Verfügungsgeschäfte, die zur Erfüllung von Verpflichtungen und Beschlüssen geschlossen werden, dabei eine Übertragung von Gesellschaftsvermögen beinhalten und deshalb gegen § 30 I GmbHG verstoßen[42], gem. § 134 BGB nichtig sind, ist umstritten. Dabei wird die Diskussion weitgehend beschränkt auf sachenrechtliche Übereignungen geführt, weil ihnen unter den von § 30 I GmbHG erfaßten Übertragungsgeschäften praktisch die größte Bedeutung zukommt.

a) Meinungsstand

Vornehmlich in der älteren Literatur wird die Nichtigkeit dieser Verfügungsgeschäfte bejaht[43]. Zur Begründung wird zunächst auf die Parallelvorschrift zu § 30 I GmbHG im Aktienrecht hingewiesen: Da bei Verfügungsgeschäften unter Verstoß gegen § 57 AktG Nichtigkeit gem. § 134 BGB angenommen werde[44], müsse wegen der Vergleichbarkeit der Interessenlage dasselbe im Bereich des § 30 I GmbHG gelten[45]. Des weiteren führe erst die Nichtigkeitsfolge zu einer angemessenen Absicherung der Interessen der Gesellschaftsgläubiger. Denn sie eröffne die Möglichkeit, neben dem Erstattungsanspruch aus § 31 GmbHG auch den Herausgabeanspruch gem. § 985 BGB geltend zu machen, weil die Gesellschaft Eigentümerin des Auszahlungsgegenstandes bleibe. Das sei zunächst im Konkurs des unzulässig begünstigten (§ 30 I GmbHG) Gesellschafters von Bedeutung. Während der Herausgabeanspruch aus § 985 BGB im Wege der Aussonderung durchgesetzt werden könne, sei der Erstattungsanspruch aus § 31 GmbHG eine normale Konkursforderung und damit mit dem Ausfallrisiko belastet[46]. Wichtig sei der Vindikationsanspruch auch in den Fällen, in denen der verbotswidrig begünstigte Gesellschafter den

---

[42] Dazu oben § 4 III 1 b.

[43] Aus der älteren Literatur: *Hachenburg / Goerdeler / Müller*, 7. Aufl., § 30 Rn. 8 f. (anders jetzt: 8. Aufl., Rn. 77 f.); *Canaris*, FS Fischer, S. 31, 56; *Röhrkasten*, GmbHR 1974, 36, 37; *Wiedemann*, Gesellschaftsrecht, § 8 III 1 a, S. 442; aus neuerer Zeit: *Rowedder / Rowedder*, § 30 Rn. 17.

[44] Siehe etwa: KK / *Lutter*, § 57 Rn. 63 m. w. N.

[45] *Canaris*, FS Fischer, S. 31, 56; siehe auch: *Hachenburg / Goerdeler / Müller*, § 30 Rn. 77.

[46] *Canaris*, FS Fischer, S. 31, 56; *Röhrkasten*, GmbHR 1974, 36, 37; *Wiedemann*, Gesellschaftsrecht, § 8 III 1 a, S. 442.

Zuwendungsgegenstand an einen Dritten veräußere. § 985 BGB verpflichte – soweit kein gutgläubiger Erwerb stattgefunden habe – auch den Dritten zur Herausgabe an die GmbH als Eigentümerin. Demgegenüber richte sich der Erstattungsanspruch gem. § 31 I GmbHG nur gegen den Gesellschafter als den ursprünglichen Empfänger, nicht aber gegen den späteren Dritterwerber[47].

Indessen geht die h. M. grundsätzlich von der Wirksamkeit des gegen § 30 I GmbHG verstoßenden Verfügungsgeschäfts aus[48]. Etwas anderes gelte nur dann, wenn sich Gesellschaft und Gesellschafter bewußt über das Verbot des § 30 I GmbHG hinwegsetzten[49]. Zur Begründung wird zunächst angeführt, die Wirksamkeit sachenrechtlicher Geschäfte dürfe nicht von der komplexen Berechnung der Stammkapitaldeckung abhängig gemacht werden, da dies zu Rechtsunsicherheiten führe und unpraktikabel sei[50]. Wenn man die Möglichkeit der Nichtigkeit bejahte, würde man zudem mit dem kaum lösbaren Problem der Teilnichtigkeit von Auszahlungsgeschäften konfrontiert, wenn die Auszahlung zum Teil aus ungebundenem Vermögen und zum Teil zu Lasten der Stammkapitaldecke erfolgte[51]. Des weiteren wird geltend gemacht, die mit der Nichtigkeitsfolge ausgelösten Vindikationsansprüche führten zu Ergebnissen, die – was die Mindermeinung übersehe – zu den Wertungen des § 31 GmbHG im Widerspruch stünden. So beschränke § 31 II GmbHG den Erstattungsanspruch zum Schutz des begünstigten Gesellschafters, wenn dieser in Hinblick auf die Zulässigkeit der Zuwendung (§ 30 GmbHG) gutgläubig gewesen sei. Nehme man die Unwirksamkeit des Verfügungsgeschäftes an, so werde die vom Gesetzgeber gewollte Privilegierung des gutgläubigen Gesellschafters unterlaufen, weil dessen guter Glaube den Vindikationsanspruch nicht aus-

---

[47] *Canaris*, FS Fischer, S. 31, 56.

[48] *Lutter / Hommelhoff*, § 30 Rn. 36; *Baumbach / Hueck / Hueck*, § 30 Rn. 21; *Scholz / Westermann*, § 30 Rn. 12; *Roth*, § 30 Anm. 2.3.; *Hachenburg / Goerdeler / Müller*, § 30 Rn. 77 f.; *Meyer-Landrut / Meyer-Landrut*, § 30 Rn. 10; *K. Schmidt*, Gesellschaftsrecht, § 37 III 2 c, S. 946; *Tries*, S. 41 f.; *Joost*, ZHR 148 (1984), 27, 36 ff.; *Meister*, WM 1980, 390, 397; *Butzke*, ZHR 154 (1990), 357, 369; *Wilhelm*, FS Flume II, S. 337, 385; BGH, U. v. 8.7.1985, BGHZ 95, 188, 192; U. v. 14.1.1953; GmbHR 1953, 58, 59; RG, U. v. 15.12.1941, RGZ 168, 292, 302.

[49] BGH, U. v. 8.7.1985, BGHZ 95, 188, 192; U. v. 14.1.1953, GmbHR 1953, 58, 59; a. A.: *Falkenstein*, S. 88.

[50] *Scholz / Westermann*, § 30 Rn. 12 unter Bezugnahme auf *Ballerstedt*, S. 129; *Zacher*, S. 154; ähnlich: *Tries*, S. 42.

[51] *Hachenburg / Goerdeler / Müller*, § 30 Rn. 78.

schließe[52]. Ferner verjähre der Erstattungsanspruch aus § 31 GmbHG grundsätzlich in fünf Jahren (§ 31 V GmbHG). Diese Wertung dürfe nicht dadurch überspielt werden, daß der Gesellschafter dem Vindikationsanspruch ausgesetzt werde, der erst in 30 Jahren verjähre[53]. Insgesamt reiche der durch § 31 GmbHG vermittelte Schutz des Gesellschaftsvermögens auch aus, so daß es nicht erforderlich sei, der Gesellschaft zusätzlich noch Vindikationsansprüche zuzugestehen[54]. Das gelte – entgegen der Mindermeinung – insbesondere auch im Konkurs des Gesellschafters. Auf den Herausgabeanspruch (§ 985 BGB) könne verzichtet werden, weil die Gesellschaft durch die Ausfallhaftung der übrigen Mitgesellschafter (§ 31 III GmbHG) hinreichend gesichert sei[55].

b) Stellungnahme

Die h. M. verdient Zustimmung. Auch wenn Verfügungsgeschäfte eine gem. § 30 I GmbHG verbotene Auszahlung beinhalten, sind sie grundsätzlich wirksam. Zwar enthält die Vorschrift ihrem Wortlaut nach ein Verbotsgesetz[56]. Dennoch tritt die in § 134 BGB vorgesehene Nichtigkeitsfolge nicht ein, weil sich im Wege der Auslegung „aus dem Gesetz ein anderes ergibt" und damit kein Raum für ein Eingreifen der Auslegungsregel des § 134 BGB bleibt[57]. Die §§ 30, 31 GmbHG lassen nach Sinn und Zweck die Nichtigkeitsfolge für Verfügungsgeschäfte nicht zu. Daß die Nichtigkeitsfolge bei Verstößen gegen § 30 I GmbHG zum ausreichenden Schutz des Gesellschaftsvermögens nicht erforderlich ist, im Gegenteil ihre Annahme sogar zu Wertungswidersprüchen zwischen den dann konkurrierenden Ansprüchen aus § 31 GmbHG und § 985 BGB führen würde, hat die h. M. überzeugend begründet.

Als weiterer Gesichtspunkt kommt hinzu, daß § 30 I GmbHG nicht die Übertragung bestimmter Gegenstände verbieten will. Die Vorschrift dient nämlich

---

[52] *Joost*, ZHR 148 (1984), 27, 35 f.; *Butzke*, ZHR 154 (1990), 357, 369; *Wilhelm*, FS Flume II, S. 337, 385; *Meister*, WM 1980, 390, 397; BGH, U. v. 14.1.1953, GmbHR 1953, 58, 59; RG, U. v. 15.12.1941, RGZ 168, 292, 302.

[53] *Scholz / Westermann*, § 30 Rn. 12; *Joost*, ZHR 148 (1984), 27, 38.

[54] *Butzke*, ZHR 154 (1990), 357, 369; *Baumbach / Hueck / Hueck*, § 30 Rn. 21.

[55] *Lutter / Hommelhoff*, § 30 Rn. 36; *Joost*, ZHR 148 (1984), 27, 36.

[56] Siehe bereits oben § 8 III 1.

[57] Siehe auch: *Soergel / Hefermehl*, § 134 Rn. 1 u. 4; *Canaris*, Gesetzliches Verbot, S. 14 ff.

nicht dem Schutz des Vermögens in der konkreten Zusammensetzung[58]. Vielmehr soll nur die in dem Übertragungsgeschäft liegende Wertverschiebung (Nettovermögensverschiebung[59]) verhindert werden, und das auch nur in dem – beschränkten – Umfang, in dem die Wertverschiebung zu Lasten der Stammkapitaldeckung geht. Deshalb ist es auch nicht unbedingt erforderlich, das unzulässige Rechtsgeschäft vollständig rückabzuwickeln, was aber die notwendige Folge wäre, wenn man dessen Nichtigkeit annähme. Vielmehr wird dem § 31 GmbHG auch dann Genüge getan, wenn die unzulässige Wertverschiebung (Weggabe eines Gegenstandes) durch einen entsprechenden Geldbetrag ausgeglichen wird[60]. Das wird – was die Mindermeinung nicht hinreichend bedenkt – insbesondere dann deutlich, wenn der Wert des übertragenen Gegenstandes und der Betrag der verbotenen Wertverschiebung auseinanderfallen. Übereignet die Gesellschaft dem Gesellschafter einen Gegenstand im Wert von 5.000 DM und entsteht hierdurch eine Unterbilanz in Höhe von 1.000 DM, so könnte die Gesellschaft bei Nichtigkeit der Übereignung Rückgabe des Gegenstandes, also Zurückführung eines Wertes in Höhe von 5.000 DM, verlangen[61]. Die Kapitalerhaltungsvorschriften gebieten aber nur eine Werterstattung in Höhe von 1.000 DM, weil das Stammkapital dann wieder gedeckt ist[62].

Schließlich hilft der Mindermeinung auch das Argument nicht weiter, für Verfügungsgeschäfte unter Verstoß gegen § 30 I GmbHG müsse aus systematischen Gründen dasselbe wie bei solchen unter Verstoß gegen § 57 AktG gelten, nämlich die Nichtigkeit der Geschäfte. Denn mittlerweile ist auch im Aktienrecht die Nichtigkeitsfolge umstritten[63]. Das Aktienrecht bietet also keinen festen Boden mehr, von dem aus sich argumentieren ließe.

Der h. M. ist im Ergebnis auch insoweit zu folgen, als sie bei einem bewußten Verstoß gegen § 30 I GmbHG ausnahmsweise die Nichtigkeit des Verfügungsgeschäfts annimmt. Dies ergibt sich aber nicht schon aus der Anwendung

---

[58] Siehe oben § 2.

[59] Dazu oben § 4 II 3.

[60] Zutreffend daher: *K. Schmidt*, Gesellschaftsrecht, § 37 III 2 c. S. 946 f.; zu den Wahlmöglichkeiten des Gesellschafters bei der Erfüllung seiner Erstattungspflicht gem. § 31 I GmbHG siehe unten § 10 I 1 u. 3 c.

[61] Nur bei teilbaren Leistungen kommt eine Teilnichtigkeit in Betracht; siehe dann aber auch § 139 BGB.

[62] Siehe auch unten § 10 I 3.

[63] Zum Streitstand: *Bommert*, S. 83 ff.; KK / *Lutter*, § 57 Rn. 63; *Joost*, ZHR 149 (1885), 419, 421 ff.

des § 134 BGB[64]. Die Auslegung des § 30 I GmbHG deckt keine Anhaltspunkte dafür auf, daß Verstöße gegen die Vorschrift ausnahmsweise dann zur Nichtigkeit des betroffenen Rechtsgeschäfts führen sollen, wenn dieses mit einer bestimmten Gesinnung vorgenommen worden ist. Das ist eindeutig, so daß für die Heranziehung der Auslegungsregel des § 134 BGB auch hier kein Raum ist. Allerdings ist anerkannt, daß ein Rechtsgeschäft wegen Sittenwidrigkeit nichtig ist (§ 138 I BGB), wenn die Vertragsparteien mit ihm in beiderseitiger Kenntnis der Umstände einen Dritten (Gläubiger) schädigen wollen[65]. Das trifft auf Verfügungsgeschäfte zu, mit denen bewußt gegen § 30 I GmbHG verstoßen wird[66]. In diesem Fall kann es zwar zur Konkurrenz zwischen Ansprüchen aus § 31 GmbHG und § 985 BGB kommen. Das ist ausnahmsweise aber unbedenklich, weil es hier ohnehin keinen gutgläubigen Gesellschafter gibt, dessen Privilegierungen aus § 31 II und V GmbHG durch den Herausgabeanspruch (§ 985 BGB) überspielt werden könnten.

4. Wertverschiebungen durch Auf- und Verrechnungen

Was für verbotene (§ 30 I GmbHG) sachenrechtliche Verfügungsgeschäfte (Übertragungsgeschäfte) hinsichtlich möglicher Nichtigkeitsfolgen vertreten wird, wird weitgehend stillschweigend verallgemeinert und auf alle sonstigen Arten von Rechtsgeschäften ausgedehnt, die eine Auszahlung von Gesellschaftsvermögen beinhalten. Auch diese Rechtsgeschäfte sollen grundsätzlich wirksam sein[67].

a) Besonderheiten

Besonderheiten sollen nach teilweise vertretener Ansicht aber dann gelten, wenn die Gesellschaft die verbotene Auszahlung vornimmt, indem sie mit einer eigenen werthaltigen Forderung im Wege der Aufrechnung oder des Verrechnungsvertrages die nicht werthaltige Forderung eines Gesellschafters tilgt. Dabei

---

[64] Zweifelnd für Verpflichtungsgeschäfte auch: *Butzke*, ZHR 154 (1990), 357, 368.

[65] *Palandt / Heinrichs*, § 138 Rn. 61 ff.; *Staudinger / Dilcher*, § 138 Rn. 43 ff.

[66] Siehe auch: *Oetker*, KTS 1991, 521, 533.

[67] Siehe z. B.: *Tries*, S. 40 ff., der im Hinblick auf § 134 BGB nicht mehr zwischen einzelnen rechtsgeschäftlichen Auszahlungsvorgängen differenziert, sondern alle Arten von Erfüllungsgeschäften zusammenfaßt und gleich behandelt; ebenso: BGH, U. v. 8.7.1985, BGHZ 95, 188, 192.

kann die fehlende Werthaltigkeit auch darauf beruhen, daß die Forderung nicht durchsetzbar ist, weil sie ihre Ursache im Gesellschaftsverhältnis hat und die Erfüllung zu einer unzulässigen Beeinträchtigung der Stammkapitaldeckung führen würde (Aufrechnung gegen den Rückzahlungsanspruch aus einem eigenkapitalersetzenden Darlehen, gegen den Dividendenanspruch bei nachträglich entstandener Unterbilanz sowie gegen sonstige Forderungen des Gesellschafters, denen die Einrede mangelnder Stammkapitaldeckung entgegengehalten werden kann)[68]. Derartige Auszahlungsgeschäfte seien unwirksam, weil § 30 I GmbHG nach Sinn und Zweck ein Aufrechnungsverbot für die Gesellschaft beinhalte; dieses stehe auch der Wirksamkeit eines Verrechnungsvertrages entgegen[69].

Anders als bei Verfügungsgeschäften, die auf eine *gegenständliche* Übertragung von Vermögensgegenständen gerichtet seien, sei bei Auf- und Verrechnungen die Nichtigkeitsfolge ausnahmsweise sinnvoll und erforderlich. Denn der Verzicht auf die Nichtigkeitsfolge bei gegenständlichen Übertragungen beruhe unter anderem darauf, daß hier mit der Nichtigkeitsfolge das *reale* Ausscheiden des Gegenstandes aus dem Gesellschaftsvermögen und damit die Stammkapitalbeeinträchtigung ohnehin nicht verhindert werden könne. Die Nichtigkeitsfolge sei insoweit also kein taugliches Mittel zum Schutz der Stammkapitaldeckung. Das sei bei Auf- und Verrechnungen ganz anders. Nehme man bei einem Verstoß gegen § 30 I GmbHG deren Unwirksamkeit an, so sei damit die Stammkapitalbeeinträchtigung sofort beseitigt, ohne daß es – wie bei verbotenen gegenständlichen Übertragungen – noch einer Rückerstattung gem. § 31 GmbHG bedürfe. Für verbotene Auszahlungen durch Auf- und Verrechnungen führe dic Nichtigkeitsfolge daher zu einer effektiveren Absicherung der Stammkapitaldeckung, weil sie die GmbH davon entlaste, den Rückerstattungsanspruch aus § 31 GmbHG durchsetzen zu müssen[70]. Hinzu komme, daß die Gesellschaft bei Annahme der Wirksamkeit der verbotenen Aufrechnung bzw. des verbotenen Aufrechnungsvertrages unwiderbringlich die Sicherheiten verliere, die für die bei der Auf- oder Verrechnung von ihr ge-

---

[68] Dazu schon oben § 4 IV.

[69] *Joost*, ZHR 148 (1984), 27, 43 ff.; *Dressel*, S. 277, beschränkt auf Auf- und Verrechnungen mit Rückzahlungsansprüchen aus eigenkapitalersetzenden Darlehen; offengelassen von BGH, U. v. 10.5. 1993, WM 1993, 1132, 1133.

[70] *Joost*, ZHR 148 (1984), 27, 49.

opferte Forderung – möglicherweise – bestanden haben. Das sei mit Blick auf die Effektivität der Kapitalsicherung zweckwidrig[71].

Überwiegend werden allerdings auch für verbotene einseitige Aufrechnungen der Gesellschaft sowie Verrechnungsverträge Nichtigkeitsfolgen abgelehnt[72]. Ebenso wie bei Auszahlungen durch gegenständliche Übertragungen müsse auch hier vermieden werden, daß die Vergünstigungen, die § 31 II und V GmbHG für den gutgläubigen Gesellschafter vorsehe (Recht, die Zuwendung zu behalten, soweit nicht Gläubigerinteressen entgegenstehen; i. d. R. kürzere Verjährung), überspielt werden[73]. Dies erfordere zunächst die Annahme der Wirksamkeit auch von Auf- und Verrechnungen und anschließend die Rückgewähr unter den Modalitäten des § 31 GmbHG.

b) Stellungnahme

Im Kern sind es zunächst Gründe der Praktikabilität, die für die Lösung der Mindermeinung (Unwirksamkeit von Auf- und Verrechnungen) sprechen: Verzichtet wird auf ein vermeintlich überflüssiges Hin und Her durch wirksame Auf- bzw. Verrechnung einerseits und Rückerstattung nach § 31 GmbHG andererseits. Allerdings müßten diese Praktikabilitätsgesichtspunkte konsequenterweise dazu führen, auch andere rechtsgeschäftliche Auszahlungsvorgänge mit der Nichtigkeitsfolge zu belegen. Tritt die Gesellschaft unter Verstoß gegen § 30 I GmbHG eine Forderung ab, nimmt sie eine Sicherungsübereignung an den Gesellschafter vor oder bestellt ihm eine Grundschuld, so handelt es sich ebenfalls um rechtsgeschäftliche Auszahlungsvorgänge, bei denen eine mögliche Beeinträchtigung der Stammkapitaldeckung unmittelbar und ohne den Umweg über die vorherige Durchsetzung eines Erstattungsanspruchs entfiele, wenn man nur die Nichtigkeit dieser Rechtsgeschäfte annähme. Bislang ist diese Konsequenz von niemandem gezogen worden. Ungeachtet dessen wird man der Unwirksamkeitslösung der Mindermeinung nicht schon deshalb folgen können, weil sie praktikabel ist. Erforderlich ist vielmehr, daß sie sich methodisch einwandfrei herleiten läßt und mit den Wertungen der §§ 30, 31 GmbHG in Einklang steht.

---

[71] *Joost*, ZHR 148 (1984), 27, 48.

[72] *Westermann*, FS Oppenhoff, S. 535, 552 f.; *Scholz / Westermann*, § 30 Rn. 26; *Ziche*, S. 70 f.; *Tries*, S. 42 Fn. 85; *Frey*, S. 60, 70 f.; BGH, U. v. 8.7.1985, BGHZ 95, 188, 192.

[73] *Westermann*, FS Oppenhoff, S. 535, 552 f.; siehe auch oben § 8 III 3.

Dem Wortlaut nach enthalten die §§ 30, 31 GmbHG kein Aufrechnungsverbot zum Schutz der Stammkapitaldeckung. Allerdings sind dem GmbHG Aufrechnungsverbote zur Sicherung des Gesellschaftsvermögens nicht unbekannt. Im Bereich der Kapitalaufbringung wird aus dem gegen den Gesellschafter gerichteten Aufrechnungsverbot gem. § 19 II 2 GmbHG hergeleitet, daß auch die Gesellschaft mit der Einlageforderung nicht gegen eine nicht fällige oder wertlose Gegenforderung des Gesellschafters aufrechnen und damit das Gesellschaftsvermögen schädigen kann[74].

Die unter Verstoß gegen § 30 I GmbHG erfolgenden Aufrechnungen der Gesellschaft sind mit den genannten unwirksamen Aufrechnungen im Bereich der Kapitalaufbringung insoweit vergleichbar, als die Gesellschaft ebenfalls eine werthaltige Forderung für eine Forderung des Gesellschafters opfert, die wertlos ist. Dabei beruht die Wertlosigkeit der Forderung hier häufig darauf, daß ihr die Einrede mangelnder Stammkapitaldeckung[75] entgegensteht und sie daher für den Gesellschafter – zumindest vorübergehend – nicht durchsetzbar ist.

Gleichwohl läßt sich im Wege der Analogie aus § 19 II GmbHG für den Bereich der Kapitalerhaltung ein Grundsatz des Inhalts, daß die Gesellschaft bei drohender Beeinträchtigung der Stammkapitaldeckung nur gegen vollwertige Forderungen des Gesellschafters wirksam aufrechnen kann, nicht herleiten. Zum einen dienen die sich aus § 19 II 2 GmbHG ergebenden Aufrechnungsbeschränkungen für die Gesellschaft der Sicherung einer Forderung, die unter dem besonderen Schutz der Rechtsordnung steht, nämlich der Einlageforderung. Einen solchen Schutz genießen diejenigen Forderungen i. d. R. nicht, die die Gesellschaft bei Auf- und Verrechnungen unter Verstoß gegen § 30 I GmbHG zur Tilgung der nicht voll werthaltigen Gesellschafterforderung einsetzt[76].

Zum anderen weist die h. M. zutreffend darauf hin, daß die in § 31 II und V GmbHG vorgesehenen Vergünstigungen für den gutgläubigen Gesellschafter überspielt werden, wenn man Auf- und Verrechnungen unter Verstoß gegen § 30 I GmbHG generell als unwirksam ansieht. Aus diesem Grund bedeutet es eben doch kein überflüssiges Hin und Her, zunächst die Wirksamkeit dieser Vorgänge anzuerkennen und dann anschließend – allerdings unter den Modalitäten des § 31 GmbHG – die Rückerstattung vorzunehmen.

---

[74] *Baumbach / Hueck / Hueck*, § 19 Rn. 18; *Lutter / Hommelhoff*, § 19 Rn. 16 ff.

[75] Einzelheiten dazu unten § 9 I 1.

[76] Zur Aufrechnung mit Erstattungsforderungen aus § 31 GmbHG siehe unten § 10 III 2.

Den zuletzt genannten Einwand gegen ihre Lösung hat die Mindermeinung wohl erkannt[77]. Daher sollen die verbotenen Auf- und Verrechnungen ausnahmsweise wirksam sein, wenn der begünstigte Gesellschafter gutgläubig i. S. d. § 31 II GmbHG war. Um § 31 V GmbHG nicht auszuhöhlen, solle die Vorschrift trotz der Unwirksamkeit der Aufrechnung entsprechend auf die weitere Durchsetzung der Gesellschaftsforderung gegen den Gesellschafter angewendet werden. Das alles klingt recht konstruiert. Die Möglichkeit, ein Aufrechnungsverbot mittels Gutgläubigkeit zu überwinden, läßt sich dogmatisch kaum begründen.

Ferner hilft der Mindermeinung auch das Argument nicht weiter, bei Annahme der Wirksamkeit der Auf- und Verrechnungen könne die Gesellschaft unwiderbringlich Sicherheiten verlieren, die für die bei der Auf- / Verrechnung geopferte Gesellschaftsforderung bestanden haben. Das trifft zwar zu. Doch ist die Gesellschaft ausreichend geschützt, weil der Erstattungsanspruch (§ 31 I GmbHG) durch die Ausfallhaftung der Mitgesellschafter (§ 31 III GmbHG) abgesichert wird. Insoweit kommen dieselben Wertungen zur Geltung, die bei verbotenen Übertragungsgeschäften dazu geführt haben, auf die Nichtigkeitsfolge und damit die weitere Absicherung der Gesellschaft durch einen Vindikationsanspruch zu verzichten[78].

Schließlich ergeben sich auch aus dem Schuldrecht keine Gesichtspunkte, die gegen die Wirksamkeit der Auf- bzw. Verrechnungen sprechen. Zwar kann die Gesellschaft gem. § 387 BGB nur aufrechnen, wenn sie die ihr „obliegende Leistung bewirken kann". Das ist aber nicht deshalb ausgeschlossen, weil die von ihr erklärte Aufrechnung gem. § 30 I GmbHG verboten ist[79]. Die Einschränkung in § 387 BGB dient allein den Interessen des Aufrechnungsgegners am Fortbestand von Forderungen. Die Aufrechnung soll dann nicht möglich sein, wenn der Aufrechnungsgegner die Erfüllung der Forderung noch nicht zu dulden braucht[80]. Die der Gesellschaft gem. § 30 I GmbHG verbotene Aufrechnung beeinträchtigt aber keine Interessen des Gesellschafters, im Gegenteil, sie ist ihm regelmäßig hochwillkommen. Auch für gem. § 30 I GmbHG verbotene Auf- und Verrechnungen bleibt es also entgegen der Mindermeinung

---

[77] *Joost*, ZHR 148 (1984), 27, 50 f.

[78] Siehe oben § 8 III 3 a.

[79] Zur Erfüllungswirkung (§ 362 BGB) verbotswidriger Auszahlungen siehe unten § 10 I 3 b u. § 12 III 1.

[80] *Gernhuber*, S. 231; siehe auch: BGH, U. v. 25.10.1989, NJW-RR 1990, 159, 160; U. v. 29.9. 1969, NJW 1970, 41, 42; RG, U. v. 28.6.1943, RGZ 171, 215, 221.

dabei, daß sie – ebenso wie die übrigen rechtsgeschäftlichen Auszahlungsvorgänge – nicht mit einer Nichtigkeitsfolge belegt sind.

IV. Zwischenergebnis

Gesellschaft und Gesellschafter können ein Verpflichtungsgeschäft, das den Gesellschafter begünstigt, unter dem Vorbehalt schließen, daß es nicht aus dem zur Erhaltung des Stammkapitals erforderlichen Vermögen erfüllt werden muß. Dann scheidet ein Konflikt mit § 30 I GmbHG von vornherein aus. Regelmäßig wird sich aber nicht feststellen lassen, daß die Vertragspartner einen derartigen Vorbehalt vereinbart haben. Gleichwohl wird auch in diesem Fall die Wirksamkeit des Verpflichtungsgeschäfts durch § 30 I GmbHG grundsätzlich nicht berührt. Weder beschränkt § 30 I GmbHG die Vertretungsmacht des Geschäftsführers zu dessen Abschluß, noch läßt sich aus der Vorschrift i. V. m. § 134 BGB eine Nichtigkeitsfolge für Verpflichtungsgeschäfte herleiten. Ebenfalls grundsätzlich wirksam sind Auszahlungsbeschlüsse sowie rechtsgeschäftliche Auszahlungsvorgänge (Übereignungen, Auf- und Verrechnungen), mit denen unter Verstoß gegen § 30 I GmbHG Vermögen an Gesellschafter fließt. Mit dem Ausschluß von Nichtigkeitsfolgen wird hier sichergestellt, daß die Wertungen des § 31 GmbHG – insbesondere durch konkurrierende Ansprüche aus dem allgemeinen Zivilrecht – nicht unterlaufen werden.

§ 9 Die Auswirkungen der §§ 30, 31 GmbHG auf die Rechte der Vertragsparteien zwischen Abschluß des auf die Gesellschafterbegünstigung gerichteten Verpflichtungsgeschäfts und dessen Erfüllung

Hat sich die Gesellschaft dem Gesellschafter gegenüber zu einer Vorteilsgewährung verpflichtet, fragt sich, welche Rechte den Vertragsparteien zustehen, sobald sich zeigt, daß die Erfüllung der Leistungspflichten nur unter Verstoß gegen § 30 I GmbHG möglich ist und für diesen Fall keine vertragliche Vereinbarung getroffen worden ist[1].

---

[1] Zur Rechtslage, wenn die Parteien den Vertrag unter dem Vorbehalt der Vereinbarkeit mit § 30 I GmbHG geschlossen haben, siehe oben § 8 I.

I. Leistungsverweigerungsrecht der GmbH

1. Einwendung oder Einrede?

Einigkeit besteht darüber, daß der Gesellschafter die Erfüllung einer Auszahlungsverpflichtung nicht erzwingen kann, wenn damit ein Verstoß gegen § 30 I GmbHG verbunden sein würde[2].

Nach teilweise vertretener Ansicht soll dem Auszahlungsanspruch eine aus § 30 I GmbHG herleitbare Einwendung mangelnder Stammkapitaldeckung entgegenstehen, die im Prozeß des Gesellschafters gegen die Gesellschaft von Amts wegen zu berücksichtigen ist[3]. Die Annahme einer materiellrechtlichen Einwendung ist allerdings bedenklich. Zunächst würde sie die als gesichert geltende Erkenntnis in Frage stellen, daß § 30 I GmbHG auf die Wirksamkeit von Verpflichtungsgeschäften zwischen Gesellschaft und Gesellschafter keinen Einfluß hat[4]. Denn Folge der Annahme einer Einwendung wäre die schwebende Unwirksamkeit des Verpflichtungsgeschäfts. Des weiteren müßte man Auszahlungen, die unter Mißachtung dieser Einwendung erfolgten, die Erfüllungswirkung (§ 362 BGB) versagen. Denn wegen der schwebenden Unwirksamkeit (Einwendung) bestünde ja kein erfüllbarer Auszahlungsanspruch. Das hätte die unliebsame Konsequenz, daß der Gesellschaft neben dem Erstattungsanspruch aus § 31 GmbHG auch Bereicherungsansprüche gem. §§ 812 ff. BGB zustünden[5], mit denen die Wertungen des § 31 GmbHG – insbesondere die Privilegierungen des gutgläubigen Gesellschafters in § 31 II und V GmbHG – unterlaufen werden könnten. Schon in anderem Zusammenhang hat sich aber gezeigt, daß es nicht dem Zweck der §§ 30, 31 GmbHG entspricht, konkurrierende Erstattungsansprüche aus dem allgemeinen Zivilrecht zum Entstehen zu bringen[6].

Die h. M. will aus § 30 I GmbHG auch nur ein Recht der Gesellschaft herleiten, die Erfüllung einer Verpflichtung – vorübergehend – zu verweigern, solange sie nur unter Inanspruchnahme des gebundenen Vermögens erfolgen

---

[2] Besonderheiten gelten für die Leistungsverweigerung in Drittbeteiligungsfällen; dazu unten § 11 III.

[3] *Stimpel*, FS 100 Jahre GmbH-Gesetz, S. 335, 356; *Fleck*, ZHR 156 (1992), 81, 82; *derselbe*, FS 100 Jahre GmbH-Gesetz, S. 391, 407 Fn. 74.

[4] Dazu oben § 8 III 1.

[5] Vgl. auch: *Staudinger / Dilcher*, Einl. zu §§ 104 ff. Rn. 74 m. w. N.

[6] Siehe oben § 8 III 3.

könnte[7]. Allerdings stehe die Geltendmachung dieses Leistungsverweigerungsrechts nicht im Belieben der Gesellschaft, sondern es bestehe eine entsprechende Handlungspflicht[8]. Dem ist im Ergebnis zuzustimmen, obwohl der Wortlaut des § 30 I GmbHG nicht ohne weiteres auf ein derartiges Leistungsverweigerungsrecht schließen läßt. Zutreffenderweise wird man daher zu dessen Begründung auf § 31 I GmbHG i. V. m. § 242 BGB zurückgreifen müssen. § 242 BGB beinhaltet das Verbot mißbräuchlicher Rechtsausübung. Dieses hat eine Konkretisierung in dem Grundsatz gefunden, daß niemand verlangen kann, was er alsbald zurückerstatten muß („dolo agit, qui petit, quod statim redditurus est")[9]. Die Berechtigung der Gesellschaft zur Leistungsverweigerung ergibt sich also daraus, daß im Falle der Leistung diese gem. § 31 I GmbHG vom Gesellschafter postwendend zurückzuerstatten wäre. Der Erfüllungsanspruch des Gesellschafters kann erst dann durchgesetzt werden, wenn sich die Vermögenslage der Gesellschaft so weit gebessert hat, daß das Stammkapital wieder gedeckt ist[10] und genügend ungebundenes Vermögen vorhanden ist, um den Anspruch zu erfüllen.

2. *Wegfall des Leistungsverweigerungsrechts bei freiwilliger Aufzahlung*

Von dem genannten Grundsatz ist eine Ausnahme zu machen. Das Leistungsverweigerungsrecht kann dem Gesellschafter trotz mangelnder Stammkapitaldeckung dann nicht entgegengehalten werden, wenn dieser bereit ist, den mit der Erfüllung des Verpflichtungsgeschäfts verbundenen Vermögensverlust der Gesellschaft durch eine Geldleistung auszugleichen. Würde die Erfüllung des Verpflichtungsgeschäfts nur teilweise zu Lasten des gebundenen Vermögens erfolgen, muß nicht einmal der volle Vermögensverlust ausgeglichen werden, sondern nur der Anteil, der zu Lasten der Stammkapitaldecke ginge. Denn das Leistungsverweigerungsrecht soll der Gesellschaft nach Sinn und Zweck nur zustehen, soweit im Bereich unterhalb der Stammkapitalgrenze ein Nettovermögensverlust droht. Eine derartige freiwillige Aufzahlung wird die Gesell-

---

[7] BGH, U. v. 14.1.1953, GmbHR 1953, 58, 59; *Scholz / Westermann*, § 30 Rn. 11; *Hachenburg / Goerdeler / Müller*, § 30 Rn. 75; *Roth*, § 30 Anm. 2.3.; *Baumbach / Hueck / Hueck*, § 30 Rn. 21; *Goutier / Seydel*, §§ 30, 31 Rn. 10; *Kübler*, S. 236; *Meister*, WM 1980, 390, 394 f.; *Tries*, S. 39; *Oetker*, KTS 1991, 521, 533; unklar: *Lutter / Hommelhoff*, § 30 Rn. 32 u. 37.

[8] *Scholz / Westermann*, § 30 Rn. 11; *Baumbach / Hueck / Hueck*, § 30 Rn. 21.

[9] *Palandt / Heinrichs*, § 242 Rn. 52 m. w. N.

[10] Zu den Besonderheiten bei einigen Rücklagen siehe oben § 6 III 1 u. 2.

schaft ihrerseits nicht ablehnen dürfen, weil das Verpflichtungsgeschäft wirksam ist[11] und sie daher nach Treu und Glauben (§ 242 BGB) alles ihr Zumutbare unternehmen muß, um die Abwicklung des Vertrages zu fördern[12]. Die Möglichkeit zur freiwilligen Aufzahlung kann für den Gesellschafter interessant sein, wenn die Gesellschaft ihm zunächst eine Leistung zu einem Vorzugspreis versprochen hat, er aber auch zu einem angemessenen Preis an der Leistung interessiert ist oder aber der Betrag der erforderlichen Aufzahlung immer noch niedriger ist als die Differenz zwischen dem vereinbarten und dem angemessenen Preis.

Allerdings kann die Gesellschaft ihrerseits nicht gegen den Willen des Gesellschafters die Aufzahlung und damit den Leistungsaustausch zu angemessenen Konditionen verlangen[13]. Der Gesellschafter hat ein schützenswertes Interesse daran, daß ihm die Leistung der Gesellschaft nicht zu einem Preis aufgedrängt wird, den er niemals bereit war zu zahlen. Dieses ergibt sich aus dem Grundsatz der Vertragsfreiheit, der eine Erscheinungsform der Privatautonomie ist[14]. Um den mit den §§ 30, 31 GmbHG angestrebten Schutz des Gesellschaftsvermögens zu erreichen, ist es nicht erforderlich und damit auch nicht gerechtfertigt, die Privatautonomie dadurch einzuschränken, daß das Verpflichtungsgeschäft gegen den Willen des Gesellschafters zum Vorteil der Gesellschaft nachträglich korrigiert wird.

II. Rücktrittsrecht des Gesellschafters

Hat sich die Gesellschaft dem Gesellschafter gegenüber vertraglich verpflichtet, eine Leistung zu einem Vorzugspreis zu erbringen oder eine Leistung des Gesellschafters zu einem überhöhten Preis abzunehmen, und kommt es zunächst nicht zur Vertragsabwicklung, weil die Gesellschaft das Leistungsverweigerungsrecht aus §§ 31 I GmbHG, 242 BGB geltend macht[15], kann der Gesellschafter ein Interesse daran haben, von dem Vertrag zurückzutreten. Das kann darauf beruhen, daß der von der Gesellschaft versprochene Leistungsgegenstand – so preisgünstig er auch immer ist – für den Gesellschafter nur dann

[11] Siehe oben § 8 II 1 u. III 1.

[12] A. A.: *Flume*, ZHR 144 (1980), 18, 23.

[13] Insoweit zutreffend: *Flume*, ZHR 144 (1980), 18, 23.

[14] Dazu: *Palandt / Heinrichs*, Einf v § 145 Rn. 7 ff.

[15] Siehe oben § 9 I 1.

von Nutzen ist, wenn er ihn sofort und nicht erst in ungewisser Zukunft erhält. Auch kann der Gesellschafter, der der Gesellschaft eine Sache zu einem überhöhten Preis verkauft hat, daran interessiert sein, die Sache lieber sofort zu einem niedrigeren Preis an einen Dritten weiterzuverkaufen als sie auf ungewisse Zeit für die Gesellschaft vorzuhalten und auf eine Verbesserung ihrer Vermögenslage zu hoffen, damit es doch noch zur Durchführung des Vertrages kommen kann.

Da der Erfüllungsanspruch des Gesellschafters aber wegen des Leistungsverweigerungsrechts der Gesellschaft noch nicht fällig ist, kann er die Gesellschaft nicht in Verzug setzen (§ 284 BGB) und gibt ihm § 326 I BGB dem Wortlaut nach daher kein Rücktrittsrecht. Gleichwohl muß dem Gesellschafter ein solches Recht auch ohne Vorliegen der Verzugsvoraussetzungen zugestanden werden. Denn analog § 326 I BGB wird ein Rücktrittsrecht auch dann gewährt, wenn die spätere Durchführung des Vertrages so ungewiß geworden ist, daß dem Gläubiger ein Abwarten des Fälligkeitstermins und die anschließende Inverzugsetzung nicht zugemutet werden können, ohne daß es darauf ankommt, ob der Schuldner diese Ungewißheit veranlaßt und zu vertreten hat[16]. Allerdings hängt die Ausübung des Rücktrittsrechts durch den Gesellschafter dann nicht von einer vorherigen Fristsetzung mit Ablehnungsandrohung ab. Da die Forderung des Gesellschafters nicht fällig ist, kann er auch keine Frist zu ihrer Erfüllung setzen. Vielmehr reicht es für die Rücktrittsberechtigung des Gesellschafters aus, daß die Abwicklung des Vertrages wegen des Leistungsverweigerungsrechts der Gesellschaft auf unbestimmte Zeit verschoben ist.

III. Zwischenergebnis

Hat sich die Gesellschaft dem Gesellschafter gegenüber zu einer Auszahlung verpflichtet, deren Vornahme nur unter Verstoß gegen § 30 I GmbHG möglich ist, kann und muß sie die Leistung – vorübergehend – verweigern. Das Leistungsverweigerungsrecht leitet sich aus dem Grundsatz her, daß niemand verlangen kann, was er alsbald zurückerstatten muß (§§ 242 BGB i. V. m. 31 I GmbHG). Das Recht erlischt wieder, wenn erneut genügend ungebundenes Vermögen vorhanden ist, um daraus den Auszahlungsanspruch zu erfüllen. Es steht

---

[16] *Soergel / Wiedemann*, § 326 Rn. 12; BGH, U. v. 10.12.1975, WM 1976, 75 f., wonach es aber statt der Inverzugsetzung erforderlich sein soll, den Schuldner zur Erklärung darüber aufzufordern, ob er fristgemäß leisten werde. Das ist vorliegend überflüssig, weil die GmbH selbst nicht wissen wird, ob und wann sich ihre Vermögenslage wieder bessern wird.

der Gesellschaft auch dann nicht zu, wenn der Gesellschafter freiwillig bereit ist, eine Geldleistung zu erbringen, die den Verlust an Stammkapital ausgleicht, der als Folge der Auszahlung droht. Andererseits hat die Gesellschaft keinen Anspruch darauf, daß der Gesellschafter eine solche Ausgleichszahlung erbringt, um die Erfüllung eines Verpflichtungsgeschäfts ohne Verstoß gegen § 30 I GmbHG zu ermöglichen. Wird die Abwicklung eines zwischen Gesellschaft und Gesellschafter geschlossenen Verpflichtungsgeschäfts wegen des Leistungsverweigerungsrechts der Gesellschaft auf unbestimmte Zeit verschoben, kann der Gesellschafter von dem Vertrag zurücktreten.

2. Teil

Die Folgen verbotswidriger Auszahlungen

§ 10 Der Erstattungsanspruch gem. § 31 I GmbHG gegen den Gesellschafter

I. Gegenstand der Ausgleichspflicht

Gem. § 31 I GmbHG muß der begünstigte Gesellschafter verbotswidrig erhaltene Zuwendungen „erstatten". Die Bestimmung des Gegenstandes dieser Erstattungspflicht wirft dann keine Probleme auf, wenn dem Gesellschafter einseitig eine Geldsumme zugewendet worden ist. Diese ist selbstverständlich in Geld zu erstatten. Gleiches gilt für Zuwendungen, die ihrer Natur nach nur wertmäßig rückgängig gemacht werden können (z. B. Dienstleistungen)[1]. Ebenso selbstverständlich reicht es nicht schon aus, daß sich die Gesellschaft damit begnügt, den Ausgleichsanspruch zu aktivieren[2], dann aber dessen Geltendmachung zunächst unterläßt[3]. Zwar wird bereits mit der Aktivierung des Anspruchs das Bilanzreinvermögen wieder auf den Stand vor der der verbotenen Auszahlung gebracht, und bei einer rein bilanzorientierten Betrachtung ist der Eingriff in das Gesellschaftsvermögen damit beseitigt. Eine ausschließlich bilanzorientierte Betrachtung wird aber – wie bereits verschiedentlich gezeigt – dem Zweck der Kapitalerhaltungsvorschriften nicht immer gerecht. Das gilt auch hier. Der Erstattungsanspruch muß daher auch tatsächlich geltend gemacht werden.

Probleme bereitet der Inhalt des Erstattungsanspruchs, wenn der Gesellschafter verbotswidrig gegenständliche Zuwendungen erhalten hat. Hier fragt sich, ob er den Zuwendungsgegenstand selbst zurückgeben oder aber einen entsprechenden Geldbetrag zahlen muß. Bei Zuwendungen, die im Rahmen eines Austauschver-

---

[1] *Baumbach / Hueck / Hueck*, § 31 Rn. 13.

[2] Zur Behandlung des Anspruchs in der Bilanz: *Baumbach / Hueck / Schulze-Osterloh*, § 42 Rn. 93.

[3] Zutreffend: *Hommelhoff*, FS Kellermann, S. 165, 167.

trages mit wechselseitigen Leistungspflichten erfolgt sind, muß entschieden werden, ob die Erstattung (§ 31 I GmbHG) durch Rückabwicklung der wechselseitig erbrachten Leistungen zu vollziehen ist oder ob der Gesellschafter einen Geldbetrag in Höhe der Wertdifferenz zwischen Leistung und Gegenleistung (Nettovorteil) entrichten muß.

1. Meinungsstand

Die Lösung der aufgeworfenen Fragen ist äußerst umstritten. Drei unterschiedliche Ansichten lassen sich erkennen.

Nach noch h. M. sind verbotene Auszahlungen ihrem Gegenstand nach zurückzuerstatten[4]. Auch wenn es nicht ausdrücklich gesagt wird, kann das für wechselseitig erbrachte Leistungen mit einem Verpflichtungsüberschuß für die GmbH nur bedeuten, daß sowohl die Gesellschaft als auch der Gesellschafter die jeweils erhaltene Leistung gegenständlich zurückzugewähren haben. Daß der Leistungsgegenstand selbst und nicht etwa ein entsprechender Geldbetrag zu erstatten ist, wird damit begründet, Zweck des § 31 I GmbHG sei die Wiederherstellung jener Vermögenslage, die bereits vor der Auszahlung bestand; was zuvor Gegenstand des Gesellschaftsvermögens gewesen sei, müsse wieder Gegenstand des Gesellschaftsvermögens werden[5]. Diese Lösung habe im übrigen gegenüber einer Pflicht zu einer rein wertmäßigen Erstattung den Vorzug größerer Praktikabilität. Man brauche sich nicht mit den regelmäßig schwierigen Problemen der Bewertung des Auszahlungsgegenstandes zu befassen[6]. Dabei wird unterstellt, daß sich nachträgliche Wertveränderungen am ausgezahlten Vermögensgegenstand ausschließlich zu Lasten oder zugunsten der Gesellschaft auswirken, diese also das „Wertrisiko" trägt[7]. Wenn allerdings die ursprüngliche Sachleistung nicht mehr im Vermögen des Gesellschafters vorhanden und die gegenständliche Herausgabe damit unmöglich sei, sei der Anspruch aus § 31 I GmbHG ausnahmsweise auf Wertersatz in Geld gerichtet[8].

---

[4] *Baumbach / Hueck / Hueck*, § 31 Rn. 13; *Scholz / Westermann*, § 31 Rn. 2; *Rowedder / Rowedder*, § 31 Rn. 8; *Roth*, § 31 Anm. 2.1.; *Lutter / Hommelhoff*, § 31 Rn. 1 u. 7 mit Einschränkungen; *Butzke*, ZHR 154 (1990), 357, 370 f.; *Hommelhoff*, FS Kellermann, S. 165, 167; BGH, U. v. 8.7. 1985, BGHZ 95, 188, 192 f.

[5] *Hommelhoff*, FS Kellermann, S. 165, 167 f.

[6] *Hommelhoff*, FS Kellermann, S. 165, 168; ähnlich: *Scholz / Westermann*, § 31 Rn. 2.

[7] *Hommelhoff*, FS Kellermann, S. 165, 168; *Scholz / Westermann*, § 31 Rn. 2.

[8] *Scholz / Westermann*, § 31 Rn. 2; ähnlich: *Rowedder / Rowedder*, § 31 Rn. 8.

Dem hält eine sich im Vordringen befindende Meinung entgegen, § 30 I GmbHG sei nur auf die wertmäßige Sicherung eines Reinvermögens, nicht aber auf die Erhaltung bestimmter Gegenstände gerichtet[9]. Da es also nicht auf einen bestimmten Vermögensgegenstand ankomme, sei der Erstattungsanspruch gem. § 31 I GmbHG in jedem Fall auf Wertausgleich in Geld gerichtet[10]. Mit diesem Konzept könne insbesondere das Problem der verdeckten Gewinnausschüttungen durch unausgewogene Austauschverträge angemessen gelöst werden. Der Verstoß gegen § 30 I GmbHG liege hier nicht in der Erbringung einer Sache oder Dienstleistung durch die Gesellschaft, sondern allein in der Zuwendung des Vorteils, der sich aus der Differenz zwischen dem Wert der Leistung der Gesellschaft und der des Gesellschafters errechne[11]. Ferner führe eine Pflicht zur gegenständlichen Rückgewähr zu einer Lücke im Vermögensschutz, wenn der Gesellschafter den Gegenstand nicht herausgeben könne. Vom Standpunkt der h. M. aus lasse sich die Werterstattungspflicht, die in diesem Fall ausnahmsweise eingreifen soll, nur mit der Anwendung der §§ 275 ff. BGB begründen[12]. Dann aber könne keine Zahlungspflicht bestehen, wenn den Gesellschafter kein Verschulden daran treffe, daß die Herausgabe des Auszahlungsgegenstandes unmöglich geworden sei[13]. Das allerdings beeinträchtige die Effektivität der Kapitalerhaltung.

Schließlich wird auch die Ansicht vertreten, dem Gesellschafter müsse die Wahl eingeräumt werden, ob er die Auszahlung durch gegenständliche Rückabwicklung oder Zahlung der Wertdifferenz erstatten wolle[14]. Das soll sich aus der gesellschaftlichen Treuepflicht ergeben[15] oder zumindest deswegen mög-

---

[9] *Tries*, S. 43; *Zacher*, S. 157; *Joost*, ZHR 148 (1984), 27, 53 f.; *Röhrkasten*, Die verdeckte Gewinnausschüttung, S. 115 f.; *Dressel*, S. 272.

[10] *Döllerer*, Verdeckte Gewinnausschüttungen, S. 165; *Joost*, ZHR 148 (1984), 27, 54; *Tries*, S. 43; unklar: *Zacher*, S. 157.

[11] *Tries*, S. 43.

[12] So tatsächlich noch: *Hachenburg / Goerdeler / Müller*, 7. Aufl., § 31 Rn. 12.

[13] *Joost*, ZHR 148 (1984), 27, 53; *Tries*, S. 43.

[14] *Fleck*, ZHR 156 (1992), 81, 82; *K. Schmidt*, Gesellschaftsrecht, § 37 III 2 a, S. 945; *Ulmer*, FS 100 Jahre GmbH-Gesetz, S. 363, 379 f.; *Lutter / Hommelhoff*, § 31 Rn. 7 bei leicht wiederbeschaffbaren Auszahlungsgegenständen; tendenziell für Wahlrecht wohl auch: *Hachenburg / Goerdeler / Müller*, § 31 Rn. 25.

[15] *Fleck*, ZHR 156 (1992), 81, 82.

lich sein, weil das Prinzip der bloß rechnerischen Wertbindung nicht zur Rückgabe in Natur verpflichtet[16].

2. *Zweck des § 31 I GmbHG*

Die Entscheidung in dem Meinungsstreit kann nur mit Blick auf den Zweck des § 31 I GmbHG getroffen werden. Die Vorschrift will Vermögensverschiebungen an Gesellschafter rückgängig machen, die bei der Gesellschaft den Bereich unterhalb der Stammkapitalgrenze berühren[17]. Es geht hier also um Fragen der Vermögenszuordnung[18], nicht aber etwa um eine Schadensersatzhaftung[19]. Der Funktion nach steht § 31 I GmbHG daher durchaus dem Bereicherungsrecht nahe[20]. Allerdings will § 31 I GmbHG die Vermögenszuordnung nicht gegenständlich absichern, sondern nur wertmäßig. Das ergibt sich aus dem Prinzip der bilanziellen Deckung des Stammkapitals, das auf den Schutz eines Nettovermögens zielt[21]. Das wird von den Befürwortern einer gegenständlichen Rückerstattungspflicht nicht hinreichend berücksichtigt. Auf der anderen Seite folgt aus dem Prinzip der wertmäßigen Sicherung des Gesellschaftsvermögens auch nicht zwingend, daß der Erstattungsanspruch von vornherein auf eine Geldzahlung gerichtet sein *muß*, wie die Gegenansicht meint. Vielmehr läßt das Prinzip der wertmäßigen Sicherung des Gesellschaftsvermögens mehrere Möglichkeiten offen, den Inhalt des Erstattungsanspruchs auszugestalten. Sowohl die Rückabwicklung der (wechselseitig) erbrachten Leistungen als auch eine Geldleistung in Höhe der Differenz zwischen Gesellschafts- und Gesellschafterleistung führen zu dem angestrebten Erfolg, der wertmäßigen Rückgängigmachung der Zuwendung an den Gesellschafter. Aus dem Zweck des § 31 I GmbHG lassen sich damit weder für eine gegenständli-

---

[16] *K. Schmidt*, Gesellschaftsrecht, § 37 III 2 a, S. 945; *Hachenburg / Goerdeler / Müller*, § 31 Rn. 25; ähnlich: *Ulmer*, FS 100 Jahre GmbH-Gesetz, S. 363, 379, der darauf hinweist, daß aus Gläubigersicht gegen das Wahlrecht des Gesellschafters keine Bedenken bestehen.

[17] Zu den Besonderheiten, die für bestimmte Rücklagen gelten, siehe oben § 6 III 1 u. 2.

[18] Siehe bereits oben § 4 II 1 u. 2.

[19] Ähnlich: *Bommert*, S. 101, für die Kapitalbindung nach dem AktG.

[20] Ähnlich für die Kapitalerhaltung im Aktienrecht: *Bommert*, S. 100 f.; *Canaris*, FS Fischer, S. 31, 44. Das ändert allerdings nichts daran, daß die §§ 814, 817, 818 III BGB – wie die h. M. zutreffend betont – auf Ansprüche aus § 31 GmbHG keine Anwendung finden: *Baumbach / Hueck / Hueck*, § 31 Rn. 3; *Hachenburg / Goerdeler / Müller*, § 31 Rn. 2.

[21] Dazu oben § 2.

che noch für eine geldwertmäßige Erstattungspflicht zwingende Argumente herleiten.

3. Vor- und Nachteile der einzelnen Lösungsvorschläge und eigene Lösung

Da das dem § 31 I GmbHG zugrundeliegende Konzept der wertmäßigen Rückerstattung sowohl Raum für eine Werterstattungspflicht in Geld als auch für eine gegenständliche Rückerstattungspflicht läßt, ist ein näherer Blick auf die Vor- und Nachteile der genannten Lösungsvorschläge erforderlich, um eine Entscheidung im Streit über den Inhalt des Erstattungsanspruchs treffen zu können.

a) Werterstattung in Geld

Die Vorzüge eines Werterstattungsanspruchs in Geld zeigen sich dann, wenn die Gesellschaft dem Gesellschafter einen einzelnen Gegenstand zugewendet hat, die Zuwendung aber nur zu einem geringen Betrag zu Lasten der Stammkapitaldeckung erfolgt ist. Das ist z. B. der Fall, wenn die Gesellschaft dem Gesellschafter ein Grundstück im Wert von 300.000 DM schenkt und als Folge eine Unterbilanz i. H. v. 100.000 DM entsteht. Hier ist dem Zweck des § 31 I GmbHG Genüge getan, wenn ein Wert i. H. v. 100.000 DM erstattet wird[22]. Bejahte man demgegenüber eine Pflicht zur gegenständlichen Rückabwicklung, so gelangte mit dem Grundstück ein Wert von 300.000 DM zurück in das Gesellschaftsvermögen. Dabei läßt sich aus dem System der §§ 30, 31 GmbHG kaum erklären, warum die Gesellschaft auch einen Vermögenswert, der 100.000 DM übersteigt, zurückerhalten soll. Dies macht die größere Flexibilität des Werterstattungsanspruchs in Geld gegenüber einer Pflicht zur gegenständlichen Rückgewähr deutlich.

Diese Flexibilität gewinnt noch in einer weiteren Situation an Bedeutung. Wendet die Gesellschaft dem gutgläubigen Gesellschafter (§ 31 II GmbHG) unter Verstoß gegen § 30 I GmbHG einen unteilbaren Gegenstand (z. B. Baugrundstück) zu und wird nur ein Bruchteil des Wertes des Gegenstandes benötigt, um Gesellschaftsgläubiger zu befriedigen, so nützt dem Gesellschafter die

---

[22] Ebenso jetzt auch: *Hachenburg / Goerdeler / Müller*, § 31 Rn. 25; zur Obergrenze der Erstattungspflicht siehe auch unten § 10 II 1.

Privilegierung des § 31 II GmbHG nichts, wenn er zur gegenständlichen Rückgewähr verpflichtet ist. Demgegenüber könnte er bei einer Erstattungspflicht in Geld den gewährten Vorteil wertmäßig weitgehend behalten, was der Intention des § 31 II GmbHG entspricht.

Indessen ist eine Werterstattungspflicht in Geld durchaus nicht immer im Interesse des begünstigten Gesellschafters. Erhält er im Rahmen eines vereinbarten Leistungsaustauschs von der Gesellschaft eine gegenständliche Zuwendung zu einem Vorzugspreis und geht der gewährte Preisnachlaß (Vorteil) vollständig zu Lasten der Stammkapitaldeckung, führt eine Werterstattungspflicht in Geld der Sache nach zu einer zwangsweisen nachträglichen Vertragsanpassung, die weitgehend abgelehnt wird[23]. Denn bei wirtschaftlicher Betrachtung wird dem Gesellschafter der Gegenstand zu einem Preis aufgedrängt, den er freiwillig eventuell nie gezahlt hätte. Hier könnte eine Pflicht zur gegenständlichen Rückabwicklung der wechselseitig erbrachten Leistungen für ihn das geringere Übel sein; die Werterstattungspflicht kann dann ausnahmsweise unverhältnismäßig sein.

Eine generelle Werterstattungspflicht ist auch deshalb bedenklich, weil sie den bereits verbotswidrig begünstigten Gesellschafter gegenüber dem Gesellschafter benachteiligt, dem die Zuwendung zunächst nur versprochen, dann aber unter Hinweis auf das Leistungsverweigerungsrecht gem. §§ 242 BGB, 31 I GmbHG[24] nicht ausgezahlt wurde. Entfällt nämlich das Leistungsverweigerungsrecht der Gesellschaft nachträglich, weil sich die Vermögenslage der Gesellschaft wieder gebessert hat, hat dieser Gesellschafter die Möglichkeit, den versprochenen Zuwendungsgegenstand zu erhalten, ohne hierfür einen „Aufpreis“ in Form einer Werterstattung zahlen zu müssen[25].

b) Rückabwicklung der wechselseitig erbrachten Leistungen

Neben den in der Literatur angeführten Praktikabilitätsgesichtspunkten[26] bietet die Erstattung durch Rückabwicklung einen Vorteil, der sich aus dem bereits Gesagten ergibt: Es wird vermieden, daß dem Gesellschafter der Zu-

---

[23] *Flume*, ZHR 144 (1980), 18, 23 m. w. N.; ähnlich: *Scholz / Westermann*, § 31 Rn. 2; siehe auch oben § 9 I 2.

[24] Dazu oben § 9 I 1.

[25] Siehe oben § 9 I 1.

[26] Siehe oben § 10 I 1 m. w. N.

wendungsgegenstand zu einem Preis aufgedrängt wird, den er niemals freiwillig gezahlt hätte.

Auf die Probleme, die diese Lösung aufwirft, ist teilweise bereits hingewiesen worden. Es ist zum einen die mangelnde Flexibilität, wenn der Wert des zurückzuerstattenden Leistungsgegenstandes über dem der bilanziellen Unterdeckung liegt, die durch die Auszahlung entstanden ist[27]. Hinzu kommt ein Zweites. Eine Pflicht zur Rückabwicklung der wechselseitig erbrachten Leistungen läßt sich auf den ersten Blick nur schwer mit dem Grundsatz vereinbaren, daß das der Auszahlung zugrundeliegende Verpflichtungsgeschäft wirksam[28] und daher in seinem Bestand zu beachten ist. Denn die Rückabwicklung scheint doch im Widerspruch zu der schuldrechtlich eingegangenen Verpflichtung zu stehen, dem Gesellschafter den Zuwendungsgegenstand auf Dauer zu überlassen. Schließlich muß sich auch der zur Rückabwicklung verpflichtete Gesellschafter gegenüber demjenigen Gesellschafter benachteiligt fühlen, der sich einen Vorteil versprechen läßt, mit der Entgegennahme der Zuwendung aber wartet, bis die Gesellschaft wieder über ungebundenes Vermögen i. S. d. § 30 I GmbHG verfügt, und daher den Auszahlungsgegenstand endgültig behalten darf.

Die genannten Probleme entfallen hingegen, wenn man die „Rückabwicklungslösung“ folgendermaßen weiterentwickelt: Ausgangspunkt ist dabei die – in anderem Zusammenhang näher zu begründende[29] – zutreffende Ansicht, daß mit der verbotswidrigen Auszahlung (§ 30 I GmbHG) das Verpflichtungsgeschäft zwischen Gesellschaft und Gesellschafter durch Erfüllung (§ 362 I BGB) zunächst erloschen ist[30]. Mit Vollendung der Rückabwicklung (§ 31 I GmbHG) entstehen die schuldrechtlichen Verpflichtungen der Parteien erneut, und zwar genau so, wie sie unmittelbar vor der verbotenen Auszahlung bestanden haben. Die ursprüngliche Auszahlungsforderung des Gesellschafters gegen die Gesellschaft lebt also wieder auf, ist aber vorübergehend nicht durchsetzbar, weil die Gesellschaft bis zur Verbesserung ihrer Vermögenslage zur Leistungsverweigerung berechtigt und verpflichtet ist[31]. Damit wird der bereits begünstigte Gesellschafter in genau die Lage zurückversetzt, in der sich derjenige

---

[27] Siehe oben § 10 I 3 a.

[28] Siehe oben § 8 III 1 u. IV.

[29] Siehe unten § 12 III 1.

[30] BGH, U. v. 11.5.1987, NJW 1988, 139, 140; *Immenga*, WuB II C. § 31 GmbHG 2.87, S. 1395, 1396; *Tries*, S. 55; a. A.: *Butzke*, ZHR 154 (1990), 357, 369 f.

[31] Dazu oben § 9 I 1.

Gesellschafter befindet, der sich eine schon versprochene Zuwendung nicht sofort hat auszahlen lassen. Ungleichbehandlungen werden also vermieden. Ferner wird der Erkenntnis Rechnung getragen, daß das zwischen den Parteien geschlossene Verpflichtungsgeschäft wirksam ist und in seinem Bestand durch die §§ 30, 31 GmbHG nicht berührt wird[32]. Auch das Problem, daß der Gesellschafter bei einer gegenständlichen Rückabwicklungspflicht wertmäßig unter Umständen zuviel erstatten muß[33], wird entschärft, weil er die Möglichkeit behält, den Zuwendungsgegenstand zurückzubekommen, sobald die Gesellschaft wieder über ausreichend ungebundenes Vermögen verfügt und damit ihr Leistungsverweigerungsrecht entfällt[34].

Allerdings steht in § 31 I GmbHG nichts von einem Wiederaufleben der Auszahlungsforderung nach Abschluß der Rückerstattung. Methodisch muß daher auf das Mittel der Rechtsfortbildung zurückgegriffen werden. Die Rechtsprechung hat diesen Weg ansatzweise bereits eingeschlagen[35]. Im übrigen ist – wie die §§ 8 AnfG, 39 KO zeigen – der Rechtsordnung in Ausnahmefällen ein Wiederaufleben erfüllter Forderungen nicht fremd, wenn vertraglich geschuldete und erbrachte Leistungen zunächst wieder zurückgewährt werden müssen[36].

Damit bleibt die Rückabwicklungslösung nur noch dem Vorwurf ausgesetzt, sie führe zu einer Lücke im Vermögensschutz, wenn der Gesellschafter den Auszahlungsgegenstand unverschuldet nicht herausgeben könne, weil dann auch nach §§ 275 ff. BGB keine Zahlungspflicht bestehe[37]. Das Problem löst sich allerdings auf, wenn man in diesem Fall nicht die §§ 275 ff. BGB anwendet, sondern einen allgemeinen Rechtsgedanken des GmbH-Rechts aus dem Bereich der Kapitalaufbringung zur Geltung kommen läßt, der nunmehr in § 9 I GmbHG verankert ist[38]. Danach befreit auch unverschuldetes Unmöglichwerden den Sacheinleger nicht von seiner Einlagepflicht. Vielmehr hat er den

---

[32] Siehe oben § 8 III 1 u. IV.

[33] Siehe oben § 10 I 3 a.

[34] Dazu oben § 9 I 1.

[35] BGH, U. v. 11.5.1987, NJW 1988, 139, 140; dazu auch: *Frey*, S. 64.

[36] Dazu: *Jaeger / Henckel*, § 39 KO Rn. 1 u. 8; *Böhle-Stamschräder / Kilger*, § 8 AnfG Anm. I 2; *Plander*, KTS 1972, 158, 159.

[37] Siehe oben § 10 I 1.

[38] So jetzt auch: *Ulmer*, FS 100 Jahre GmbH-Gesetz, S. 363, 378 f. u. 381; BGH, U. v. 10.5. 1993, WM 1993, 1132, 1134.

Betrag der Stammeinlage jetzt in bar zu entrichten[39]. Damit soll zunächst nur die Kapitalaufbringung abgesichert werden[40]. Diese Grundsätze lassen sich aber auf den Bereich der Kapitalerhaltung und den Erstattungsanspruch gem. § 31 I GmbHG übertragen, weil dort ein entsprechendes Sicherungsbedürfnis besteht. Diese Lösung liegt insbesondere dann nahe, wenn man den Erstattungsanspruch gem. § 31 I GmbHG der Sache nach als wiederaufgelebten (Sach-)Einlageanspruch qualifiziert[41]. Folge ist, daß der aus § 31 I GmbHG in Anspruch genommene Gesellschafter auch dann einen entsprechenden Geldbetrag erstatten muß (§ 9 I GmbHG analog), wenn ihm die gegenständliche Erstattung schuldlos unmöglich geworden ist. Entsprechendes gilt, wenn der Auszahlungsgegenstand im beschädigten Zustand zurückgegeben wird. Insoweit trägt der Gesellschafter – entgegen anderslautenden Stimmen[42] – doch, und zwar zu Recht, das Risiko des Wertverlustes des Auszahlungsgegenstandes.

Erkennt man also an, daß nach der gegenständlichen Rückabwicklung die alten schuldrechtlichen Verpflichtungen zwischen Gesellschaft und Gesellschafter wieder aufleben und daß eine verschuldensunabhängige Haftung eingreift, wenn dem Gesellschafter die gegenständliche Rückgewähr unmöglich wird, so bietet der Weg über die gegenständliche Rückabwicklung die interessengerechtere Lösung als der Vorschlag, § 31 I GmbHG von vornherein als Werterstattungsanspruch in Geld zu verstehen. Zwar führen beide Lösungswege in gleicher Weise zur Wiederauffüllung des Gesellschaftsvermögens, doch wird bei der Rückabwicklungslösung vermieden, daß dem Gesellschafter der Zuwendungsgegenstand unter Umständen zu einem Preis aufgedrängt wird, den er freiwillig nie gezahlt hätte.

c) Wahlmöglichkeit des Gesellschafters

Wenn man im Ausgangspunkt von einer Rückabwicklungspflicht ausgeht, besteht Spielraum für Weiterentwicklungen, an deren Ende die Anerkennung einer Wahlmöglichkeit des erstattungspflichtigen Gesellschafters steht, wie sie ja auch

---

[39] *K. Schmidt*, Gesellschaftsrecht, § 37 II 3 c, d, S. 932 f. und § 20 III 4, S. 478 f.; *Lutter / Hommelhoff*, § 5 Rn. 25 und § 9 Rn. 1 und 3; *Scholz / Winter*, § 5 Rn. 63 und § 9 Rn. 10 ff.

[40] *Baumbach / Hueck / Hueck*, § 9 Rn. 1; *Scholz / Winter*, § 9 Rn. 1.

[41] *Hachenburg / Goerdeler / Müller*, § 31 Rn. 1; *Baumbach / Hueck / Hueck*, § 31 Rn. 3; *Scholz / Westermann*, § 31 Rn. 3; *Lutter / Hommelhoff*, § 31 Rn. 1.

[42] Siehe oben § 10 I 1 m. w. N.

von Teilen der Literatur vorgeschlagen wird[43]. Denn nach erfolgter Rückabwicklung könnte der Gesellschafter, der sich nun wieder in derselben Situation wie unmittelbar vor der Auszahlung befindet[44], sofort von seinem Recht zur freiwilligen Aufzahlung[45] Gebrauch machen. Die Gesellschaft hätte dann keine Möglichkeit, die erneute Auszahlung unter Hinweis auf §§ 242 BGB, 31 I GmbHG zu verweigern[46]; der Gesellschafter würde also den zunächst zurückerstatteten Gegenstand gleich wiederbekommen. Um dieses überflüssige Hin und Her zu vermeiden, sollte man ihm – nicht der Gesellschaft – direkt das Wahlrecht einräumen, den Anspruch aus § 31 I GmbHG durch gegenständliche Rückabwicklung oder Werterstattung in Geld zu erfüllen.

II. Umfang der Erstattungspflicht

1. Obergrenzen und Bewertungsfragen

Der Umfang des Erstattungsanspruchs ist zum einen durch den Wert der Zuwendung und zum anderen durch den Betrag begrenzt, der zur Wiederherstellung der Stammkapitaldeckung erforderlich ist. Erfolgte eine Zuwendung nur zum Teil zu Lasten der Stammkapitaldecke, muß auch nur dieser Teil erstattet werden. Sollen gegenständliche Auszahlungen wertmäßig erstattet werden, so ist für die Bewertung nicht auf Bilanzansätze abzustellen, sondern auf Marktwerte. Das folgt aus der Erkenntnis, daß der bilanzorientierten Betrachtung bei den Kapitalerhaltungsvorschriften Grenzen gesetzt sind und auch die bilanziell nicht erfaßbaren Vermögenswerte zu dem nach § 30 I GmbHG gebundenen Vermögen gehören können (z. B. stille Reserven; Vermögensgegenstände, die mit einem Aktivierungsverbot belegt sind)[47]; diese müssen daher ebenfalls gem. § 31 I GmbHG ausgeglichen werden, wenn sie unter Verstoß gegen § 30 I GmbHG ausgezahlt worden sind. Ist dem Gesellschafter daher unter Verstoß gegen § 30 I GmbHG ein weitgehend abgeschriebenes Fahrzeug der Gesellschaft geschenkt worden und entscheidet er sich für eine Rückerstattung in Geld, genügt es nicht, wenn er einen Betrag i. H. d. Buchwertes zahlt,

---

[43] Siehe oben § 10 I 1.

[44] Siehe oben § 10 I 3 b.

[45] Einzelheiten dazu § 9 I 2.

[46] Siehe oben § 9 I 2.

[47] Einzelheiten siehe oben § 4 III 2, V.

solange der Marktwert höher ist. Anderenfalls verblieben ihm die stillen Reserven, obwohl ihm diese nicht zugewendet werden durften[48]. Den höheren Marktwert muß der Gesellschafter nur dann nicht in voller Höhe entrichten, wenn die Zuwendung nur teilweise zu Lasten der Stammkapitaldecke erfolgte.

2. Nutzungen

Ungeklärt ist bislang, ob der verbotswidrig begünstigte Gesellschafter neben der Erstattung des eigentlichen Leistungsgegenstandes auch zur Vergütung gezogener Nutzungen verpflichtet ist. Diese Frage stellt sich dann, wenn nach der (wertmäßigen) Rückgewähr des Leistungsgegenstandes die Stammkapitaldeckung noch nicht wieder hergestellt ist, weil bereits vor der verbotenen Auszahlung eine Unterbilanz oder Überschuldung bestand. Bei genauer Betrachtung handelt es sich hier allerdings um ein Scheinproblem. Denn die durch den Gesellschafter gezogenen Nutzungen spiegeln regelmäßig einen der Gesellschaft entgangenen Gewinn wider. Dieser ist selbstverständlich erstattungspflichtig, weil auch der Verzicht auf Gewinn eine gem. § 30 I GmbHG verbotswidrige Auszahlung sein kann[49]. Hat die Gesellschaft dem Gesellschafter unter Verstoß gegen § 30 I GmbHG ein ungesichertes und zinsgünstiges Darlehen gewährt, muß dieser daher nicht nur die Darlehenssumme zurückzahlen, sondern zusätzlich den marktüblichen Zinssatz vergüten[50].

3. Mittelbare Vermögenseinbußen

Denkbar ist, daß die Gesellschaft über die Weggabe des Auszahlungsgegenstandes hinaus weitere Vermögenseinbußen erlitten hat. Das ist etwa der Fall, wenn unter Verstoß gegen § 30 I GmbHG Produktionsanlagen weggegeben worden sind, als Folge andere abhängige Betriebsteile nicht mehr sinnvoll genutzt werden können und daher zusätzliche Verluste entstehen. Hier fragt sich, ob neben dem Auszahlungsgegenstand auch die weiteren mittelbaren

---

[48] Siehe oben § 4 III 2 a, b.

[49] Siehe oben § 4 III 2 b cc.

[50] Siehe auch oben § 4 III 2 d bb.

Vermögenseinbußen gem. § 31 I GmbHG zu erstatten sind[51]. Das wird man verneinen müssen. Sie sind zwar durch die gem. § 30 I GmbHG verbotene Auszahlung verursacht worden, und es ist eine Vermögensminderung bei der Gesellschaft eingetreten. Dieser steht auf Seiten des Zuwendungsempfängers aber keine entsprechende Vermögensmehrung gegenüber, so daß man insoweit nicht von einer Vermögensverschiebung sprechen kann[52]. Vielmehr handelt es sich bei den mittelbaren Vermögenseinbußen um Folgeschäden. Diese werden von § 31 I GmbHG aber nicht erfaßt. Die Vorschrift ist keine Norm des Schadensersatzrechts, sondern will wegen ihrer bereicherungsrechtlichen Funktion nur Vermögensverlagerungen rückgängig machen[53]. Allerdings kann für die mittelbaren Vermögenseinbußen nach anderen Regeln eine Schadensersatzpflicht bestehen[54].

4. Privilegierung des gutgläubigen Empfängers gem. § 31 II GmbHG

Kaum noch Schwierigkeiten wirft heute die Anspruchsreduktion zugunsten des gutgläubigen Gesellschafters gem. § 31 II GmbHG auf[55]. Der gute Glaube des Zuwendungsempfängers muß sich auf die Unversehrtheit der Stammkapitaldeckung beziehen. Entsprechend § 932 II BGB darf ihm weder bekannt noch grob fahrlässig unbekannt sein, daß die Zuwendung unter Inanspruchnahme des Vermögens erfolgt, das zur Erhaltung des Stammkapitals erforderlich ist[56]. In diesem Fall kann die Erstattung nur verlangt werden, soweit sie erforderlich ist, damit die Gesellschaft ihre Gläubiger befriedigen kann. Der Gesellschaft fehlen die zur Befriedigung notwendigen Mittel, wenn sie überschuldet oder zahlungsunfähig ist, aber auch schon im Fall der Zahlungsstockung[57]. Die Notwendigkeit, zum Zwecke der Gläubigerbefriedigung den Erstattungsanspruch geltend machen zu müssen, muß nicht bereits im Zeitpunkt der verbotenen Auszahlung

---

[51] Zum ähnlich gelagerten Problem bei Zuwendungen der AG an ihre Aktionäre: *Röhrkasten*, Die verdeckte Gewinnausschüttung, S. 28 ff.

[52] Dazu oben § 4 II 2.

[53] Dazu oben § 10 I 2 m. w. N.

[54] Einzelheiten dazu unten § 14 I.

[55] Zu den früher umstrittenen Fragen: *Hachenburg / Goerdeler / Müller*, 7. Aufl., § 31 Rn. 13 ff.

[56] *Lutter / Hommelhoff*, § 31 Rn. 15; *Baumbach / Hueck / Hueck*, § 31 Rn. 14; wohl ebenso: *Hachenburg / Goerdeler / Müller*, § 31 Rn. 29 ff.; ähnlich: *Scholz / Westermann*, § 31 Rn. 18 f.

[57] *Lutter / Hommelhoff*, § 31 Rn. 17; *Baumbach / Hueck / Hueck*, § 31 Rn. 14; *Hachenburg / Goerdeler / Müller*, § 31 Rn. 37; *Scholz / Westermann*, § 31 Rn. 22 f.

vorliegen, sondern kann sich auch noch nachträglich ergeben, allerdings nur innerhalb der Verjährungsfrist des § 31 V GmbHG[58]. Für den gutgläubigen Gesellschafter steht damit erst nach Ablauf der Verjährungsfrist endgültig fest, in welcher Höhe er durch § 31 II GmbHG eine Vergünstigung vermittelt bekommen hat.

III. Absicherung der Rückerstattung

Damit die Rückerstattungspflicht auch tatsächlich erfüllt wird, bestehen verschiedene Sicherungsmechanismen.

1. Erlaßverbot

§ 31 IV GmbHG bestimmt zunächst, daß Erstattungsansprüche nicht erlassen werden dürfen. Im Interesse des Gläubigerschutzes ist die Vorschrift weit auszulegen. Über den Forderungserlaß (§ 397 BGB) hinaus werden alle Rechtsgeschäfte erfaßt, die wirtschaftlich betrachtet auf einen (Teil-)Erlaß hinauslaufen[59]. Das trifft zum einen auf Vergleiche zwischen der Gesellschaft und dem begünstigten Gesellschafter zu. Sie sind zudem deshalb bedenklich, weil sie unter Umständen die Inanspruchnahme der subsidiär haftenden Mitgesellschafter nach sich ziehen und damit Wirkungen zu Lasten Dritter entfalten können[60]. Zum anderen ist auch die Stundung des Erstattungsanspruchs grundsätzlich unzulässig[61]. Dieses Ergebnis läßt sich zusätzlich mit bereits bekannten Überlegungen begründen. Solange eine Vereinbarung über angemessene Stundungszinsen nicht erfolgt und auch keine Sicherheiten gestellt werden, ist die Stundung des Erstattungsanspruchs nach dem bisher Gesagten als erneute

---

[58] *Baumbach / Hueck / Hueck*, § 31 Rn. 14; *Hachenburg / Goerdeler / Müller*, § 31 Rn. 38; *Scholz / Westermann*, § 31 Rn. 23.

[59] *Ulmer*, FS 100 Jahre GmbH-Gesetz, S. 363, 381 f.

[60] *Lutter / Hommelhoff*, § 31 Rn. 22; a. A.: *Baumbach / Hueck / Hueck*, § 31 Rn. 18; *Hachenburg / Goerdeler / Müller*, § 31 Rn. 60.

[61] *Lutter / Hommelhoff*, § 31 Rn. 22; *Scholz / Westermann*, § 31 Rn. 32; *Ulmer*, FS 100 Jahre GmbH-Gesetz, S. 363, 381 f.; a. A.: *Hachenburg / Goerdeler / Müller*, § 31 Rn. 59; *Rowedder / Rowedder*, § 31 Rn. 24; *Baumbach / Hueck / Hueck*, § 31 Rn. 18; *Meyer-Landrut / Meyer-Landrut*, § 31 Rn. 8.

Auszahlung an den Gesellschafter anzusehen und deshalb auch nach § 30 I GmbHG verboten[62].

2. *Aufrechnungsverbote*

Umstritten ist, ob es dem erstattungspflichtigen Auszahlungsempfänger analog § 19 II 2 GmbHG verwehrt ist, gegen den Anspruch der Gesellschaft aus § 31 GmbHG mit eigenen Ansprüchen aufzurechnen. Von vornherein ausgeschlossen ist die Aufrechnung mit einer Forderung, deren Erfüllung die Gesellschaft gem. §§ 242 BGB, 31 GmbHG verweigern kann und muß[63]. Das ist kein Problem der analogen Anwendung des § 19 II 2 GmbHG, sondern ergibt sich bereits aus § 390 BGB, da die zur Aufrechnung gestellte Forderung aufgrund des Leistungsverweigerungsrechts einredebehaftet ist[64]. Im übrigen wird eine Analogie zu § 19 II 2 GmbHG vielfach abgelehnt[65]. Tatsächlich mag zunächst gegen die Annahme einer ausfüllungsbedürftigen, planwidrigen Regelungslücke sprechen, daß der Gesetzgeber in § 31 IV GmbHG zwar genau wie in § 19 II 1 GmbHG ein Erlaßverbot aufgestellt hat, auf die Aufnahme eines Aufrechnungsverbotes aber verzichtet hat. Dies könnte den Umkehrschluß zulassen, die Erstattungsforderung gem. § 31 I GmbHG solle nicht durch ein Aufrechnungsverbot gesichert werden. Nach einem Blick in die Gesetzesmaterialien[66] ist dieser Schluß indessen nicht zwingend. Die Gesetzgebungsgeschichte spricht eher dafür, daß der Gesetzgeber es versehentlich unterlassen hat, § 19 II GmbHG und § 31 IV GmbHG redaktionell abzugleichen[67]. Zudem spricht die vergleichbare Interessenlage hier für eine analoge Anwendung des § 19 II 2 GmbHG. Der Erstattungsanspruch gem. § 31 GmbHG hat für die Gesellschaft und den Schutz der Gläubigerinteressen dieselbe Bedeutung wie die Einlageforderung. Auf die funktionelle Verwandtschaft der beiden Ansprüche ist bereits hingewiesen worden[68]. Das rechtfertigt es, die Erstattungsforderung mit denselben Absicherun-

---

62 Siehe oben § 4 III 2 d bb.

63 Zum Leistungsverweigerungsrecht siehe oben § 9 I 1.

64 Siehe bereits oben § 4 IV; zutreffend auch: *Ulmer*, FS 100 Jahre GmbH-Gesetz, S. 363, 382.

65 *Meyer-Landrut / Meyer-Landrut*, § 31 Rn. 8; *Rowedder / Rowedder*, § 31 Rn. 24; *Baumbach / Hueck / Hueck*, § 31 Rn. 3 u. 18; unklar: *Hachenburg / Goerdeler / Müller*, § 31 Rn. 59.

66 RT-Aktenstück Nr. 660, S. 3746.

67 *Hommelhoff*, FS Kellermann, S. 165, 176; *Ulmer*, FS 100 Jahre GmbH-Gesetz, S. 363, 380 f.

68 Siehe oben § 10 I 3 b: der Erstattungsanspruch als wiederaufgelebter Einlageanspruch.

gen wie die Einlageforderung auszustatten und damit dem Gesellschafter die Möglichkeit zu nehmen, gegen die Erstattungsforderung aufzurechnen[69].

Umgekehrt ist auch die Gesellschaft Beschränkungen unterworfen, wenn sie mit ihrer Erstattungsforderung gegen Forderungen des verbotswidrig begünstigten Gesellschafters aufrechnen will. Zulässig ist die Aufrechnung nur, wenn die Forderung des Gesellschafters vollwertig, fällig und liquide ist[70]. Allerdings ist es zur Begründung dieser Beschränkungen nicht erforderlich, auf entsprechende Grundsätze aus dem Bereich der Kapitalaufbringung zurückzugreifen[71]. Das Ergebnis folgt bereits unmittelbar aus den §§ 30, 31 GmbHG. Denn die Aufrechnung der Gesellschaft gegen eine nicht werthaltige Forderung des Gesellschafters beinhaltet eine Auszahlung i. S. d. § 30 I GmbHG[72]. Opfert die Gesellschaft bei einer derartigen Aufrechnung (=Auszahlung) ihre Erstattungsforderung gem. § 31 GmbHG, so geht das immer zu Lasten der Stammkapitaldeckung, eben weil diese Erstattungsforderung die Stammkapitaldeckung gewährleisten soll[73]. Die Gesellschaft darf daher nicht mit ihrer Erstattungsforderung gegen eine wertlose Forderung des Gesellschafters aufrechnen, weil sie anderenfalls gegen § 30 I GmbHG verstößt. Tut sie es trotzdem, ist die Aufrechnung zwar wirksam[74], doch wird der verbotswidrig aufgerechnete Erstattungsanspruch sogleich durch einen neuen Erstattungsanspruch (§ 31 GmbHG) in entsprechender Höhe ersetzt.

3. Abtretung und Pfändung des Erstattungsanspruchs

Unsicherheiten bestehen schließlich hinsichtlich der Frage, unter welchen Voraussetzungen die Gesellschaft den Erstattungsanspruch an Dritte abtreten

---

[69] Ebenso: *Hommelhoff*, FS Kellermann, S. 165, 175 f.; *Ulmer*, FS 100 Jahre GmbH-Gesetz, S. 363, 381 f., siehe aber einschränkend S. 388.

[70] Im Ergebnis ebenso: *Scholz / Westermann*, § 31 Rn. 32; *Hachenburg / Goerdeler / Müller*, § 31 Rn. 59.

[71] So aber: *Hommelhoff*, FS Kellermann, S. 165, 176 f.; *Ulmer*, FS 100 Jahre GmbH-Gesetz, S. 363, 382.

[72] Siehe oben § 4 IV.

[73] Sollte das Stammkapital zwischenzeitlich anderweitig wiederhergestellt worden und der Erstattungsanspruch daher zur Deckung des Stammkapitals ausnahmsweise nicht mehr erforderlich sein, stellt sich die Frage nach der Zulässigkeit der Aufrechnung durch die Gesellschaft nicht mehr, weil die Erstattungspflicht gem. § 31 GmbHG aus anderen Gründen entfällt. Einzelheiten dazu unten § 12.

[74] Siehe oben § 8 III 4 b.

darf[75]. Davon hängt dann zugleich ab, ob eine Pfändung der Forderung möglich ist (§ 851 ZPO).

a) Vollwertige Gegenleistung

Das Problem besteht darin, daß mit der Abtretung das Erlaßverbot des § 31 IV GmbHG umgangen werden kann. Denn für die Vermögensausstattung der Gesellschaft kann die Abtretung ebenso nachteilhaft sein wie ein Forderungserlaß. Das gilt aber allenfalls dann, wenn der GmbH für die Abtretung nicht eine vollwertige Gegenleistung zufließt. Daraus folgt zunächst, daß die Abtretung des Erstattungsanspruchs grundsätzlich zulässig ist, wenn die GmbH als Gegenleistung eine entsprechende Vergütung erhält[76].

Einigkeit besteht daher darüber, daß die Gesellschaft die Erstattungsforderung einem Gläubiger zur Befriedigung abtreten darf, wenn dessen Forderung wegen der relativ guten Vermögenslage der Gesellschaft vollwertig ist. Vollwertigkeit der Forderung liegt dabei vor, wenn alle Gläubiger aus den Gesellschaftsmitteln bedient werden können und das Vermögen der GmbH nicht nur zu einer quotenmäßigen Befriedigung ausreicht. Denn in der Befreiung von einer – aus der Sicht der Gesellschaft – vollwertigen Zahlungsverpflichtung liegt eine gleichwertige Gegenleistung für die abgetretene Erstattungsforderung.

b) Gesellschaftsfremde Gläubiger ohne werthaltige Forderung

Umstritten ist hingegen, ob die Abtretung der Erstattungsforderung an einen gesellschaftsfremden Gläubiger weitergehend auch dann zulässig ist, wenn dessen Forderung zwar fällig, aber wegen der schlechten Vermögenslage der Gesellschaft nicht vollwertig ist, er also keine gleichwertige Gegenleistung erbringen wird. Vielfach wird dies bejaht[77]. Zur Begründung wird darauf verwiesen, der Erstattungsanspruch diene hauptsächlich dem Zweck, das zum

---

[75] Zum Meinungsstand siehe zunächst nur: *Rowedder / Rowedder*, § 31 Rn. 2; *Baumbach / Hueck / Hueck*, § 31 Rn. 7; *Ulmer*, FS 100 Jahre GmbH-Gesetz, S. 363, 382.

[76] Im Ergebnis ebenso: OLG Karlsruhe, U. v. 11.10.1990, BB 1991, 1728 f.; *Ulmer*, FS 100 Jahre GmbH-Gesetz, S. 363, 382 f.

[77] BGH, U. v. 29.9.1977, BGHZ 69, 274, 282 ff.; *Lutter / Hommelhoff*, § 31 Rn. 3; *Baumbach / Hueck / Hueck*, § 31 Rn. 7; *Hachenburg / Goerdeler / Müller*, § 31 Rn. 15; *Roth*, § 31 Anm. 2.1.; *Brändel*, FS Fleck, S. 1, 2 f.

Nachteil der Gesellschaftsgläubiger geschmälerte Vermögen der Gesellschaft in deren Interesse wiederaufzufüllen. Entsprechend diesem Zweck könne es der Gesellschaft grundsätzlich nicht verboten werden, den Erstattungsanspruch einem ihrer Gläubiger zuzuwenden, damit dieser sich wegen seiner Forderung befriedigen könne. Auf deren Wert könne es nicht ankommen. Schließlich werde mit dieser Abtretung ein Ergebnis erzielt, das sich ebenso auf einem anderen Weg erzielen lasse, ohne daß gegen diesen anderen Weg rechtliche Bedenken bestünden: Die Gesellschaft könne die Erstattungsforderung auch zunächst selbst einziehen und anschließend den Erlös an den Gesellschaftsgläubiger weiterleiten[78]. Auf den ersten Blick erscheint diese Lösung selbstverständlich. Denn von einer Umgehung des Erlaßverbots (§ 31 IV GmbHG) kann schwerlich gesprochen werden. Immerhin wird die Gesellschaft von einer Verbindlichkeit befreit, zu deren Erfüllung sie ungeachtet der angespannten Vermögenslage verpflichtet war, und auch der verbotswidrig begünstigte Gesellschafter entgeht seiner Leistungspflicht nicht; er muß an den Gesellschaftsgläubiger zahlen.

Dem wird allerdings entgegengehalten, die Verwandtschaft zwischen Erstattungs- und Einlageforderung mache es erforderlich, die Erstattungsforderung ebenso abzusichern, wie die Einlageforderung. Das schließe die hier erwogene erweiterte Abtretungsmöglichkeit ohne vollwertige Gegenleistung aus[79]. Tatsächlich entspricht es herrschender – allerdings nicht mehr unumstrittener – Meinung, daß Einlageforderungen grundsätzlich nicht zur Befriedigung an Gläubiger abgetreten werden dürfen, deren Forderungen gegen die Gesellschaft nicht vollwertig sind[80]. Doch begegnet es Bedenken, die für die Abtretung von Einlageforderungen entwickelten Grundsätze ohne weiteres auf die Erstattungsansprüche gem. § 31 GmbHG zu übertragen. Dafür sei ein Blick auf Sinn und Zweck dieser Abtretungsbeschränkung im Bereich der Kapitalaufbringung geworfen. Auch hier geht es wie im Bereich der Kapitalerhaltung zunächst darum, die Umgehung eines Erlaßverbots (§ 19 II 1 GmbHG) durch die Abtretung der Einlageforderung zu verhindern. Das ist aber nicht alles. Daß die Einlageforderung nicht abgetreten werden darf, um Gläubiger von wertlosen Forderungen zu befriedigen, wird insbesondere auch damit begründet, daß bei schlechter Vermögenslage der Gesellschaft nicht einzelne Gläubiger zu Lasten anderer Gläubi-

---

[78] BGH, U. v. 29.9.1977, BGHZ 69, 274, 282 ff.

[79] *Fischer*, Pro GmbH, S. 137, 152; *Ulmer*, FS 100 Jahre GmbH-Gesetz, S. 363, 382 f.; *Rowedder / Rowedder*, § 31 Rn. 2; *Scholz / Westermann*, § 31 Rn. 9.

[80] BGH, U. v. 15.6.1992, ZIP 1992, 992, 993; *Lutter / Hommelhoff*, § 19 Rn. 26; *Baumbach / Hueck / Hueck*, § 19 Rn. 31; *Hachenburg / Ulmer*, § 19 Rn. 118 ff.; a. A.: *Frey*, S. 37 ff.; *K. Schmidt*, ZHR 157 (1993), 291 ff.

ger bevorzugt werden sollen[81]. Ob diese letzte Begründung die Abtretungsbeschränkung für Einlageforderungen trägt, mag hier offenbleiben. Jedenfalls kann sie für die Erstattungsforderung eine Abtretungsbeschränkung nicht rechtfertigen. Es gibt außerhalb des Konkurses keinen Grundsatz, wonach das Gesellschaftsvermögen, das zur Erhaltung des Stammkapitals erforderlich ist, nur zur gleichmäßigen Befriedigung der Gläubiger verwendet werden darf. Der Gesellschaft bleibt es grundsätzlich unbenommen, dieses Vermögen einzusetzen, um einzelne Gläubiger bevorzugt zu befriedigen. Grenzen ergeben sich insoweit erst aus dem AnfG und § 138 BGB. Da der Erstattungsanspruch aber lediglich Ersatz für Vermögen ist, das zur Erhaltung des Stammkapitals erforderlich ist, kann für ihn nichts anderes gelten. Auch er kann zulässigerweise dafür verwendet werden, einzelne Gläubiger bevorzugt zu befriedigen. Eine Abtretungsbeschränkung, deren erklärtes Ziel darin besteht, diese Bevorzugung zu unterbinden, kann daher nicht analog auf den Erstattungsanspruch angewendet werden.

Allerdings könnte vorliegend gegen die erweiterte Abtretungsmöglichkeit vorgebracht werden, der Erstattungsanspruch diene auch dazu, das Stammkapital in seiner Funktion als Betriebsmittelfonds der Gesellschaft[82] wieder aufzufüllen. Das mache es erforderlich, daß zunächst wieder *liquide* Mittel in die Gesellschaftskasse fließen, um der GmbH die weitere Teilnahme am Wirtschaftsleben zu ermöglichen. Das sei auch deshalb erforderlich, weil die §§ 30, 31 GmbHG das Überleben der Gesellschaft sichern wollten[83]. Die Gesellschaftsgläubiger seien daher erst aus den Erträgen der gem. § 31 GmbHG zurückerstatteten Mittel zu befriedigen.

Dem läßt sich jedoch entgegenhalten, daß es den Gesellschaftsgläubigern auch sonst – ungeachtet der Werthaltigkeit ihrer Forderungen – unbenommen bleibt, sich aus dem zur Erhaltung des Stammkapitals erforderlichen Vermögens zu befriedigen. Die §§ 30, 31 GmbHG wollen ihre Möglichkeiten, wegen ihrer Forderungen Befriedigung aus dem Gesellschaftsvermögen zu suchen, nicht schmälern oder behindern. Werden die letzten den Gläubigern zur Befriedigung verbleibenden Vermögensgegenstände unter Verstoß gegen § 30 I GmbHG beiseite geschafft, muß ihnen wenigstens der Weg eröffnet bleiben, den „Ersatzgegenstand", nämlich die Erstattungsforderung, in ihrem Interesse zu verwerten.

---

[81] *Bayer*, ZIP 1989, 8, 9; siehe auch: BGH, U. v. 15.6.1992, ZIP 1992, 992, 993; RG, U. v. 12.11.1935, RGZ 149, 293, 296; U. v. 12.10.1937, RGZ 156, 23, 27 f.

[82] Dazu oben § 1 III 4.

[83] Dazu schon oben § 1 V 1.

Die Bedenken, die gegen die Zulässigkeit der Abtretung des Erstattungsanspruchs vorgebracht werden, wenn auf diesem Weg eine nicht voll werthaltige Forderung eines gesellschaftsfremden Gesellschaftsgläubigers befriedigt werden soll, sind damit im Ergebnis nicht überzeugend. Hält man die Abtretung also auch in diesem Fall für möglich, muß man auch ihre Pfändung zulassen (§ 851 I ZPO).

c) Gesellschafter ohne werthaltige Forderung

Einigkeit besteht darüber, daß die soeben für gesellschaftsfremde Gläubiger genannten Grundsätze nicht auf Gesellschafter übertragbar sind. Ihnen dürfen Erstattungsforderungen nur abgetreten werden, wenn sie Inhaber von werthaltigen Forderungen gegen die Gesellschaft sind[84]. Das ergibt sich allerdings bereits aus allgemeinen Grundsätzen. Da die Erstattungsansprüche eine Lücke in der Stammkapitaldecke schließen sollen, beinhaltet ihre Abtretung an einen Gesellschafter ohne gleichwertige Gegenleistung zwangsläufig eine Auszahlung von gem. § 30 I GmbHG gebundenem Vermögen und ist daher verboten[85].

IV. Rückzahlungen unter Verletzung des § 30 II GmbHG

Die bisherigen Überlegungen konzentrierten sich auf die Rückerstattungspflicht bei Verstößen gegen § 30 I GmbHG. Nach heute h. M. gelten entsprechende Grundsätze, wenn das Auszahlungsverbot des § 30 II GmbHG mißachtet wird[86].

V. Zwischenergebnis

Geht die Gesellschaft aus § 31 I GmbHG gegen den verbotswidrig begünstigten Gesellschafter vor, so kann sie grundsätzlich nur den Auszahlungsgegenstand selbst herausverlangen, hat aber keinen Anspruch auf Wertersatz in Geld. Eine Ausnahme gilt dann, wenn die gegenständliche Herausgabe unmöglich ist,

---

[84] *Hachenburg / Goerdeler / Müller*, § 31 Rn. 15; *Lutter / Hommelhoff*, § 31 Rn. 3.

[85] Siehe auch oben § 10 III 2 am Ende.

[86] *Lutter / Hommelhoff*, § 31 Rn. 1; *Baumbach / Hueck / Hueck*, § 31 Rn. 5; *Scholz / Westermann*, § 30 Rn. 51; *Hachenburg / Goerdeler / Müller*, § 30 Rn. 103.

etwa weil es sich um eine Dienstleistung handelt oder der Auszahlungsgegenstand untergegangen ist, oder wenn der Gegenstand in beschädigtem Zustand zurückgegeben wird. Dem Gesellschafter hingegen bleibt die Wahl, statt den Auszahlungsgegenstand herauszugeben einen entsprechenden Geldbetrag zu erstatten. Gibt er den Auszahlungsgegenstand zurück, wird er in die Lage vor der verbotenen Auszahlung zurückversetzt. Die der Auszahlung zugrundeliegenden schuldrechtlichen Verpflichtungen zwischen Gesellschaft und Gesellschafter leben wieder auf. Daher kann er die Zuwendung erneut verlangen, wenn sich die Vermögenslage der Gesellschaft nachträglich bessert.

Im Umfang ist die Erstattungspflicht nicht nur durch den Wert des Auszahlungsgegenstandes, sondern auch durch den Betrag begrenzt, der zur Wiederherstellung der Stammkapitaldeckung erforderlich ist. Soweit im Rahmen des § 31 GmbHG Bewertungen des Erstattungsgegenstandes vorzunehmen sind, ist nicht auf bilanzielle Werte, sondern Marktwerte abzustellen. Auch gezogene Nutzungen sind gem. § 31 GmbHG zu erstatten, nicht aber mittelbare Folgeschäden, die der Gesellschaft aus der verbotswidrigen Begünstigung des Gesellschafters erwachsen sind. Unter den Voraussetzungen des § 31 II GmbHG werden gutgläubige Auszahlungsempfänger privilegiert.

Damit die Rückerstattungspflicht tatsächlich erfüllt wird, bestehen verschiedene Sicherungsmechanismen. § 31 IV GmbHG verbietet alle Rechtsgeschäfte, die wirtschaftlich betrachtet einen (Teil-)Erlaß der Erstattungsforderung beinhalten. Analog § 19 II 2 GmbHG ist die Aufrechnung gegen die Erstattungsforderung ausgeschlossen. Auch die Gesellschaft kann mit der Erstattungsforderung nur aufrechnen, wenn die Gegenforderung des Gesellschafters vollwertig, fällig und liquide ist. Das Erlaßverbot darf auch nicht dadurch umgangen werden, daß die Erstattungsforderung ohne gleichwertige Gegenleistung abgetreten wird. Allerdings kann sie zur Befriedigung an einen gesellschaftsfremden Gläubiger abgetreten werden, auch wenn dessen Forderung nicht voll werthaltig ist. Soweit die Erstattungsforderung abtretbar ist, kann sie auch gepfändet werden.

Die zur Erstattungspflicht (§ 31 GmbHG) herausgearbeiteten Grundsätze kommen nicht nur dann zur Anwendung, wenn eine gem. § 30 I GmbHG verbotene Auszahlung auszugleichen ist. Sie gelten entsprechend, wenn die Zuwendung unter Verstoß gegen § 30 II GmbHG erfolgte.

§ 11 Besonderheiten in Drittbeteiligungsfällen

I. Dritte als weitere Anspruchsverpflichtete (§ 31 I GmbHG) neben dem Gesellschafter

1. Meinungsstand

Oben ist bereits dargestellt worden, daß auch Vorteilsgewährungen unter Beteiligung Dritter unter bestimmten Umständen dem Auszahlungsverbot des § 30 I GmbHG unterliegen[1]. In den Drittbeteiligungsfällen stellt sich aber nicht nur die Frage, inwieweit sie vom Tatbestand des § 30 I GmbHG erfaßt werden; sie werfen auch im Bereich der Rechtsfolgen (§ 31 GmbHG) Probleme auf. Unklar ist, wer in diesen Fällen zur Erstattung verpflichtet ist. § 31 GmbHG spricht zunächst nur vom Empfänger der Leistung. Während Teile – insbesondere der älteren – Literatur jeden Empfänger einer verbotswidrigen Leistung als Verpflichteten ansehen und deshalb den Dritten allein oder neben dem Gesellschafter zur Rückerstattung heranziehen wollen[2], hält die heute ganz h. M. § 31 GmbHG grundsätzlich nur auf Gesellschafter für anwendbar[3]. Danach ist zum Beispiel ein Dritter, dessen Forderung gegen den Gesellschafter unter Verstoß gegen § 30 I GmbHG mit Mitteln aus dem Gesellschaftsvermögen beglichen worden ist[4], nicht ohne weiteres zur Erstattung verpflichtet[5]. Von dem genannten Grundsatz werden jedoch zahlreiche Ausnahmen gemacht, über die im einzelnen wiederum Uneinigkeit besteht.

a) Treuhandverhältnisse

Eine Erstattungspflicht analog § 31 I GmbHG nimmt die Rechtsprechung zunächst für Dritte an, die sich über einen Strohmann (Treuhänder) an der GmbH beteiligen[6]. Sie seien bei wirtschaftlicher Betrachtung Gesellschafter und müß-

---

[1] Siehe oben § 5 I 2, III und IV.

[2] *Meister*, WM 1980, 390, 395 m. w. N.

[3] *Lutter / Hommelhoff*, § 31 Rn. 5; *Rowedder / Rowedder*, § 31 Rn. 5; *Baumbach / Hueck / Hueck*, § 31 Rn. 11; *Hachenburg / Goerdeler / Müller*, § 31 Rn. 16 ff.; *K. Schmidt*, Gesellschaftsrecht, § 37 III 2 e, S. 949.

[4] Dazu oben § 5 III 1.

[5] *Scholz / Westermann*, § 31 Rn. 12 a. E.; *Baumbach / Hueck / Hueck*, § 31 Rn. 11 m. w. N.

[6] BGH, U. v. 14.12.1959, BGHZ 31, 258, 266 f.; siehe auch oben § 5 I 2.

ten daher auch mit Blick auf § 31 I GmbHG entsprechend behandelt werden. Dem hat sich die Literatur im Ausgangspunkt angeschlossen[7]. Zahlreiche Fragen bleiben aber umstritten. Dabei lassen sich im wesentlichen drei verschiedene Sachverhaltsvarianten erkennen, die diskutiert werden.

Leistet die Gesellschaft an den Treuhänder und leitet dieser den Vorteil an den Treugeber weiter, wird zum Teil die Ansicht vertreten, sowohl der Treuhänder als auch der Dritte hafteten als Gesamtschuldner gem. § 31 I GmbHG (analog[8])[9]. Die Gegenansicht lehnt die zusätzliche Erstattungspflicht des Dritten hier ab, weil es an der erforderlichen Regelungslücke für eine Analogie fehle. Denn die Gesellschaft sei bereits hinreichend geschützt. Bei Weiterleitung des Vorteils an den Dritten habe der Treuhänder, weil er selbst gegenüber der GmbH erstattungspflichtig sei, aus dem Treuhandverhältnis einen Ersatzanspruch gegen den Dritten erlangt, der von der GmbH gepfändet oder durch Abtretung erworben werden könne[10].

Leistet die Gesellschaft unmittelbar an den Dritten, so soll nach vereinzelter Ansicht nur dieser, nicht aber der Gesellschafter (Treuhänder) erstattungspflichtig sein[11]. Nach h. M. sollen allerdings Gesellschafter und Dritter als Gesamtschuldner haften[12]. Denn es bestehe kein Anlaß, den Gesellschafter besser zu stellen, als hätte er die Leistung selbst in Empfang genommen und dann nach § 667 BGB an seinen Auftraggeber weitergeleitet[13]. Innerhalb der h. M. werden indessen verschiedentlich Einschränkungen hinsichtlich der Erstattungspflicht des Dritten gemacht, die an das Verhalten des Dritten (Treugebers) anknüpfen. Während teilweise die Erstattungspflicht des Treugebers ohne weiteres bejaht wird[14], soll nach anderer Ansicht zusätzlich erforderlich sein, daß er entweder mittelbar über den Treuhänder oder unmittelbar jeweils unter

---

[7] Siehe zunächst nur: *Baumbach / Hueck / Hueck*, § 31 Rn. 12; *Scholz / Westermann*, § 30 Rn. 30; *Tries*, S. 83; *Fleck*, FS 100 Jahre GmbH-Gesetz, S. 391, 409 ff.; *Raiser*, § 37 Rn. 18; mit Beschränkung auf den Fall einer „offenen“ Treuhand: *Ulmer*, ZHR 156 (1992), 377, 385 u. 390.

[8] Analogie, soweit es um den Dritten geht.

[9] *Baumbach / Hueck / Hueck*, § 31 Rn. 12; *Canaris*, FS Fischer, S. 31, 41 u. 54 f.; *Fleck*, FS 100 Jahre GmbH-Gesetz, S. 391, 409 ff.

[10] *Hachenburg / Ulmer*, § 2 Rn. 65; *Ehlke*, DB 1985, 795, 803; *Wolany*, S. 58.

[11] *Baumbach / Hueck / Hueck*, § 31 Rn. 12; *Falkenstein*, S. 92.

[12] *Rowedder / Rowedder*, § 31 Rn. 6; *Meyer-Landrut / Meyer-Landrut*, § 31 Rn. 4; *Scholz / Westermann*, § 30 Rn. 30; *Canaris*, FS Fischer, S. 31, 40 f., 54 f.; *Fleck*, FS 100 Jahre GmbH-Gesetz, S. 391, 409 ff.

[13] *Fleck*, FS 100 Jahre GmbH-Gesetz, S. 391, 410; *Canaris*, FS Fischer, S. 31, 41.

[14] *Fleck*, FS 100 Jahre GmbH-Gesetz, S. 391, 411.

Offenlegung des Treuhandverhältnisses die Auszahlung an sich gefordert hat; anderenfalls hafte nur der Gesellschafter[15].

Erfolgt die Leistung zunächst an den Gesellschafter (Treuhänder), gibt dieser aber anschließend den Vorteil abredewidrig nicht an seinen Auftraggeber ab, so ist unklar, ob neben dem Gesellschafter auch der Dritte analog § 31 I GmbHG erstattungspflichtig ist. Teilweise wird dies mit der Begründung bejaht, aus §§ 9 a IV GmbHG, 46 V AktG ergebe sich der allgemeine Rechtsgedanke, daß einen Treugeber hinsichtlich der Vermögensverhältnisse der Gesellschaft dieselbe Verantwortlichkeit treffe wie den von ihm beauftragten Gesellschafter[16]. Nach anderer Ansicht sind die genannten Vorschriften wegen ihrer Abhängigkeit von einem Verschulden[17] nicht verallgemeinerungsfähige Spezialnormen[18]. Wenn die Zuwendung nicht an den Dritten weitergeleitet werde, sei er auch nicht erstattungspflichtig[19].

b) Nahestehende Personen

Außerhalb der Treuhandverhältnisse nimmt die Rechtsprechung eine Erstattungspflicht des Dritten, an den die Gesellschaft verbotswidrig geleistet hat, neben der Haftung des Gesellschafters dann an (§ 31 I GmbHG analog), wenn er dem Gesellschafter besonders nahesteht[20]. Das kann darauf beruhen, daß der Dritte ein mit dem Gesellschafter oder der Gesellschaft verbundenes Unternehmen ist, so daß zwischen beiden eine wirtschaftliche Einheit besteht. Aber auch ein Angehörigenverhältnis i. S. d. §§ 89 III, 115 II AktG (Ehegatten und minderjährige Kinder) soll eine ausreichend nahe Verbindung zum Gesellschafter begründen, um eine zusätzliche Haftung des Dritten auszulösen. Zur Begrün-

---

[15] *Hachenburg / Ulmer*, § 2 Rn. 65; ähnlich: *Wolany*, S. 57 f., der verlangt, die mittelbare Beteiligung müsse „zur Geltung" gebracht werden.

[16] *Canaris*, FS Fischer, S. 31, 41, 54 f.; *Bommert*, S. 115 f. zum Aktienrecht.

[17] Dazu: *Hachenburg / Ulmer*, § 9 a Rn. 1.

[18] *Baumbach / Hueck / Hueck*, § 1 Rn. 43; *Hachenburg / Ulmer*, § 2 Rn. 62.

[19] *Hachenburg / Ulmer*, § 2 Rn. 65; *Fleck*, FS 100 Jahre GmbH-Gesetz, S. 391, 411; *Wolany*, S. 58; *Ehlke*, DB 1985, 795, 803.

[20] BGH, U. v. 18.2.1991, WM 1991, 678, 679; U. v. 24.9.1990, ZIP 1990, 1467, 1468; U. v. 1.12.1987, NJW 1987, 1194, 1195; U. v. 14.12.1985, WM 1986, 237, 239; U. v. 10.10.1983, NJW 1984, 1036; U. v. 28.9.1981, BGHZ 81, 365, 368 f.

dung – insbesondere auch des Rückgriffs auf §§ 89 III, 115 II AktG – wird auf Umgehungsgesichtspunkte verwiesen[21].

Die Literatur stimmt dem zum Teil zu[22]. Verschiedentlich werden aber auch abweichende Lösungen vorgeschlagen. Nach verbreiteter Ansicht soll ein Angehörigenverhältnis zum Gesellschafter nur dann zu einer Erstattungspflicht des Dritten führen, wenn dieser den Verstoß gegen § 30 GmbHG gekannt hat oder hätte kennen müssen[23]. Neben dem Vorliegen dieses subjektiven Merkmals wird teilweise des weiteren gefordert, dem Angehörigen müsse der zugeflossene Vermögensvorteil auch verbleiben, er dürfe also nicht nur für Rechnung des Gesellschafters gehandelt haben[24], und schließlich müsse zwischen der Vorteilszuwendung und dem Angehörigenverhältnis ein Zusammenhang bestanden haben[25]. Andererseits wird aber auch der Standpunkt vertreten, der Rechtsgedanke der §§ 89 III, 115 II AktG sei nicht auf den Bereich der Kapitalerhaltung übertragbar, so daß das Angehörigenverhältnis kein geeigneter Anknüpfungspunkt für eine Erstattungspflicht des Dritten sei[26].

Auch für den Fall, daß ein mit dem Gesellschafter oder der Gesellschaft verbundenes Unternehmen als Dritter analog § 31 I GmbHG in Anspruch genommen werden soll, werden zum Teil zusätzliche Bedingungen aufgestellt, die erfüllt sein müssen, um eine Erstattungspflicht des Dritten auszulösen. Regelmäßig soll es zunächst darauf ankommen, daß der Empfänger Einfluß auf das Verhalten der auszahlenden GmbH ausüben kann und deshalb für deren kapitalmindernde Leistung an ihn mitverantwortlich ist. Darüber hinaus sei notwendig, daß die Zuwendung von dem Dritten veranlaßt oder zumindest von seinem

---

[21] BGH, U. v. 28.9.1981, BGHZ 81, 365, 368 f.; U. v. 10.10.1983, NJW 1984, 1036; siehe bereits oben § 5 III 3.

[22] *K. Schmidt*, Gesellschaftsrecht, § 37 III 2 e, S. 949; *Scholz / Westermann*, § 31 Rn. 12; *Hachenburg / Goerdeler / Müller*, § 31 Rn. 21; *Rowedder / Rowedder*, § 31 Rn. 6; *Roth*, § 31 Anm. 2.1.; *Raiser*, § 37 Rn. 18.

[23] *Sonnenhol / Stützle*, WM 1983, 2, 4; *Fleck*, FS 100 Jahre GmbH-Gesetz, S. 391, 413; tendenziell auch: *Baumbach / Hueck / Hueck*, § 31 Rn. 12; *Meyer-Landrut / Meyer-Landrut*, § 31 Rn. 4; offen gelassen von: BGH, U. v. 28.9.1981, BGHZ 81, 365, 369 f.; a. A.: *Hachenburg / Goerdeler / Müller*, § 31 Rn. 21.

[24] *Fleck*, FS 100 Jahre GmbH-Gesetz, S. 391, 413.

[25] *Fleck*, FS 100 Jahre GmbH-Gesetz, S. 391, 414; siehe auch: *Canaris*, FS Fischer, S. 31, 38 u. 54 f.

[26] *Tries*, S. 85; *Hager*, ZGR 1989, 71, 102 f.; *Bommert*, S. 116 f. zur Kapitalbindung im Aktienrecht; siehe auch oben § 5 III 3.

Willen gedeckt ist und er die Beeinträchtigung der Stammkapitaldeckung erkennen konnte und mußte[27].

c) Sonstige erstattungspflichtige Dritte

Schließlich wird eine Vielzahl weiterer Fallgestaltungen angeführt, in denen eine Erstattungspflicht Dritter in Betracht gezogen wird. Zu nennen sind zunächst Zuwendungen an atypische stille Gesellschafter, die sich schuldrechtlich weitgehend die Rechte eines echten Gesellschafters haben einräumen lassen[28]. Einigkeit besteht des weiteren darüber, daß der Dritte haftet, wenn er die Auszahlung im kollusiven Zusammenwirken mit dem Gesellschafter bewirkt[29]. Nach teilweise vertretener Ansicht soll es sogar bereits ausreichen, wenn der Dritte gewußt oder grob fahrlässig nicht gewußt hat, daß die Auszahlung unter Verstoß gegen § 30 GmbHG erfolgt ist[30]. Ferner soll der Dritte erstattungspflichtig sein, wenn die verbotene Auszahlung zur Erfüllung einer Forderung erfolgte, die dem Dritten von einem Gesellschafter abgetreten worden ist und deren Erfüllung bereits der Gesellschafter nicht verlangen konnte, weil die Gesellschaft ihm gegenüber gem. §§ 242 BGB, 31 I GmbHG zur Leistungsverweigerung verpflichtet war[31]. Zur Begründung hierfür wird auf den Rechtsgedanken des § 404 BGB verwiesen: Der Dritte erwerbe eine Forderung, die bereits mit der Haftung des § 31 GmbHG behaftet sei. Schließlich wird unter Hinweis auf den Rechtsgedanken des § 822 BGB teilweise eine eigene Erstattungspflicht des Dritten dann bejaht, wenn er die Zuwendung unentgeltlich erlangt hat und eine Inanspruchnahme des Gesellschafters scheitert[32].

---

[27] *Fleck*, FS 100 Jahre GmbH-Gesetz, S. 391, 415 ff. m. w. N. zu den unterschiedlichen Möglichkeiten einer Haftung des Auszahlungsempfängers im Konzern, deren Darstellung den Rahmen der vorliegenden Arbeit sprengen würde; dazu auch: *Scholz / Westermann*, § 30 Rn. 34 ff.

[28] BGH, U. v. 7.11.1988, WM 1989, 14, 15; dazu schon oben § 5 I 2.

[29] BGH, U. v. 20.9.1982, WM 1982, 1402; *Hachenburg / Goerdeler / Müller*, § 31 Rn. 22; *Rowedder / Rowedder*, § 31 Rn. 6; *Canaris*, FS Fischer, S. 31, 45 und 54 f.; *Tries*, S. 86 f., der die Haftung des Dritten aber zusätzlich davon abhängig machen will, daß der Versuch der Inanspruchnahme des Gesellschafters ins Leere läuft.

[30] *Canaris*, FS Fischer, S. 31, 49 und 54 ff.; ähnlich: *Meister*, WM 1980, 390, 399 und 401; a. A.: *Sonnenhol / Stützle*, WM 1983, 2, 5.

[31] *Baumbach / Hueck / Hueck*, § 31 Rn. 11; *Hachenburg / Goerdeler / Müller*, § 31 Rn. 20; *Lutter / Homelhoff*, § 31 Rn. 5.

[32] *K. Schmidt*, Gesellschaftsrecht, § 37 III 2 e, S. 949; *Tries*, S. 87; a. A.: *Bommert*, S. 106.

2. *Stellungnahme*

Der h. M. ist zuzustimmen, wenn sie § 31 GmbHG im Ausgangspunkt nur auf Gesellschafter anwendet, nicht aber auf beliebige Drittempfänger von Zuwendungen. Denn die Vorschrift knüpft an § 30 GmbHG an. Da § 30 GmbHG zunächst aber nur Auszahlungen an Gesellschafter erfaßt, können grundsätzlich auch nur diese als Erstattungspflichtige i. S. d. § 31 GmbHG in Betracht kommen[33]. Bestätigt wird diese Auslegung durch § 31 III GmbHG. Diese Vorschrift knüpft an § 31 I, II GmbHG an und handelt von der Haftung der „übrigen" Gesellschafter. Das läßt im Umkehrschluß deutlich werden, daß auch in § 31 I GmbHG zunächst nur ein Gesellschafter gemeint sein kann[34].

Zur Lösung der Frage, ob und inwieweit auch Dritte erstattungspflichtig sind, kann auf bereits bekannte Überlegungen zurückgegriffen werden. Schon oben ist dargelegt worden, daß § 30 GmbHG neben den „echten" Gesellschaftern auch solche Dritte erfaßt, die die Geschicke der Gesellschaft ähnlich einem Gesellschafter steuern können und daher „wirtschaftliche" Gesellschafter sind[35]. Hält man sich die gerade beschriebene Verknüpfung zwischen §§ 30 und 31 GmbHG nochmals vor Augen, wird deutlich, daß im Rahmen des § 31 GmbHG entsprechendes gelten muß.

a) „Wirtschaftliche" Gesellschafter

Es ist daher zutreffend, auch den atypischen stillen Gesellschafter als „wirtschaftlichen" Gesellschafter analog § 31 I GmbHG in Anspruch zu nehmen. Gleiches gilt für Personen, die eine mehrheitliche Beteiligung an einer Gesellschafterin der GmbH besitzen oder sonst einen beherrschenden Einfluß auf die GmbH-Gesellschafterin oder die GmbH ausüben. Wenn in diesem Zusammenhang von „Personen" gesprochen wird, die einem Gesellschafter besonders „nahestehen", ist dies allerdings etwas unglücklich. Denn es lenkt den Blick von der Tatsache ab, daß die Erstattungspflicht der Betroffenen entscheidend von ihrer Funktion in der Gesellschaft abhängt. Die „Nähe" zu einem Gesellschafter ist dabei nur insoweit von Bedeutung, als sich aus ihr häufig erst die Möglichkeit für die Dritten ergibt, „wirtschaftlich" als Gesellschafter aufzutre-

---

[33] Zutreffend: *Rowedder / Rowedder*, § 31 Rn. 5.

[34] Zutreffend: *Canaris*, FS Fischer, S. 31, 54 f.

[35] Siehe oben § 5 I 2.

ten. Haben sie weder positiv gewußt noch grob fahrlässig verkannt, daß durch die Zuwendung die Stammkapitaldeckung beeinträchtigt wird, so läßt dies ihre Erstattungspflicht – entgegen vereinzelten Literaturstimmen[36] – nicht entfallen, sondern führt nach allgemeinen Grundsätzen unter den Voraussetzungen des § 31 II GmbHG lediglich zur Anspruchsreduktion.

Zustimmung verdient auch die Einbeziehung solcher Dritter in den Kreis der Erstattungspflichtigen, die sich mittelbar über Treuhand-Gesellschafter an der GmbH beteiligen und daher ebenfalls wirtschaftlich Gesellschafter sind. Dabei wird zu Recht darauf verwiesen, daß die Möglichkeit der Inanspruchnahme des Dritten davon abhängt, daß dieser entweder mittelbar über den Treuhänder oder unmittelbar jeweils unter Offenlegung des Treuhandverhältnisses die Auszahlung an sich gefordert hat. Das ergibt sich aber schon aus der Überlegung, daß es bei Fehlen der genannten Voraussetzung bereits an der notwendigen „causa societatis" für die Zuwendung fehlt und die Auszahlung daher nicht von § 30 GmbHG erfaßt wird[37].

Allerdings macht es für die Haftung des Treugebers (Dritten) keinen Unterschied, ob ihm die Zuwendung aus dem Gesellschaftsvermögen direkt oder mittelbar über den Treuhänder zufließt oder ob die Zuwendung zwar in die Hände des Treuhänders gelangt, dieser sie aber abredewidrig nicht an seinen Treugeber (Dritten) weiterleitet. In allen drei Sachverhaltsvarianten haften der „echte" und der „wirtschaftliche" Gesellschafter gesamtschuldnerisch. Denn die ursprünglich einheitliche Gesellschafterstellung ist durch die Treuhandvereinbarung jeweils in eine rechtliche und eine wirtschaftliche Gesellschafterstellung aufgespalten worden. Dies darf nicht zu Nachteilen für die Sicherung der Stammkapitaldeckung und für die Gesellschaftsgläubiger führen. Aus der Sicht der Gesellschaft sind „wirtschaftlicher" und „rechtlicher" Gesellschafter mit Blick auf § 31 GmbHG damit weiterhin als Einheit zu betrachten, und sie können einer Inanspruchnahme (§ 31 GmbHG) solche Einwendungen nicht entgegenhalten, die ihre Wurzel in ihren vertraglichen Beziehungen zueinander (Innenverhältnis) haben. Diese „Einheitsbetrachtung" führt dazu, daß bei einer unmittelbaren Zuwendung an den Treugeber auch der Treuhänder und bei einer Zuwendung an den Treuhänder auch der Treugeber unabhängig davon haftet, ob im letzten Fall der Treuhänder den Vorteil an seinen Treugeber weiterleitet oder aber abredewidrig behält. Der Einwand abredewidrigen Verhaltens des Treuhän-

---

[36] Siehe oben § 11 I 1 b am Ende m. w. N.

[37] Siehe oben § 5 II 1.

ders betrifft allein dessen Verhältnis zum Treugeber (Innenverhältnis) und kann daher vom Treugeber einer Inanspruchnahme aus § 31 GmbHG nicht entgegengehalten werden. Dies entspricht schließlich der Rechtslage bei der Aufbringung des Stammkapitals bei Gründung einer GmbH durch einen Strohmann (Treuhänder). Auch hier haftet neben dem Treuhänder der Treugeber („wirtschaftlicher" Gesellschafter) für die Aufbringung des Stammkapitals und trägt das Risiko, daß der Mittelsmann (Treuhänder) die ihm zum Zwecke der Kapitalaufbringung treuhänderisch überlassenen Beträge abredewidrig nicht der Gesellschaft zuführt[38].

Durch die hier vorgeschlagene Einheitsbetrachtung wird zwar die Stellung der GmbH verstärkt, weil sie es bei verbotenen Auszahlungen im Rahmen von Treuhandverhältnissen nicht nur mit einem Erstattungspflichtigen zu tun hat, sondern mit zwei Gesamtschuldnern. Das ist aber gerechtfertigt. Häufig wird die GmbH weder wissen, ob und in welchem Umfang ein Treuhand-Gesellschafter den erhaltenen Vorteil an den Treugeber weitergeleitet hat, noch wird sie im einzelnen die Vereinbarungen zwischen beiden kennen. Deswegen ist es sachgerecht, es Treuhänder und Treugeber zu überlassen, unter sich zu klären, wer von ihnen beiden letztendlich für den Erstattungsbeitrag aufkommen muß. Selbst wenn der Gesellschaft bekannt ist, daß der Treuhänder den erhaltenen Vorteil an seinen Treugeber weitergeleitet hat, reicht es zu ihrem Schutz nicht aus, daß sie im Wege der Pfändung und Überweisung auf den Ersatzanspruchs des Treuhänders gegen den Treugeber aus dem Treuhandverhältnis Zugriff nehmen kann. Denn dies würde zu einer Verdoppelung der Prozesse und der Zwangsvollstreckung führen und damit rein tatsächlich die Chancen der GmbH verringern, den Erstattungsanspruch jemals zu realisieren. Demgegenüber hat der Treugeber kein berechtigtes Interesse, die Gesellschaft auf diesen komplizierten Weg zu verweisen, weil seine Stellung funktional der eines echten Gesellschafters entspricht und damit kein Grund vorliegt, ihn haftungsmäßig besser als einen echten Gesellschafter zu stellen.

Der „Einheitsbetrachtung", die Treuhänder und Treugeber mit Blick auf § 31 I GmbHG gleich behandelt, steht schließlich – entgegen anderslautenden Stimmen[39] – nicht entgegen, daß in § 9 a IV GmbHG eine solche haftungsmäßige Gleichstellung zwar ausdrücklich vorgesehen ist, aber nur für die verschuldensabhängigen Tatbestände der Gründerhaftung. Der Gesetzgeber wollte mit dieser

[38] BGH, U. v. 13.4.1992, ZIP 1992, 919, 921.

[39] *Baumbach / Hueck / Hueck*, § 1 Rn. 43.

Vorschrift zunächst nur ein Spezialproblem der Gesellschaftsgründung lösen, hatte aber nicht den Willen, außerhalb des unmittelbaren Anwendungsbereichs der Vorschrift eine Haftung von Hintermännern auszuschließen[40].

b) Sonstige Fälle

Abgesehen von wirtschaftlichen Gesellschaftern kommt eine analoge Anwendung des § 31 I GmbHG noch auf solche Dritte in Betracht, die sich eine Forderung des Gesellschafters gegen die GmbH haben abtreten lassen, deren Erfüllung die Gesellschaft zur Vermeidung der Beeinträchtigung der Stammkapitaldeckung bereits gegenüber dem Gesellschafter (Zedent) verweigern durfte und mußte (§ 31 I GmbHG i. V. m. § 242 BGB). Hier muß in der Tat der Rechtsgedanke des § 404 BGB zur Geltung kommen. Darüber hinaus ist eine Inanspruchnahme des Drittempfängers unter Umgehungsgesichtspunkten möglich, wenn es sich bei ihm um eine Gesellschaft handelt, die zwar die GmbH nicht als wirtschaftlicher Gesellschafter beherrscht, deren Anteile sich aber ganz überwiegend in der Hand eines Gesellschafters befinden. Denn hier ist der Drittempfänger nur formal eine vom Gesellschafter verschiedene Person. Schließlich ist es zutreffend, unter Hinweis auf den Gedanken des § 822 BGB einen Dritten in die Erstattungspflicht einzubeziehen, wenn im Verhältnis zwischen ihm und einem Gesellschafter eine Schenkung vorliegt und der Erstattungsanspruch (§ 31 I GmbHG) gegenüber dem Gesellschafter nicht durchsetzbar ist.

Im übrigen aber können Dritte nicht analog § 31 I GmbHG zur Erstattung verpflichtet sein, sondern es haftet allein der jeweilige Gesellschafter, dem durch die Zuwendung an den Dritten mittelbar ein Vorteil zuteil geworden ist. Daß ein Angehörigenverhältnis i. S. d. §§ 89 III, 115 II AktG zu einem Gesellschafter allein kein Grund ist, die Kapitalerhaltungsvorschriften auf einen Dritten auszudehnen, ist bereits ausführlich begründet worden[41]. Auch läßt sich § 31 GmbHG nicht entnehmen, daß der Dritte nach dieser Vorschrift haften soll, wenn er durch kollusives Verhalten mit einem Gesellschafter die verbotene Auszahlung bewirkt hat oder zumindest bösgläubig war. Allerdings kann er bei kollusivem Verhalten sowohl aus § 826 BGB als auch aus §§ 812 ff., 985 ff. BGB in Anspruch genommen werden, weil in diesem Fall das der

---

[40] Ausführlich dazu auch: BGH, U. v. 13.4.1992, ZIP 1992, 919, 922.

[41] Siehe oben § 5 III 3.

Auszahlung zugrundeliegende Verpflichtungsgeschäft sowie das Verfügungsgeschäft nichtig sind[42].

II. „Verschleierte" Drittbeteiligungsfälle

Nicht bei jedem Auszahlungsvorgang erkennt man auf den ersten Blick, daß es sich um einen Drittbeteiligungsfall handelt. Denn wenn einem Gesellschafter aus dem Gesellschaftsvermögen ein Vorteil zufließt, so ist es denkbar, daß nicht er, sondern ein Mitgesellschafter als begünstigter Auszahlungsempfänger und damit Anspruchsverpflichteter anzusehen ist. Das ist etwa der Fall, wenn die Gesellschaft im Auftrag des Mitgesellschafters dessen Verbindlichkeit gegenüber dem Gesellschafter begleicht und dadurch mittelbar den Mitgesellschafter begünstigt[43]. Der Gesellschafter ist dann der Sache nach „Dritter" und kann nur unter den engen Voraussetzungen, unter denen Dritte aus § 31 I GmbHG in Anspruch genommen werden können, erstattungspflichtig sein. Das gilt wenigstens dann, wenn er keinerlei Anstoß zu der Auszahlung gegeben hat und diese aus seiner Sicht betrieblich gerechtfertigt ist[44]. Man kann hier auch von einem „verschleierten" Drittbeteiligungsfall sprechen.

Aber nicht immer, wenn zwei Gesellschafter an einem verbotenen Auszahlungsvorgang beteiligt sind, ist einer von ihnen als Dritter anzusehen und *nur* der andere erstattungspflichtig. Tatsächlich dürfte dies sogar der Ausnahmefall sein. Läßt sich bei der Vorteilsgewährung eine „causa societatis" hinsichtlich beider Gesellschafter feststellen, weil aus dem Blickwinkel eines jeden von ihnen keine betriebliche Rechtfertigung für die Zuwendung zu erkennen ist[45], liegt in einem Auszahlungsvorgang sowohl eine verbotene Auszahlung (§ 30 I GmbHG) an den einen als auch an den anderen Gesellschafter. Dann sind beide gesamtschuldnerisch zur Erstattung (§ 31 I GmbHG) verpflichtet. Beispiel für eine gesamtschuldnerische Erstattungspflicht ist der Fall, daß die Gesellschaft unter Verstoß gegen § 30 I GmbHG auf Bitten zweier Gesellschafter eine

[42] Siehe oben § 8 III 1 und 3 b.

[43] Zur mittelbaren Begünstigung in Drittbeteiligungsfällen siehe oben § 5 III 1.

[44] Zum Merkmal der betrieblichen Rechtfertigung oben § 5 II 2.

[45] Siehe oben § 5 II 2.

Grundschuld bestellt, um die Forderung des einen gegen den anderen aus der Veräußerung von Gesellschaftsanteilen abzusichern[46].

III. Möglichkeiten der GmbH zur Leistungsverweigerung

Die Ergebnisse zur Einbeziehung Dritter in die Erstattungspflicht haben Auswirkungen auf die Lösung einer weiteren Streitfrage. Unklar ist nämlich, ob die Gesellschaft vor der Erfüllung einer Verpflichtung nicht nur gegenüber Gesellschaftern, sondern auch gegenüber Dritten das Recht und die Pflicht zur Leistungsverweigerung hat[47], um eine stammkapitalschädliche Auszahlung i. S. d. § 30 I GmbHG zu vermeiden. Teilweise wird dies angenommen[48]. Demgegenüber soll nach anderer Ansicht die Möglichkeit zur Leistungsverweigerung allenfalls gegenüber solchen Dritten bestehen, die nach einer verbotenen Auszahlung auch analog § 31 I GmbHG erstattungspflichtig wären[49]. Diese Meinung verdient im Ausgangspunkt Zustimmung. Da sich das Leistungsverweigerungsrecht gegenüber dem Anspruchsteller aus dem allgemeinen Grundsatz herleitet, daß keiner verlangen kann, was er alsbald wieder zurückzugewähren hat (§ 31 I GmbHG i. V. m. § 242 BGB)[50], kann es Dritten zunächst nur insoweit entgegengehalten werden, als sie nach den oben genannten Grundsätzen eine Erstattungspflicht trifft.

Darüber hinausgehend sind aber noch gewisse Erweiterungen der Möglichkeit zur Leistungsverweigerung anzuerkennen, so daß der Anwendungsbereich des Leistungsverweigerungsrechts im Ergebnis doch weiter ist als der des Rückforderungsrechts gem. § 31 I GmbHG (analog)[51]. In manchen Fällen der mittelbaren Gesellschafterbegünstigung[52] beruht der Auszahlungsanspruch des Dritten gegenüber der GmbH nicht auf einem zwischen *ihm* und der Gesellschaft zustandegekommenen Vertrag, sondern auf einem zwischen Gesellschaft und

---

[46] Daß sich der Anspruch aus § 31 I GmbHG sowohl gegen den Anteilserwerber als auch den Anteilsveräußerer richtet, wird für die Besicherungsfälle auch von *Lutter / Wahlers*, AG 1989, 1, 14, betont.

[47] Zur Leistungsverweigerung gegenüber Gesellschaftern siehe bereits oben § 9 I 1.

[48] *Canaris*, FS Fischer, S. 31, 56; *Tries*, S. 82.

[49] *Sonnenhol / Stützle*, WM 1983, 2, 3 f.; *Fleck*, ZHR 156 (1992), 81, 83; *Lutter / Hommelhoff*, § 30 Rn. 38.

[50] Siehe oben § 9 I 1.

[51] A. A.: *Sonnenhol / Stützle*, WM 1983, 2, 3 f.

[52] Dazu oben § 5 III 1, 2 u. 3.

Gesellschafter zu seinen Gunsten geschlossenen Vertrag (§ 328 I BGB). Das gilt etwa dann, wenn die Gesellschaft ihrem Gesellschafter verspricht, dessen Verbindlichkeiten gegenüber dem Dritten zu erfüllen, und die Parteien die Vereinbarung in Abweichung von der Auslegungsregel des § 329 BGB als echten Vertrag zugunsten Dritter ausgestaltet haben. Hier kann das an sich nur gegenüber dem Gesellschafter bestehende Leistungsverweigerungsrecht gem. § 334 BGB auch gegenüber dem Dritten geltend gemacht werden, obwohl dieser nicht zur Erstattung analog § 31 I GmbHG verpflichtet ist.

Hat sich die Gesellschaft nur deshalb dem Dritten gegenüber zur Auszahlung verpflichtet, weil abgemacht ist, daß dieser den Auszahlungsgegenstand als Strohmann eines Gesellschafters sofort an diesen weiterleiten soll[53], muß ihr ebenfalls die Möglichkeit zur Leistungsverweigerung eingeräumt werden. Dies rechtfertigt sich aus Umgehungsgesichtspunkten, zumal wenn in diesen „Durchleitungsfällen“ kein wirtschaftliches Eigeninteresse des Dritten am Empfang der Auszahlung vorliegt[54].

Damit bleiben nur wenige Fallgestaltungen übrig, in denen ein Dritter eine Auszahlung erzwingen kann, die im Verhältnis der Gesellschaft zu ihrem Gesellschafter gem. § 30 I GmbHG verboten ist. Denn in vielen von § 30 I GmbHG erfaßten Drittbeteiligungsfällen, in denen nur der Gesellschafter, nicht aber der Dritte erstattungspflichtig ist (§ 31 I GmbHG), hat der Dritte schon deshalb keinen eigenen Auszahlungsanspruch gegen die Gesellschaft, weil der in Aussicht genommenen Zuwendung an ihn nur ein unechter Vertrag zugunsten Dritter zwischen Gesellschafter und Gesellschaft zugrundeliegt. Das gilt etwa in den Fällen des § 329 BGB. Daß der Adressatenkreis des Leistungsverweigerungsrechts in den Drittbeteiligungsfällen beschränkt ist, wirkt sich aber insbesondere in den Besicherungsfällen aus. Hat die Gesellschaft dem Dritten unter Verstoß gegen § 30 I GmbHG eine Sicherheit bestellt[55], kann sie bei Eintritt des Sicherungsfalls die Leistung nicht unter Hinweis auf die angegriffene Stammkapitaldecke verweigern[56].

---

[53] Dazu oben § 5 III 1.

[54] Mitunter wird in diesen Fällen die Leistungsverweigerung schon deshalb möglich sein, weil die Verträge wegen Kollusion nichtig sind; dazu oben § 8 III 1.

[55] Dazu oben § 4 III 2 c aa und cc.

[56] Im Ergebnis ebenso: *Scholz / Westermann*, § 30 Rn. 31; *Oetker*, KTS 1991, 521, 534.

IV. Zwischenergebnis

Neben den Gesellschaftern können Drittempfänger einer verbotenen Auszahlung nur ausnahmsweise zur Erstattung (§ 31 I GmbHG) verpflichtet sein. Das ist insbesondere dann der Fall, wenn sie – z. B. aufgrund von Treuhandverträgen oder konzernmäßigen Verbindungen – zwar nicht formal, aber der Funktion nach („wirtschaftliche") Gesellschafter sind, oder sie eine ihnen abgetretene Forderung geltend gemacht haben, die bereits mit der Einrede aus § 31 I GmbHG i. V. m. § 242 BGB behaftet war (§ 404 BGB analog). Allein das Angehörigenverhältnis zu einem Gesellschafter begründet demgegenüber keine Erstattungspflicht.

Ausnahmsweise können die Grundsätze über die Erstattungspflicht von Drittempfängern auch für einen Gesellschafter zur Anwendung kommen, wenn nicht er, sondern nur ein Mitgesellschafter als (mittelbar begünstigter) Auszahlungsempfänger anzusehen ist („verschleierter" Drittbeteiligungsfall).

Die GmbH kann die Erfüllung von Auszahlungsansprüchen Dritter unter Hinweis auf ihre angegriffene Stammkapitaldecke grundsätzlich nur dann verweigern, wenn der Dritte nach Erhalt der Leistung auch erstattungspflichtig wäre. Gleiches gilt, wenn das Forderungsrecht des Dritten auf einem zwischen Gesellschaft und Gesellschafter geschlossenen Vertrag zugunsten Dritter beruht, da die GmbH dann das gegenüber dem Gesellschafter bestehende Leistungsverweigerungsrecht (§ 31 I GmbHG i. V. m. § 242 BGB) gem. § 334 BGB auch dem Dritten entgegenhalten kann.

§ 12 Die Folgen einer anderweitigen Auffüllung des Gesellschaftsvermögens für den Erstattungsanspruch gem. § 31 I GmbHG

Bisweilen gelingt es der GmbH, durch Gewinne oder eingezahlte Nachschüsse ihre Vermögenslage so zu bessern, daß das Stammkapital wieder gedeckt ist, noch bevor der verbotswidrig begünstigte Gesellschafter seiner Erstattungspflicht aus § 31 I GmbHG nachgekommen ist. Ob der Gesellschaft der Erstattungsanspruch auch nach einer solchen anderweitigen Auffüllung des Stammkapitals noch zusteht, ist gesetzlich nicht ausdrücklich geregelt und wird kontrovers diskutiert.

I. Wegfall der Erstattungspflicht

Weitgehend wird die Ansicht vertreten, für eine kapitalauffüllende Erstattung bestehe nach Sinn und Zweck des § 31 GmbHG jetzt keine Notwendigkeit mehr. Daher wird auf dogmatisch unterschiedlichen Wegen versucht, das Erlöschen des Erstattungsanspruchs zu begründen, ohne daß der begünstigte Gesellschafter den Auszahlungsgegenstand oder einen entsprechenden Geldbetrag noch an die GmbH zurückführen muß.

Teile der Literatur gehen davon aus, im Fall der anderweitigen Wiederauffüllung des Stammkapitals könne der Gesellschafter mit seinem Auszahlungsanspruch aus dem Verpflichtungsgeschäft gegen den Erstattungsanspruch aufrechnen[1]. Der Aufrechnung stehe jetzt nichts mehr im Wege, weil ungebundenes Gesellschaftsvermögen wieder vorhanden und sein Auszahlungsanspruch damit vollwertig und durchsetzbar sei. Allerdings zeigten sich recht bald die Schwächen dieser „Aufrechnungslösung". Geht man mit der h. M. von der Wirksamkeit auch solcher Erfüllungsgeschäfte aus, die gegen § 30 I GmbHG verstoßen[2], so ist nicht ersichtlich, mit welchem Auszahlungsanspruch der Gesellschafter noch gegen den Erstattungsanspruch aufrechnen könnte: Sein Anspruch müßte bereits vorher durch Erfüllung erloschen sein[3]. Bedenken ergeben sich aber auch, wenn man mit der Mindermeinung die Nichtigkeit des Erfüllungsgeschäfts annimmt. Dann scheidet die Aufrechnung aus, weil es an der notwendigen Gleichartigkeit der Ansprüche fehlt[4]. Da die Gesellschaft Eigentümerin des Auszahlungsgegenstandes geblieben und der Gesellschafter nur Besitzer geworden ist, richtet sich der Erstattungsanspruch (§ 31 I GmbHG) auf Rückübertragung des Besitzes, während der Gesellschafter die Übertragung des Eigentums beanspruchen kann.

Um die „Aufrechnungslösung" dennoch zu retten, ist eine Konstruktion entwickelt worden, in der einerseits die Wirksamkeit des unzulässigen Auszahlungsgeschäfts anerkannt, andererseits aber seine Erfüllungswirkung (§ 362 BGB) für das zugrundeliegende Verpflichtungsgeschäft verneint wird: Das Verpflichtungsgeschäft sei erst dann erfüllt, wenn die GmbH dem Gesellschaf-

---

[1] *Baumbach / Hueck / Hueck*, § 31 Rn. 6; *Scholz / Westermann*, § 31 Rn. 7; *Meyer-Landrut / Meyer-Landrut*, § 31 Rn. 2; *Fleck*, ZIP 1986, 269, 272.

[2] Siehe oben § 8 III 3.

[3] BGH, U. v. 11.5.1987, ZIP 1987, 1113, 1114 f.; *Immenga*, WuB II C. § 31 GmbHG 2.87, S. 1395, 1396; *Brandner*, FS Fleck, S. 23, 31; *Tries*, S. 55.

[4] Zutreffend: *Tries*, S. 55; a. A.: *Immenga*, WuB II C. § 31 GmbHG 2.87, S. 1395, 1396.

ter unbelastetes Eigentum an dem Auszahlungsgegenstand verschafft habe. Obwohl das unzulässige Verfügungsgeschäft wirksam sei, bewirke es nicht die Erfüllung des Verpflichtungsgeschäfts, weil der Gesellschafter dem aus der Vermögensverfügung folgenden Erstattungsanspruch (§ 31 I GmbHG) der Gesellschaft ausgesetzt bleibe[5]. Daher verbleibe dem unzulässig begünstigten Gesellschafter ein Anspruch auf Befreiung von der Erstattungspflicht, der mit der anderweitigen Auffüllung des Stammkapitals durchsetzbar werde und mit dem der Gesellschafter dann gegen den Erstattungsanspruch aufrechnen könne[6].

Der BGH hat mit Blick auf die Schwächen der „Aufrechnungslösung" in ihrer ursprünglichen Fassung einen anderen Weg eingeschlagen, um den Gesellschafter von der Pflicht zu entlasten, auch bei anderweitiger Wiederauffüllung des Stammkapitals noch Erstattung leisten zu müssen[7]. Zunächst geht er davon aus, mit dem gem. § 30 I GmbHG unzulässigen aber wirksamen Verfügungsgeschäft werde das zugrundeliegende Verpflichtungsgeschäft ohne weiteres vollständig erfüllt. Werde anschließend die Stammkapitaldeckung anderweitig wiederhergestellt, bevor der Gesellschafter seiner Erstattungspflicht nachgekommen sei, entfalle diese, weil der Zweck der Erstattungspflicht bereits erreicht sei. Dieser habe nämlich allein darin bestanden, das Gesellschaftsvermögen bis zur Stammkapitalziffer wiederaufzufüllen. Diese Lösung sei auch deshalb interessengerecht, weil die Auszahlungsforderung des Gesellschafters im Falle einer nachhaltig verbesserten Vermögenslage mit der Rückzahlung an die Gesellschaft wieder aufleben würde, so daß diese zu erstatten hätte, was sie vom Gesellschafter erhält[8]. Damit verweist der BGH zur Unterstützung seines Standpunktes auf den Arglisteinwand gem. § 242 BGB.

Im Schrifttum ist die Ansicht des BGH vielfach auf Zustimmung gestoßen[9]. Teilweise wird ihr mit geringen Abweichungen in der Begründung gefolgt. So wird die Meinung vertreten, der Erstattungsanspruch erlösche zwar nicht wegen Zweckerreichung, doch führe der erwähnte Arglisteinwand dazu, daß der

[5] *Butzke*, ZHR 154 (1990), 357, 370; *Ulmer*, FS 100 Jahre GmbH-Gesetz, S. 363, 385 f.; vgl. auch: *Joost*, ZHR 149 (1985), 419, 436.

[6] *Butzke*, ZHR 154 (1990), 357, 370 f.; *Ulmer*, FS 100 Jahre GmbH-Gesetz, S. 363, 387 f.

[7] BGH, U. v. 11.5.1987, ZIP 1987, 1113 ff.

[8] BGH, U. v. 11.5.1987, ZIP 1987, 1113, 1115.

[9] *K. Schmidt*, Gesellschaftsrecht, § 37 III 2 b, S. 946; *Hachenburg / Goerdeler / Müller*, § 31 Rn. 24; *Rowedder / Rowedder*, § 31 Rn. 8; *Immenga*, WuB II C. § 31 GmbHG 2.87, S. 1395, 1396; *Buyer*, S. 64; *Falkenstein*, S. 93 ff.; unklar: *Westermann*, ZIP 1987, 1115, 1116.

fortbestehende Erstattungsanspruch nach Treu und Glauben (§ 242 BGB) nicht mehr durchsetzbar sei[10].

II. Fortbestehen der Erstattungspflicht

Die bislang dargestellten Ansichten stimmen bei allen Unterschieden in der dogmatischen Begründung doch darin überein, daß der verbotswidrig (§ 30 I GmbHG) begünstigte Gesellschafter im Fall der anderweitigen Wiederauffüllung des Stammkapitals seiner Erstattungspflicht nicht mehr nachkommen muß. Dieser Meinungsgruppe stehen die Stimmen aus der Literatur gegenüber, die auch bei einer nachhaltigen Verbesserung der Vermögenslage der Gesellschaft das Fortbestehen der Erstattungspflicht befürworten[11].

Die „Aufrechnungslösung“ wird von ihnen unter Hinweis auf die schon oben genannten Einwände abgelehnt[12]. Ergänzend wird vorgebracht, der erstattungspflichtige Gesellschafter könne gegen den Anspruch der Gesellschaft aus § 31 I GmbHG nicht aufrechnen, weil § 19 II 2 GmbHG analog zur Geltung komme[13].

Entgegen der Ansicht des BGH könne aber auch bei einer anderweitigen nachhaltigen Verbesserung der Vermögenslage nicht von einer Zweckerreichung gesprochen werden, die die Erstattungspflicht entfallen lasse. Der Zweck des § 31 I GmbHG sei erst dann erfüllt, wenn der Auszahlungsgegenstand selbst in das Gesellschaftsvermögen zurückgeführt worden sei[14]. Darüber hinaus sprächen nicht zuletzt Gründe des Gläubigerschutzes für das Fortbestehen der Erstattungspflicht auch nach der Wiederherstellung der Stammkapitaldeckung. Denn der verbotswidrige Vermögensentzug könne sich auch später, bei einer erneuten Verschlechterung der Vermögenslage, noch auswirken[15].

Ferner gefährde die Möglichkeit des Wegfalls der Erstattungspflicht die Interessen der Gesellschaftsgläubiger, die den Anspruch aus § 31 I GmbHG gepfändet haben. Sie würden bei günstiger Entwicklung der Vermögensverhält-

---

[10] *Tries*, S. 56.

[11] *Lutter / Hommelhoff*, § 31 Rn. 10 ff.; *Hommelhoff*, FS Kellermann, S. 165 ff.; *Brandner*, FS Fleck, S. 23 ff.; *Raiser*, § 37 Rn. 14.

[12] *Brandner*, FS Fleck, S. 23, 31.

[13] *Hommelhoff*, FS Kellermann, S. 165, 175.

[14] *Hommelhoff*, FS Kellermann, S. 165, 169.

[15] *Brandner*, FS Fleck, S. 23, 33.

nisse der Gesellschaft zu weiteren Vollstreckungshandlungen gezwungen, deren Erfolg trotz des Vermögenszuwachses bei der GmbH nicht sicher sei[16].

Schließlich ermuntere die Aussicht auf eine Befreiung von der Erstattungspflicht die Gesellschafter dazu, durch bilanzpolitische Maßnahmen die Vermögenslage der Gesellschaft in einem günstigen Licht erscheinen zu lassen, damit der Anspruch aus § 31 I GmbHG möglichst bald entfallen könne. Das widerspreche dem der Vorschrift zugrundeliegenden Gedanken des Gläubigerschutzes[17].

III. Stellungnahme

1. Erlöschen des Erstattungsanspruchs durch Aufrechnung

Folgt man der hier vertretenen Ansicht, daß Verpflichtungs- und Erfüllungsgeschäft ungeachtet eines Verstoßes gegen § 30 I GmbHG grundsätzlich wirksam sind[18], dann fehlt in der Tat ein Auszahlungsanspruch, mit dem der Gesellschafter gegen den Erstattungsanspruch aufrechnen könnte. Dieses Problem läßt sich auch nicht dadurch überwinden, daß man die Erfüllungswirkung des unzulässigen Auszahlungsgeschäfts verneint und dem Gesellschafter einen Restanspruch auf Befreiung von der Erstattungspflicht zuerkennt, mit dem er gegen die Erstattungsforderung aufrechnen kann.

Zunächst begegnet die These, daß die Belastung des Gesellschafters mit der Erstattungspflicht der vollständigen Erfüllung des Verpflichtungsgeschäfts durch das wirksame Auszahlungsgeschäft entgegenstehe, erheblichen Bedenken. Eine vergleichbare Lage besteht im Anwendungsbereich des AnfG und der KO, wenn einem Gläubiger in anfechtbarer Weise (§§ 3 AnfG, 30 ff. KO) eine Leistung erbracht worden ist. Ähnlich dem unzulässig begünstigten Gesellschafter, der mit der Erstattungspflicht (§ 31 I GmbHG) belastet wird, ist der Gläubiger den Rückgewähransprüchen aus §§ 7 AnfG, 37 KO ausgesetzt. Gleichwohl hat die anfechtbare Leistung zur Erfüllung des zugrundeliegenden Verpflichtungsgeschäfts geführt. Das ergibt sich aus § 39 KO und – weniger deutlich – aus § 8 AnfG, die das Wiederaufleben der Forderungen des Gläubigers regeln und damit voraussetzen, daß die angefochtene Leistung zunächst zur

---

[16] *Brandner*, FS Fleck, S. 23, 30.

[17] *Hommelhoff*, FS Kellermann, S. 165, 171; *Lutter / Hommelhoff*, § 31 Rn. 11.

[18] Siehe oben § 8 III 1 u. 3.

Erfüllung geführt hat[19]. Es liegt nahe, die Frage nach der Erfüllungswirkung eines gem. § 30 I GmbHG unzulässigen Auszahlungsgeschäftes entsprechend zu beantworten. Zu Recht nimmt die Rechtsprechung daher an, daß das unzulässige Auszahlungsgeschäft zur vollständigen Erfüllung des Verpflichtungsgeschäfts führt. Damit bleibt auch für einen aufrechenbaren Restanspruch des Gesellschafters kein Raum.

Aber selbst wenn man die Vorbehalte gegen das Fortbestehen eines Restanspruchs des Gesellschafters auf Befreiung von der Erstattungspflicht zurückstellt, kann er sich nicht durch Aufrechnung mit diesem Anspruch von der Erstattungsverpflichtung befreien. Denn aus den schon oben näher dargelegten Gründen ist dem Gesellschafter die Aufrechnung gegen den Anspruch aus § 31 I GmbHG verboten, weil § 19 II 2 GmbHG analog eingreift[20].

2. *Erlöschen durch Zweckerreichung*

Auch die Annahme, die anderweitige Wiederauffüllung des Stammkapitals führe wegen Zweckerreichung zum Erlöschen des Erstattungsanspruchs, stößt auf Bedenken.

Gegen diese These spricht allerdings nicht schon, daß das Schuldrecht die Zweckerreichung nicht ausdrücklich als Erlöschensgrund für einen Anspruch nennt. Die §§ 362 ff. BGB enthalten keine abschließende Regelung und sind im Wege der Rechtsfortbildung durch weitere Erlöschensgründe ergänzt worden[21]. Ein Teil der Literatur sieht auch die Fälle der Zweckerreichung als vom Gesetz nicht geregelte, mögliche Schulderlöschensgründe an[22]. Nach anderer Ansicht soll in diesen Fällen § 275 BGB (analog) angewendet werden[23]. Das Ergebnis ist dasselbe: Bei Zweckerreichung erlischt der Anspruch.

Davon ausgehend ist es auf den ersten Blick tatsächlich naheliegend, bei der anderweitigen Wiederauffüllung des Stammkapitals anzunehmen, der Zweck des

[19] *Jaeger / Henckel*, § 39 Rn. 1 u. 3; *Böhle-Stamschräder / Kilger*, § 8 Anm. I 2.; siehe auch oben § 10 I 3 b.

[20] Siehe oben § 10 III 2; zutreffend daher: *Hommelhoff*, FS Kellermann, S. 165, 175 f.

[21] MK / *Heinrichs*, Vor § 362 Rn. 1.

[22] *Staudinger / Kaduk*, Einl. zu §§ 362 ff. Rn. 102 ff., 113, 128; ablehnend: *Ulmer*, FS 100 Jahre GmbH-Gesetz, S. 363, 386.

[23] *Brox*, Allgemeines Schuldrecht, Rn. 197; MK / *Heinrichs*, Vor § 362 Rn. 7; vgl. auch: *Medicus*, § 23 III 2, S. 114.

§ 31 GmbHG sei erfüllt und die Erstattungspflicht könne entfallen. Denn die Vorschrift will nicht verhindern, daß der Gesellschafter überhaupt in den Genuß des Auszahlungsgegenstandes gelangt. Dies soll nur nicht geschehen, solange das Stammkapital nicht gedeckt ist. Auch sind einige der in der Diskussion gegen die These der Zweckerreichung vorgebrachten Argumente weniger überzeugend. Nicht unbedingt für die Beständigkeit des Erstattungsanspruchs spricht, daß sich der unzulässige Vermögensentzug im Fall der erneuten Verschlechterung der Vermögenslage nach zwischenzeitlicher Erholung der Gesellschaft noch zum Nachteil der Gesellschaftsgläubiger auswirken kann. Letzteres trifft zwar zu. Dieselbe nachteilige Wirkung kann aber auch dadurch erreicht werden, daß der Gesellschafter den Auszahlungsgegenstand zunächst zurückerstattet und sich anschließend sofort wiedergeben läßt. § 30 I GmbHG steht dem gerade wegen der verbesserten Vermögenslage nicht entgegen. Da die Kapitalerhaltungsvorschriften das Gesellschaftsvermögen nur wertmäßig, nicht aber gegenständlich sichern[24], läßt sich die Beständigkeit des Erstattungsanspruchs auch nicht damit begründen, der Zweck des § 31 I GmbHG sei erst bei der Rückgabe des Auszahlungsgegenstandes selbst erreicht. Auch überzeugt das Argument nicht, die Beständigkeit des Erstattungsanspruchs sei schon deshalb notwendig, um den Gesellschaftern von vornherein den Anreiz zu nehmen, bilanzpolitische Maßnahmen zu ergreifen, die auf eine möglichst frühzeitige Wiederherstellung der Stammkapitaldeckung und damit den Wegfall der Erstattungspflicht abzielen. Ansprüche aus § 31 GmbHG entstehen erst dann, wenn die Vermögenslage der Gesellschaft sehr angespannt ist. Bis zu diesem Zeitpunkt hat die GmbH ihre bilanzpolitischen Möglichkeiten, die Vermögenslage günstig darzustellen, regelmäßig schon so weit ausgeschöpft, daß sie nach Entstehen des Anspruchs nicht in der Lage sein wird, etwa durch Realisierung stiller Reserven ihr Bilanzvermögen kurzfristig erneut zu vermehren, um den Anspruch wieder zum Erlöschen zu bringen. Wenn ein solcher Handlungsspielraum aber dennoch bestehen sollte, widerspricht es nicht dem Sinn der §§ 30, 31 GmbHG, ihn auch zu nutzen. Denn in der Bilanz noch versteckte Reserven, die ordnungsgemäß aufgelöst worden sind, werden nach h. M., und das zu Recht, durch §§ 30, 31 GmbHG nicht geschützt[25].

Gleichwohl kann im Fall der anderweitigen Wiederauffüllung des Stammkapitals der Erstattungsanspruch nicht wegen Zweckerreichung erlöschen. Dagegen

---

[24] Siehe oben § 2 und § 10 I 2.

[25] *Baumbach / Hueck / Hueck*, § 30 Rn. 6; BGH, U. v. 7.11.1988, WM 1989, 14, 16; siehe auch oben § 3 III 3 a.

spricht zunächst seine Verwandtschaft zum Anspruch auf die Einlage[26], der ebenfalls nicht erlischt, wenn bereits vor seiner vollständigen Einforderung (§ 19 GmbHG) das Stammkapital durch Gewinne der Gesellschaft aufgefüllt worden ist. Ferner ist zu bedenken, daß der Erstattungsanspruch zur Befriedigung an Gesellschaftsgläubiger abgetreten oder von diesen gepfändet werden kann[27]. Zutreffend wird daher darauf hingewiesen, daß die Befriedigungsaussichten der Gläubiger erheblich gefährdet sind, wenn sie damit rechnen müssen, daß der ihnen abgetretene oder von ihnen gepfändete Anspruch erlöschen kann, ohne daß ihnen ein Vermögensvorteil zufließt[28]. Dies bedeutete zudem zwar nicht eine rechtliche, aber eine tatsächliche Beschränkung der Verkehrsfähigkeit des Erstattungsanspruchs. Daraus können sich schon vor einer – ungewissen – anderweitigen Wiederauffüllung des Stammkapitals Nachteile für die GmbH ergeben, weil sie ihre Gläubiger kaum dazu überreden können wird, statt auf von ihr eventuell dringend benötigte Vermögensgegenstände zuzugreifen zunächst Befriedigung aus dem Anspruch aus § 31 I GmbHG zu suchen.

3. Einfluß von Gegenansprüchen des Gesellschafters

Auch wenn die anderweitige Wiederauffüllung des Stammkapitals den Zweck des Anspruchs aus § 31 I GmbHG nicht entfallen läßt, ist damit noch nicht endgültig über die Leistungspflicht des verbotswidrig begünstigten Gesellschafters entschieden. Diese hängt zusätzlich davon ab, daß der Gesellschafter keine Gegenrechte hat, die der Geltendmachung des grundsätzlich fortbestehenden Erstattungsanspruchs entgegenstehen. Wie bereits an anderer Stelle näher begründet worden ist, geht der BGH zu Recht davon aus, daß als Folge der Rückerstattung der vorher verbotswidrig (§ 30 I GmbHG) erfüllte Auszahlungsanspruch wieder aufleben würde[29]. Da die GmbH im Fall der anderweitigen Wiederauffüllung des Stammkapitals die Erfüllung des wieder aufgelebten Anspruchs auch nicht aus Gründen der Kapitalsicherung verweigern könnte[30], müßte sie den gem. § 31 I GmbHG gerade zurückerhaltenen Auszahlungsgegenstand alsbald zur Erfüllung des Auszahlungsanspruchs an den Gesellschafter

[26] Diese Verwandtschaft betonen: *Baumbach / Hueck / Hueck*, § 31 Rn. 3; *Lutter / Hommelhoff*, § 31 Rn. 1; *Scholz / Westermann*, § 31 Rn. 3.

[27] Siehe oben § 10 III 3 a und b.

[28] *Brandner*, FS Fleck, S. 23, 30.

[29] Siehe oben § 10 I 3 b.

[30] Siehe oben § 9 I 1.

erneut zurückgeben. Da dieses Hin und Her überflüssig ist, kann der Gesellschafter gem. § 242 BGB die Erstattung (§ 31 I GmbHG) verweigern, wenn die Stammkapitaldeckung bereits auf andere Weise wieder herbeigeführt worden ist („dolo agit, qui petit, quod statim redditurus est“[31])[32].

Der Vorzug dieser Lösung gegenüber der Annahme, der Anspruch gem. § 31 I GmbHG erlösche wegen Zweckerreichung, zeigt sich, wenn der Erstattungsanspruch nach seiner Pfändung oder Abtretung von einem Dritten (Gesellschaftsgläubiger) geltend gemacht wird. Diesem kann der Gesellschafter den dolo-agit-Einwand nicht entgegenhalten, weil nicht der Dritte, sondern die Gesellschaft Schuldner des wieder auflebenden Auszahlungsanspruchs wird. Auch § 404 BGB greift seinem Sinn nach nicht zugunsten des Gesellschafters ein. Im Anwendungsbereich der Vorschrift ist anerkannt, daß eine Forderung, deren Ausübung *nur* durch den Zedenten (hier: GmbH) mißbräuchlich gewesen wäre (dolo-agit-Einwand), in der Hand des Zessionars wieder inhaltswirksam ist[33]. Der Gesellschafter muß also zunächst an den Dritten leisten und kann anschließend den Auszahlungsanspruch gegen die Gesellschaft geltend machen. Damit trägt diese Lösung dem Schutzbedürfnis der Gläubiger Rechnung, die die Erstattungsforderung gepfändet haben oder sich haben abtreten lassen. Denn sie müssen nicht befürchten, daß die Forderung in ihren Händen zerrinnt, wenn das Stammkapital anderweitig aufgefüllt wird.

4. Erneutes Absinken des Nettovermögens unter die Stammkapitalgrenze

Fraglich ist, ob der Gesellschafter auch dann noch zur Erstattung verpflichtet ist, wenn sich die Vermögenslage der Gesellschaft nach zwischenzeitlicher Erholung erneut verschlechtert hat und die GmbH den Erstattungsanspruch erst jetzt geltend macht. Das wird man verneinen müssen[34]. Im Zeitpunkt der erstmaligen Vermögenserholung hätte der Gesellschafter den Auszahlungsgegenstand zur Erfüllung des Erstattungsanspruchs zurückgeben können und anschließend sofort zurückerhalten müssen. Als Folge dieses Hin- und Herschiebens hätte er den Auszahlungsgegenstand ein zweites Mal bekommen, jetzt

---

[31] *Palandt / Heinrichs*, § 242 Rn. 52.

[32] Zutreffend daher: *Tries*, S. 56.

[33] *Palandt / Heinrichs*, § 404 Rn. 1; MK / *Roth*, § 404 Rn. 9; *Soergel / Zeiss*, § 404 Rn. 1; OLG München, U. v. 11.12.1969, NJW 1970, 663, 664.

[34] Im Ergebnis ebenso: BGH, U. v. 11.5.1987, ZIP 1987, 1113, 1115.

allerdings ohne Verstoß gegen § 30 I GmbHG und von einem Erstattungsanspruch (§ 31 I GmbHG) unbelastet, also endgültig. Nun konnte der Gesellschafter aber im Zeitpunkt der erstmaligen Vermögenserholung schon den dolo-agit-Einwand gegenüber der Gesellschaft geltend machen. Dieser Einwand soll zwar das tatsächliche Hin- und Herschieben des Auszahlungsgegenstandes überflüssig machen, gleichwohl aber dieselben Rechtsfolgen auslösen, wie wenn es zu dem Hin- und Herschieben gekommen wäre. Ab dem Zeitpunkt, ab dem der Gesellschafter den dolo-agit-Einwand zum ersten Mal geltend machen konnte, ist er damit so zu stellen, als sei es zu dem Hin- und Herschieben des Auszahlungsgegenstandes gekommen, m. a. W. er darf den Auszahlungsgegenstand unbelastet von einer Erstattungspflicht (§ 31 I GmbHG) endgültig behalten. Eine erneute Verschlechterung der Vermögenslage der Gesellschaft kann die Erstattungspflicht nicht wieder auslösen.

5. *Systematische Einordnung der Lösung*

Die vorgeschlagene Behandlung der Fälle, in denen es zu einer anderweitigen Wiederauffüllung des Stammkapitals kommt, fügt sich nahtlos in bereits gefundene Ergebnisse ein. Verpflichtet sich die Gesellschaft zu einem Zeitpunkt, zu dem das Stammkapital nicht gedeckt ist, dem Gesellschafter gegenüber zu einer Auszahlung, soll dieser zwar die Möglichkeit haben, in den endgültigen Genuß des Auszahlungsgegenstandes zu kommen, aber erst nach der Wiederauffüllung des Stammkapitals. Dazu dient zunächst die Leistungsverweigerungsmöglichkeit und -pflicht, die im Fall der Vermögensverbesserung entfällt (1. Fall: Vermögensverbesserung nach Abschluß des Verpflichtungsgeschäfts)[35]. Beachtet die Gesellschaft die Leistungsverweigerungspflicht nicht und nimmt eine verbotene Auszahlung vor, kann sie den Auszahlungsgegenstand mit der Folge zurückfordern, daß die vor der Auszahlung bestehenden Rechtsverhältnisse (Auszahlungsanspruch des Gesellschafters, Leistungsverweigerungsrecht der Gesellschaft) wieder aufleben[36]. Dem Gesellschafter verbleibt also nach der Rückgabe des Auszahlungsgegenstandes wiederum die Möglichkeit, diesen endgültig (wieder-)zubekommen, wenn sich die Vermögenslage der Gesellschaft bessert (2. Fall: Vermögensverbesserung nach der Erstattung gem. § 31 I GmbHG). Hier schließt sich nun das zuletzt gefundene Ergebnis an. Bessert

[35] Siehe oben § 9 I 1.

[36] Siehe oben § 10 I 3 b.

sich die Vermögenslage der Gesellschaft nach der Auszahlung aber schon vor der Rückgabe des Auszahlungsgegenstandes (§ 31 I GmbHG), kommt dies dem Gesellschafter ebenfalls zugute, weil er den Auszahlungsgegenstand nach hier vertretener Ansicht behalten darf und nicht mehr zur Erstattung verpflichtet ist (3. Fall)[37]. Egal also, ob die Vermögensverbesserung unmittelbar nach Abschluß des Verpflichtungsgeschäfts und vor der Auszahlung (1. Fall), nach der Auszahlung und vor der Erstattung (3. Fall) oder erst nach der Erstattung (§ 31 I GmbHG) eintritt (2. Fall): Die Vermögensverbesserung wirkt sich immer in gleicher Weise zugunsten des Gesellschafters aus[38].

6. Folgerungen für den Charakter des Erstattungsanspruchs

Die bisherigen Überlegungen machen zugleich etwas weiteres deutlich. Der Erstattungsanspruch aus § 31 I GmbHG führt nicht unbedingt zu einer *dauerhaften* Vermögensmehrung bei der Gesellschaft. Das ist nur dann der Fall, wenn es nicht zu einer anderweitigen Wiederauffüllung des Stammkapitals kommt[39]. Die beiden aus § 31 I GmbHG herleitbaren Rechtsfolgen – das Leistungsverweigerungsrecht bei fehlender Stammkapitaldeckung[40] sowie die Erstattungspflicht – überlagern die Beziehung zwischen Gesellschaft und Gesellschafter nur solange, wie die Stammkapitaldeckung nicht aus anderen Gründen gewährleistet ist[41].

IV. Schicksal freiwilliger Ausgleichszahlungen zur Abwendung der Stammkapitalbeeinträchtigung

Schließlich sei noch ein bislang außer acht gebliebenes Problem erörtert. Wenn der Gesellschafter freiwillig einen Ausgleichsbetrag an die Gesellschaft

---

[37] Besonderheiten gelten, wenn der Erstattungsanspruch abgetreten oder gepfändet worden ist, siehe oben § 12 III 3.

[38] Damit kommt es nach der hier vertretenen Lösung auch nicht zu den von *Hommelhoff*, FS Kellermann, S. 165, 173 f., befürchteten Ungleichbehandlungen zwischen solchen Gesellschaftern, die ihrer Erstattungspflicht sofort nachkommen, und solchen, die zunächst abwarten und mit Erfolg auf eine nachträgliche Verbesserung der Vermögenslage der Gesellschaft hoffen.

[39] Vgl. auch: *Buyer*, S. 68.

[40] Das Leistungsverweigerungsrecht ergibt sich aus § 31 I GmbHG i. V. m. § 242 BGB, siehe oben § 9 I 1.

[41] Ähnlich: *Tries*, S. 58 f.

geleistet hat, um eine ansonsten stammkapitalschädliche Auszahlung zu ermöglichen[42], fragt sich, ob er diesen Betrag zurückverlangen kann, wenn sich später die Vermögenslage der Gesellschaft so weit bessert, daß der Ausgleichsbetrag zur Abdeckung des Stammkapitals nicht mehr benötigt wird (1. Fall). Dieselbe Frage taucht auf, wenn der Gesellschafter seiner Erstattungspflicht dadurch nachgekommen ist, daß er statt des Auszahlungsgegenstandes entsprechend seinem Wahlrecht einen Geldbetrag geleistet hat[43], und sich jetzt die Vermögenslage bessert (2. Fall).

Tatsächlich wird man ein derartiges Rückzahlungsbegehren auf § 812 I S. 2 1. Alt. BGB stützen können. Im 1. Fall beschränkt sich der Zweck des Ausgleichsbetrages darauf, das zum Schutz der Stammkapitaldeckung bestehende Leistungsverweigerungsrecht der Gesellschaft abzuwenden[44]. Der GmbH steht daher nur so lange ein Recht zum Behalten an dem Ausgleichsbetrag zu, wie sie das Leistungsverweigerungsrecht hätte geltend machen können, wenn die Ausgleichszahlung nicht erfolgt wäre. Da bei der anderweitigen Wiederauffüllung des Stammkapitals das Leistungsverweigerungsrecht wieder entfallen wäre, entfällt auch der Rechtsgrund zum Behalten der Ausgleichszahlung, wenn das Stammkapital aufgrund einer nachträglichen Verbesserung der Vermögenslage wieder ohne diesen Betrag gedeckt werden kann.

Im 2. Fall beschränkt sich der Zweck der Geldleistung darauf, den gegenständlichen Herausgabeanspruch (§ 31 I GmbHG) abzuwenden[45]. Daher kann der Betrag der GmbH auch nur bis zu dem Zeitpunkt zustehen, zu dem sie den herausverlangten Auszahlungsgegenstand wieder an den Gesellschafter hätte zurückgeben müssen. Hätte sich der Gesellschafter dafür entschieden, den Auszahlungsgegenstand selbst zurückzugeben, so hätte er ihm erneut zugewendet werden müssen, sobald dies ohne Beeinträchtigung der Stammkapitaldeckung möglich gewesen wäre, also bei einer nachträglichen Verbesserung der Vermögenslage der GmbH[46]. Zu diesem Zeitpunkt erlischt daher auch das Recht der Gesellschaft, den Ersatz für den Auszahlungsgegenstand, die Geldleistung, zu behalten.

[42] Dazu oben § 9 I 2.

[43] Dazu oben § 10 I 3 c.

[44] Siehe oben § 9 I 2.

[45] Siehe oben § 10 I 3 c.

[46] Siehe oben § 10 I 3 b.

Die Rückerstattung nach § 812 I S. 2 1. Alt. BGB ist schließlich auch deshalb sachgerecht, weil damit auch dem Gesellschafter die nachträgliche Besserung der Vermögenslage der Gesellschaft zugute kommt, der sich für die freiwillige Ausgleichszahlung bzw. die Werterstattung (§ 31 I GmbHG) entschieden hat. Dadurch werden Ungleichbehandlungen gegenüber den Gesellschaftern vermieden, die sich zunächst mit dem Bestehen des Leistungsverweigerungsrechts abgefunden oder den Auzahlungsgegenstand selbst zurückerstattet haben (§ 31 I GmbHG).

V. Verbesserung der Vermögenslage nach Verstößen gegen § 30 II GmbHG

Die vorgenannten Grundsätze zum Erlöschen der Erstattungspflicht (§ 31 I GmbHG gelten entsprechend, wenn nach einem Verstoß gegen § 30 II GmbHG das Nachschußkapital wieder anderweitig aufgefüllt wird. Allerdings beruht die Unzulässigkeit der Zuwendung im Fall des § 30 II 2 GmbHG – anders als im Fall des § 30 I GmbHG – nur darauf, daß ein bestimmtes Verfahren bei der Auszahlung nicht eingehalten worden ist[47]. Das wirft die Frage auf, ob die Erstattungspflicht ausnahmsweise auch ohne anderweitige Besserung der Vermögenslage entfallen kann, wenn die Gesellschaft nach der unzulässigen Auszahlung und vor der Geltendmachung des Erstattungsanspruchs (§ 31 I GmbHG) das in § 30 II 2 GmbHG vorgesehene Bekanntmachungsverfahren nachholt. Das wird man verneinen müssen. Das Bekanntmachungsverfahren einschließlich der dazugehörigen Wartefrist haben den Sinn, Gesellschaftsgläubigern die Möglichkeit zu geben, sich rechtzeitig auf eine erst *beabsichtigte* Verringerung des Gesellschaftsvermögens einzustellen[48]. Das macht es erforderlich, daß sich die eingezahlten Nachschüsse vor der Einleitung des Bekanntmachungsverfahrens noch im Gesellschaftsvermögen befinden. Mit einem „nachgeschalteten" Bekanntmachungsverfahren wird der Zweck des § 30 II GmbHG nicht erreicht.

---

[47] Siehe oben § 7 I.

[48] Siehe oben § 7 I.

VI. Zwischenergebnis

Hat die Besserung der Vermögenslage der Gesellschaft zur Folge, daß das Stammkapital wieder gedeckt ist, bevor der verbotswidrig begünstigte Gesellschafter seiner Erstattungspflicht nachgekommen ist, braucht er endgültig nicht mehr zu leisten, weil er dem Anspruch aus § 31 I GmbHG den dolo-agit-Einwand entgegenhalten kann. Das gilt nicht, wenn der Anspruch vor der anderweitigen Wiederherstellung der Stammkapitaldeckung an einen Dritten abgetreten oder von diesem gepfändet worden ist. In diesem Fall muß der Gesellschafter zunächst an den Dritten leisten und kann anschließend seinen wieder aufgelebten Auszahlungsanspruch gegen die Gesellschaft geltend machen. Hat der Gesellschafter freiwillige Geldleistungen an die Gesellschaft erbracht, um eine ansonsten verbotene Auszahlung (§ 30 I GmbHG) zu ermöglichen oder um einen gem. § 31 I GmbHG herausverlangten Auszahlungsgegenstand behalten zu dürfen, kann er den Betrag zurückfordern, wenn dieser nicht mehr benötigt wird, um die Stammkapitaldeckung zu gewährleisten. Die genannten Grundsätze gelten entsprechend, wenn die Erstattungspflicht (§ 31 I GmbHG) durch einen Verstoß gegen § 30 II GmbHG ausgelöst worden ist.

§ 13 Die Ausfallhaftung der Gesellschafter gem. § 31 III GmbHG

I. Voraussetzungen

Ähnlich wie § 24 GmbHG sieht § 31 III GmbHG eine subsidiäre Haftung der übrigen Gesellschafter nach dem Verhältnis der Geschäftsanteile vor, wenn die Erstattung von dem gem. § 31 I GmbHG primär verpflichteten Gesellschafter nicht zu erlangen ist.

Der Begriff des Gesellschafters in § 31 III GmbHG deckt sich mit dem in § 31 I GmbHG. Deswegen kann die Ausfallhaftung auch solche Dritte treffen, die zwar nicht formal, aber funktional (wirtschaftliche) Gesellschafter sind[1]. Zutreffend ist es daher, neben dem Treuhänder-Gesellschafter auch dessen Treugeber in den Adressatenkreis des § 31 III GmbHG einzubeziehen[2]. Beide haften als Gesamtschuldner für den Ausfallbetrag, der auf den Geschäftsanteil

---

[1] Dazu oben § 11 I 2 a.

[2] *Hachenburg / Goerdeler / Müller*, § 31 Rn. 47; *Lutter / Hommelhoff*, § 31 Rn. 19; a. A.: *Hachenburg / Ulmer*, § 2 Rn. 63; differenzierend: *Ulmer*, ZHR 156 (1992), 377, 385 u. 390.

des Treuhänders entfällt. Damit wird gewährleistet, daß die Gesellschaft keine Nachteile dadurch erleidet, daß mit der Treuhandvereinbarung eine ursprünglich einheitliche Gesellschafterstellung jeweils in eine rechtliche und eine wirtschaftliche Gesellschafterstellung aufgespalten wird[3]. Im übrigen kommt es allein darauf an, daß die Gesellschaftereigenschaft im Zeitpunkt der verbotenen Zuwendung bestand. Ein Gesellschafter kann sich der Ausfallhaftung also nicht dadurch entziehen, daß er nach der verbotenen Auszahlung, aber vor dem Zeitpunkt, in dem der Ausfall des Zuwendungsempfängers feststeht, aus der Gesellschaft ausscheidet[4].

Die Haftung der Mitgesellschafter setzt voraus, daß der Erstattungsanspruch gegen den Auszahlungsempfänger nicht verwirklicht werden kann. Davon kann etwa bei offensichtlicher Vermögenslosigkeit des primär verpflichteten Gesellschafters ausgegangen werden, wenn Vollstreckungsversuche gegen ihn fehlgeschlagen sind oder wenn er sich mit seinem Vermögen ins Ausland abgesetzt hat. Eine vorherige Klageerhebung ist nicht erforderlich, wenn abzusehen ist, daß die Vollstreckung aus dem obsiegenden Urteil keinen Erfolg verspricht[5].

Allerdings ist die Ausfallhaftung gem. § 31 III GmbHG von vornherein auf den Betrag beschränkt, der zur Befriedigung der Gesellschaftsgläubiger erforderlich ist. Die haftenden Mitgesellschafter werden damit einem gutgläubigen Zuwendungsempfänger i. S. d. § 31 II GmbHG gleichgestellt[6]. Gegebenenfalls müssen sie aber auch für andere Mitgesellschafter einspringen, soweit diese die Beträge, die sie im Wege der Ausfallhaftung aufbringen müssen, nicht beibringen (§ 31 III 2 GmbHG).

II. Ansätze zur Begrenzung der Ausfallhaftung

Soweit nicht eine Haftungsbegrenzung eintritt, weil noch genügend Gesellschaftsvermögen vorhanden ist, um alle Gläubiger zu befriedigen, entspricht die Ausfallhaftung dem Wortlaut des § 31 III GmbHG nach der Primärschuld des

---

[3] Vergleiche auch oben § 11 I 2 a.

[4] *Baumbach / Hueck / Hueck*, § 31 Rn. 15; *Rowedder / Rowedder*, § 31 Rn. 20; *Meyer-Landrut / Meyer-Landrut*, § 31 Rn. 6; *Roth*, § 31 Anm. 3; a. A.: *Hachenburg / Goerdeler / Müller*, § 31 Rn. 43 f.

[5] *Hachenburg / Goerdeler / Müller*, § 31 Rn. 51; *Baumbach / Hueck / Hueck*, § 31 Rn. 16; *Scholz / Westermann*, § 31 Rn. 27.

[6] Einzelheiten oben § 10 II 4.

Auszahlungsempfängers nach § 31 I GmbHG. Die Primärschuld kann aber sehr hoch sein. Denn bei Herbeiführung einer Unterbilanz ist nach § 31 I GmbHG der volle Betrag zu erstatten, der zur Wiederherstellung der Stammkapitaldeckung (= Schulden und Stammkapital) erforderlich ist, nicht etwa nur ein Höchstbetrag mit dem Wert der gesellschaftsvertraglich festgesetzten Stammkapitalziffer. Vor diesem Hintergrund wird es vielfach als unzumutbar für die Mitgesellschafter empfunden, daß sich die Ausfallhaftung am Betrag der Primärschuld orientieren soll. Um die Mitgesellschafter nicht einem unkalkulierbaren Haftungsrisiko auszusetzen, wird auf unterschiedlichen Wegen versucht, die Möglichkeit der Inanspruchnahme aus § 31 III GmbHG einzuschränken.

1. Rechtsprechung

Auf der Grundlage der älteren Rechtsprechung ließen sich Höchstsummen für die Ausfallhaftung relativ einfach begründen. Der unmittelbare Anwendungsbereich der §§ 30, 31 GmbHG sollte auf Auszahlungen beschränkt sein, die zu Lasten einer noch vorhandenen Stammkapitaldeckung gingen. Damit waren Zuwendungen nicht mehr erfaßt, soweit sie das Gesellschaftsvermögen in den Bereich der Überschuldung hinein herabminderten. Je nachdem in welchem Umfang das Stammkapital vor der Auszahlung noch gedeckt war, konnte die Zuwendung maximal in Höhe des Betrages des Stammkapitals unmittelbar von §§ 30, 31 GmbHG erfaßt sein. Damit war auch die Ausfallhaftung summenmäßig beschränkt. Zwar wendete der BGH die Vorschriften analog auf Auszahlungen an, die – bilanziell betrachtet – die Überschuldung bewirkten oder verstärkten. Eine Ausnahme aber sollte für § 31 III GmbHG gelten. Die analoge Anwendung dieser Vorschrift sei nicht interessengerecht, weil sich anderenfalls das Haftungsrisiko der Mitgesellschafter nicht mehr in kalkulierbaren Grenzen halte[7]. Bestand also schon vor der Zuwendung eine Überschuldung, kam eine Ausfallhaftung überhaupt nicht, auch nicht in Höhe des Betrages des Stammkapitals, in Betracht[8].

Inzwischen hat der BGH jedoch seine Ansicht, die Kapitalerhaltungsvorschriften schützten unmittelbar nur das tatsächlich noch gedeckte Stammkapital und seien im Fall der Überschuldung allenfalls analog anwendbar, zu Recht aufge-

---

[7] BGH, U. v. 29.3.1973, NJW 1973, 1036, 1038.

[8] So auch: *Rowedder / Rowedder*, § 31 Rn. 16.

geben[9]. Folge ist zunächst, daß die Ausfallhaftung nun auch in den Überschuldungsfällen zum Zuge kommt. Gleichwohl hat der BGH ausdrücklich offengelassen, ob im Interesse der Mitgesellschafter nicht wenigstens Höchstsummen für die Ausfallhaftung anzunehmen sind[10].

2. Betrag des Stammkapitals als Höchstsumme einer Haftung aus § 31 III GmbHG

In der Literatur wird überwiegend die Ansicht vertreten, die Ausfallhaftung müsse auf den Betrag des Stammkapitals beschränkt werden[11]. Denn der Gesetzgeber habe bei der Schaffung des § 31 III GmbHG nur an eine auf den Betrag des Stammkapitals beschränkte Haftung gedacht und ein weitergehendes Risiko für die Mitgesellschafter nicht in Erwägung gezogen[12]. Methodisch wird dabei unausgesprochen auf das Mittel der Rechtsfortbildung zurückgegriffen. Nur auf den ersten Blick steht diese Lösung derjenigen nahe, die der BGH noch in seinem Urteil vom 29.3.1973 vertreten hat. Denn die auf den Betrag des Stammkapitals beschränkte Ausfallsumme soll nicht nur dann gezahlt werden müssen, wenn die verbotene Auszahlung zu Lasten einer noch vorhandenen Stammkapitaldeckung ging, sondern auch dann, wenn die Gesellschaft bereits vor der unzulässigen Zuwendung überschuldet war. Dem liegt die – an sich zutreffende[13] – Annahme zugrunde, daß die §§ 30, 31 GmbHG auch im Fall der Überschuldung noch unmittelbar eingreifen.

Unklar ist allerdings, ob sich die Summenbeschränkung auf den Betrag bezieht, den die Mitgesellschafter gemeinschaftlich aufzubringen haben, oder ob der gemeinschaftlich aufzubringende Betrag zunächst unbegrenzt sein soll und nur der einzelne Mitgesellschafter seinen Beitrag hierzu verweigern darf, soweit er den Betrag des Stammkapitals übersteigt. Das Problem sei an folgendem Fall verdeutlicht: Eine GmbH mit einem Stammkapital i. H. v. 60.OOO DM hat einen nicht realisierbaren Erstattungsanspruch i. H. v. 200.000 DM gegen den

---

[9] BGH, U. v. 5.2.1990, WM 1990, 502, 504; siehe auch oben § 6 II.

[10] BGH, U. v. 5.2.1990, WM 1990, 502, 504.

[11] *Baumbach / Hueck / Hueck*, § 31 Rn. 17; *Hachenburg / Goerdeler / Müller*, § 31 Rn. 54; *Lutter / Hommelhoff*, § 31 Rn. 20; *Roth*, § 31 Anm. 3; *Ulmer*, FS 100 Jahre GmbH-Gesetz, S. 363, 370 ff.; *Tries*, S. 60 f.; *Joost*, GmbHR 1983, 285, 289; *derselbe*, EWiR § 31 GmbHG 1 / 90, 481, 482; *Raiser*, § 37 Rn. 19; *Dressel*, S. 247 ff.

[12] *Ulmer*, FS 100 Jahre GmbH-Gesetz, S. 363, 371; *Joost*, GmbHR 1983, 285, 289.

[13] Siehe oben § 6 II.

Gesellschafter G 1 und nimmt nun die einzigen Mitgesellschafter G 2 und G 3 aus § 31 III GmbHG in Anspruch. Alle drei Gesellschafter sind mit Stammeinlagen von je 20.000 DM an der Gesellschaft beteiligt. Müssen G 2 und G 3 *zusammen* 60.000 DM aufbringen, also jeder von ihnen grundsätzlich nur 30.000 DM und lediglich im Fall der Insolvenz des jeweils anderen (§ 31 III 2 GmbHG) bis zu 60.000 DM[14]? Oder müssen G 2 und G 3 *jeweils* 60.000 DM aufbringen[15]? Damit käme eine Summe von 120.000 DM zusammen, die sich nur im Fall der Insolvenz eines der beiden auf 60.000 DM reduzieren würde.

3. Übertragung von Rechtsgedanken aus § 24 GmbHG zur summenmäßigen Beschränkung der Ausfallhaftung gem. § 31 III GmbHG

Teilweise wird vorgeschlagen, die Ausfallhaftung gem. § 31 III GmbHG auf den Betrag der Stammeinlage des verbotswidrig begünstigten Gesellschafters zu begrenzen[16]. Denn § 31 III GmbHG sei die Parallelvorschrift zu § 24 GmbHG. In § 24 GmbHG aber sei für die Kapitalaufbringung der Gedanke der Summenbegrenzung für die Ausfallhaftung der Mitgesellschafter stillschweigend vorausgesetzt[17]. Ferner ergebe sich aus dem Gleichlauf der beiden Vorschriften, daß die Ausfallhaftung nach § 31 III GmbHG nicht das Stammkapital als Ganzes, sondern ebenso wie § 24 GmbHG nur die Deckung der einzelnen Stammeinlagen gewährleisten solle. Wenn § 31 III GmbHG aber nur die Deckung der Stammeinlage des verbotswidrig begünstigten Gesellschafters sicherstellen wolle, bräuchten die Mitgesellschafter auch nicht mehr als den Betrag seiner Stammeinlage aufzubringen. Ihr Haftungsrisiko aus § 31 III GmbHG entspreche damit demjenigen der Ausfallhaftung gem. § 24 GmbHG[18].

---

[14] In diesem Sinne wohl: *Joost*, GmbHR 1983, 285, 290.

[15] In diesem Sinne wohl: *Geissen / Hommelhoff*, JbFSt 1988 / 1989, S. 381 f.

[16] *K. Schmidt*, BB 1985, 154, 157 f.; *derselbe*, Gesellschaftsrecht, § 37 III 3 b, S. 950; *derselbe*, DB 1992, 1917, 1918; *Scholz / Westermann*, § 31 Rn. 30.

[17] *K. Schmidt*, Gesellschaftsrecht, § 37 III 3 b, S. 950 Fn. 96.

[18] *K. Schmidt*, BB 1985, 154, 157.

4. Wandelung des § 31 III GmbHG in eine Haftung für vermutetes Verschulden der Mitgesellschafter mit Exkulpationsmöglichkeit

Den bislang dargestellten Ansätzen ist gemeinsam, daß sie das Haftungsrisiko der Mitgesellschafter durch Haftungshöchstbeträge summenmäßig begrenzen wollen. Demgegenüber soll nach neuerer Ansicht dem Schutzbedürfnis der Mitgesellschafter dadurch entsprochen werden, daß § 31 III GmbHG im Wege der Rechtsfortbildung von einer Garantiehaftung zu einer Haftung für vermutetes Verschulden mit Exkulpationsmöglichkeit gewandelt wird[19]. Zwar sei die Vorschrift ursprünglich als Garantiehaftung konzipiert worden. Dies sei jedoch nur deshalb geschehen, weil der Gesetzgeber angenommen habe, die Mitgesellschafter hätten ohne weiteres die Möglichkeit, unzulässige Auszahlungen (§ 30 GmbHG) auch zu verhindern. In dieser Einschätzung habe sich der Gesetzgeber getäuscht, weil der einzelne Mitgesellschafter häufig nicht einmal Kenntnis von der unzulässigen Zuwendung haben könne[20]. Dieser Fehler müsse korrigiert werden, indem die Einstandspflicht nach § 31 III GmbHG zusätzlich von der Feststellung abhängig gemacht werde, daß der Mitgesellschafter von der verbotenen Auszahlung im Einzelfall gewußt oder fahrlässig nicht gewußt habe und sie habe verhindern können[21]. Damit werde das Haftungsrisiko der Mitgesellschafter auf daß Maß beschränkt, das der historische Gesetzgeber ihnen habe auferlegen wollen. In Anlehnung an den Rechtsgedanken des § 9 a III GmbHG sei es aber sachgerecht, dem aus § 31 III GmbHG in Anspruch genommenen Gesellschafter aufzugeben nachzuweisen, daß ihn bei dem Verstoß gegen § 30 GmbHG kein Verschulden treffe[22].

5. Freistellung von Minderheitsgesellschaftern

Teilweise wird auch erwogen, nur für einen bestimmten Typus von Gesellschaftern das Risiko zu verringern, aus § 31 III GmbHG in Anspruch genommen zu werden. So ist vereinzelt vorgeschlagen worden, Minderheitsgesellschafter von der Ausfallhaftung ganz freizustellen, weil sie aufgrund ihrer nur

---

[19] *Reemann*, ZIP 1990, 1309, 1313 ff.

[20] *Reemann*, ZIP 1990, 1309, 1312; vorher bereits: *Joost*, GmbHR 1983, 285, 288 f., der den Schutz der Mitgesellschafter aber über eine Summenbegrenzung verwirklichen will.

[21] Ähnlich bereits *Wiedemann*, Haftungsbeschränkung, S. 48 f., der insoweit allerdings eine Gesetzesänderung für erforderlich hält.

[22] *Reemann*, ZIP 1990, 1309, 1314.

geringen Beteiligung weniger Verantwortung für die Sicherung der Stammkapitaldeckung trügen[23].

III. Beibehaltung der uneingeschränkten Ausfallhaftung

Nicht überall sind die Versuche, das Haftungsrisiko der Mitgesellschafter aus § 31 III GmbHG zu beschränken, auf Zustimmung gestoßen. Ein Teil der Literatur ist weiterhin der Ansicht, die unbeschränkte Ausfallhaftung sei vorzuziehen[24]. Das rechtfertige sich zunächst daraus, daß die Gesellschafter einer GmbH nicht nur kapitalistisch-anonym wie Aktionäre beteiligt seien[25]. Ferner könnten die Mitgesellschafter über die ihnen zustehenden Auskunfts- und Einsichtsrechte (§ 51 a GmbHG) Vorsorge gegen unberechtigte Entnahmen treffen, während die Gesellschaftsgläubiger diese Möglichkeit von vornherein nicht hätten. Vor diesem Hintergrund sei es nicht sachgerecht, die Mitgesellschafter zu Lasten der Gesellschaftsgläubiger zu begünstigen[26]. Schließlich korrespondiere eine unbeschränkte Ausfallhaftung besser mit dem Erstattungsanspruch aus § 31 I GmbHG, der ja auch nicht beschränkt sei[27].

IV. Stellungnahme

Der Wortlaut des § 31 III GmbHG ist eindeutig. Er sieht weder eine summenmäßige Beschränkung der Ausfallhaftung vor, noch macht er diese von einem Verschulden der Mitgesellschafter abhängig. Daß die Vorschrift auch in der Überschuldungssituation Anwendung findet, ist bereits dargelegt worden[28]. Damit läßt der Wortlaut des § 31 III GmbHG eher auf eine unbeschränkte

---

[23] *Geissen / Hommelhoff*, JbFSt 1988 / 1989, S. 382; tendenziell wohl ebenfalls für eine Einschränkung der Ausfallhaftung für Minderheitsgesellschafter: *Baumbach / Hueck / Hueck*, § 31 Rn. 1; *Scholz / Westermann*, § 31 Rn. 3.

[24] *Immenga*, WuB II C. § 31 GmbHG 1.90, S. 815, 817; *derselbe*, ZGR 1975, 487, 491; *Wissmann*, EWiR § 31 GmbHG 1 / 92, S. 787, 788; *Fabritius*, ZHR 144 (1980), 628, 635; *Wilhelm*, FS Flume II, S. 337, 361 f.; *Winter*, Die Haftung der Gesellschafter, S. 52; *Kühn*, S. 24; de lege lata auch: *Wiedemann*, Haftungsbeschränkung, S. 48.

[25] *Fabritius*, ZHR 144 (1980), 628, 635; *Immenga*, WuB II C. § 31 GmbHG 1.90, S. 815, 817; ähnlich: *Winter*, Die Haftung der Gesellschafter, S. 52.

[26] *Immenga*, WuB II C. § 31 GmbHG 1.90, S. 815, 817.

[27] *Immenga*, WuB II C. § 31 GmbHG 1.90, S. 815, 817.

[28] Siehe oben § 6 II.

Garantiehaftung schließen. Wenn dennoch eine Beschränkung der Risiken aus der Ausfallhaftung für erforderlich gehalten wird, liegt dem – ungeachtet aller Unterschiede der einzelnen Lösungsmodelle – die These zugrunde, der Wortlaut des § 31 III GmbHG gebe den Willen des Gesetzgebers nur unvollkommen wieder, so daß er im Wege der Rechtsfortbildung korrigiert werden müsse[29]. Die Stellungnahme zu den einzelnen Lösungsansätzen muß daher damit beginnen, den Willen des Gesetzgebers aufzudecken.

1. Garantie- oder Verschuldenshaftung?

Mit § 31 III GmbHG wollte der Gesetzgeber eine Einstandspflicht der Mitgesellschafter schaffen, die allein davon abhing, daß der primär leistungspflichtige Gesellschafter ausfiel (Garantiehaftung)[30]. Die Vorschrift sollte das Gegenstück zu § 24 GmbHG sein[31], der ebenfalls als Garantiehaftung konzipiert war. Die Ausfallhaftung war das Ergebnis einer Interessenabwägung: Es ging um die Frage, ob die Gesellschaftsgläubiger oder aber die Mitgesellschafter die Nachteile tragen sollten, die sich aus der Insolvenz des gem. § 31 I GmbHG leistungsverpflichteten Gesellschafters ergaben. Der Gesetzgeber entschied sich dafür, den Mitgesellschaftern das Insolvenzrisiko aufzubürden. Seiner Ansicht nach waren diese wegen ihrer Nähe zu dem verbotswidrig begünstigten Gesellschafter weniger schutzwürdig als die Gesellschaftsgläubiger[32].

Zwar ging der Gesetzgeber bei der Interessenabwägung von der Einschätzung aus, die Mitgesellschafter seien eher als die Gesellschaftsgläubiger in der Lage, verbotene Auszahlungen (§ 30 GmbHG) zu verhindern[33]. Daraus läßt sich aber nicht schließen, er habe mit der Ausfallhaftung in jedem Einzelfall ein schuldhaftes Fehlverhalten der Mitgesellschafter – das Nichtverhindern der Vorteilsgewährung – sanktionieren wollen[34]. Hätte er dies beabsichtigt und eine Mitschuld der Mitgesellschafter an der unzulässigen Auszahlung in jedem Einzelfall stillschweigend vorausgesetzt, wäre kaum verständlich, warum diese nur

[29] Vgl. z. B.: *Joost*, GmbHR 1983, 285, 288 ff.; *K. Schmidt*, BB 1985, 154, 157; *Reemann*, ZIP 1990, 1309, 1312.

[30] Insoweit zutreffend: *K. Schmidt*, DB 1992, 1917, 1920; *Oppenhoff*, FS Stiefel, S. 551, 555.

[31] Ausdrücklich: RT-Aktenstück Nr. 660, S. 3746.

[32] Ebenso: *Ulmer*, FS 100 Jahre GmbH-Gesetz, S. 363, 370.

[33] Kommissionsbericht zum Entwurf des GmbHG, RT-Aktenstück Nr. 744, S. 4009.

[34] A. A.: *Reemann*, ZIP 1990, 1309, 1311 ff.

subsidiär haften sollten. Vielmehr hätte es näher gelegen, die schuldhaft handelnden Mitgesellschafter gesamtschuldnerisch mit dem verbotswidrig begünstigten Gesellschafter haften zu lassen und anschließend einen Innenausgleich anzuordnen, der sich am Grad des jeweiligen Mitverschuldens orientiert, aber nicht an der Größe der Geschäftsanteile.

Auch wäre kaum verständlich, warum die Mitgesellschafter einen uneingeschränkten Rückgriffsanspruch gegen den schuldhaft handelnden Geschäftsführer haben sollten (§ 31 VI GmbHG), obwohl sie doch selbst schuldhaft gehandelt haben. Durch § 31 VI GmbHG werden die Mitgesellschafter gegenüber schuldhaft handelnden Geschäftsführern bevorzugt. Offensichtlich liegt dieser Regelung die Vorstellung des Gesetzgebers zugrunde, die Mitgesellschafter seien gegenüber schuldhaft handelnden Geschäftsführern zu begünstigen, gerade weil sie kein Vorwurf an dem Verstoß gegen § 30 GmbHG trifft.

Schließlich spricht der Gesetzgeber im Zusammenhang mit der Einführung des § 31 III GmbHG ausdrücklich von einer Entscheidung, die der „Billigkeit" entspreche[35]. Das deutet darauf hin, daß eine Inanspruchnahme aus § 31 III GmbHG auch bei fehlendem Verschulden der Mitgesellschafter nicht ausgeschlossen sein sollte.

Es läßt sich also nicht sagen, der Gesetzgeber habe die Ausfallhaftung stillschweigend nur für den Fall als ein angemessenes Schutzinstrument angesehen, daß ein Mitverschulden der Mitgesellschafter an dem Verstoß gegen § 30 GmbHG vorliegt[36]. Damit ist schon im Ansatz den Überlegungen der Boden entzogen, die unter Hinweis auf den – angeblichen – Willen des Gesetzgebers § 31 III GmbHG im Wege der Rechtsfortbildung in eine Verschuldenshaftung umwandeln wollen[37]. Zwar mag sich der Gesetzgeber über die Möglichkeiten der Mitgesellschafter, verbotene Auszahlungen zu verhindern, getäuscht haben[38]. Da er die Einstandspflicht aus § 31 III GmbHG aber auch bei schuldlosem Handeln der Mitgesellschafter nicht ausschließen wollte, kommt diesem Irrtum keine entscheidende Bedeutung zu. Im übrigen würde sich eine Verschuldenshaftung nur schwer in das bestehende System des § 31 GmbHG einfügen. Zumindest die in Abs. 3 vorgesehene „pro rata Haftung" der Mit-

---

[35] Kommissionsbericht, a. a. O.

[36] A. A.: *Reemann*, ZIP 1990, 1309, 1311 ff.

[37] Siehe oben § 13 II 4.

[38] Dazu insbesondere: *Joost*, GmbHR 1983, 285, 288 f.

gesellschafter müßte in eine Haftung umgewandelt werden, die sich am Grad des Mitverschuldens orientiert.

Wenn die Ausfallhaftung eine Garantiehaftung ist, die auch dann greift, wenn der Mitgesellschafter im Einzelfall keine Möglichkeit hatte, die unzulässige Auszahlung zu verhindern, gibt es auch keinen Grund, Minderheitsgesellschafter von dieser Haftung von vornherein freizustellen. Ihrem Schutzbedürfnis wird durch die „pro rata Haftung“ ausreichend Rechnung getragen, da sie als Folge regelmäßig nur einen geringen Beitrag zu dem aufzubringenden Fehlbetrag beisteuern müssen.

2. *Umfang der Garantiehaftung*

Fraglich bleibt damit noch, ob die Ausfallhaftung im Wege der Rechtsfortbildung wenigstens summenmäßig zu beschränken ist.

a) Wille des Gesetzgebers

Die Befürworter eines solchen Schrittes berufen sich zur Begründung vielfach auf den Willen des Gesetzgebers, der bei der Formulierung des § 31 III GmbHG nur unvollkommen zum Ausdruck gekommen sei[39]. Auch eine genauere Untersuchung ergibt aber nicht, daß der Gesetzgeber den erklärten Willen gehabt hat, die Ausfallhaftung entweder auf den Betrag des Stammkapitals oder den der Stammeinlage des verbotswidrig begünstigten Gesellschafters zu begrenzen. Der Gedanke einer summenmäßigen Beschränkung der Ansprüche der GmbH gegen ihre Gesellschafter war ihm fremd.

Zwar mag es sein, daß der Gesetzgeber nur wenig konkrete Vorstellungen vom möglichen Umfang der Haftung aus § 31 III GmbHG hatte. Er hat die Ausfallhaftung aber nicht nur für stammkapitalschädliche Auszahlungen i. S. d. § 30 I GmbHG angeordnet, sondern zusätzlich für Verstöße gegen § 30 II GmbHG, die nicht unbedingt stammkapitalschädlich sind[40]. Damit kann ihm nicht entgangen sein, daß das Risiko der Mitgesellschafter nicht auf den Betrag des Stammkapitals beschränkt blieb. Ferner läßt der Wortlaut des § 31 III

---

[39] Siehe oben § 13 II 2 u. 3.

[40] *Lutter / Hommelhoff*, § 30 Rn. 45.

GmbHG – bei zeitlich aufeinanderfolgenden Verstößen – auch die mehrfache Inanspruchnahme eines Mitgesellschafters zu, was ebenfalls zu einer betragsmäßig unbegrenzten Einstandspflicht führt. Ob der Gesetzgeber diese Möglichkeit gesehen hat, mag offen bleiben. Sie wäre ihm aber kaum entgangen, wenn er bei der Konzeption der Ausfallhaftung den Willen gehabt hätte, das Risiko der Mitgesellschafter summenmäßig zu begrenzen.

Es läßt sich aber auch nicht argumentieren, wenigstens bei der Schaffung des § 24 GmbHG habe der Gesetzgeber nur eine summenmäßig beschränkte Einstandsspflicht der Mitgesellschafter schaffen wollen und dieser Wille müsse auch im Rahmen des verwandten § 31 III GmbHG zur Geltung kommen, weil beide Vorschriften weitgehend gleich ausgestaltet sein sollten[41]. Denn bei der Formulierung des § 24 GmbHG hat der Gesetzgeber ebensowenig wie bei § 31 III GmbHG an eine Summenbegrenzung gedacht. Zwar ist es richtig, daß nach der ursprünglichen Konzeption der Kapitalaufbringungsvorschriften die Ausfallhaftung der Mitgesellschafter auf den Betrag der Stammeinlage des ausgefallenen Gesellschafters beschränkt war. Das war aber nicht Folge einer bewußten Entscheidung des Gesetzgebers für eine Risikobegrenzung im Interesse der Mitgesellschafter. Daß die Ausfallhaftung nach § 24 GmbHG beschränkt war, ergab sich schon ganz zwangsläufig daraus, daß auch die geschuldete Primärleistung des jeweiligen Gesellschafters auf den Betrag seiner Stammeinlage begrenzt bleiben sollte.

b) § 24 GmbHG als Modell einer Summenbegrenzung?

Heute kommen weitere Gründe hinzu, die daran zweifeln lassen, daß sich aus § 24 GmbHG ein Argument für eine Summenbegrenzung im Bereich des § 31 III GmbHG herleiten läßt. Denn ob die Prämisse, die Ausfallhaftung nach § 24 GmbHG sei summenmäßig beschränkt, überhaupt noch zutrifft, erscheint spätestens seit der Novellierung des GmbHG im Jahre 1980 fraglich. Nach einhelliger Ansicht sichert § 24 GmbHG auch die Differenzhaftung des Gesellschafters nach § 9 I GmbHG für fehlgeschlagene Sacheinlagen ab[42]. Wenn ein Gesellschafter als Sacheinlage ein überschuldetes Unternehmen einbringt, das nicht nur wertlos ist, sondern bei der GmbH auch noch zu Zahlungsver-

---

[41] So *K. Schmidt*, BB 1985, 154, 157 f.; *derselbe*, Gesellschaftsrecht, § 37 III 3 b, S. 950; *derselbe*, DB 1992, 1917, 1918.

[42] *Baumbach / Hueck / Hueck*, § 9 Rn. 5; *Lutter / Hommelhoff*, § 9 Rn. 4.

pflichtungen aus § 25 HGB führt, kann der Differenzanspruch gem. § 9 I GmbHG über den Betrag der übernommenen Stammeinlage hinausgehen. Nach teilweise vertretener Ansicht soll die Ausfallhaftung nach § 24 GmbHG auch den Betrag der Differenzhaftung noch abdecken, der über den Betrag der Stammeinlage des betroffenen Gesellschafters hinausgeht[43]. Folgt man dieser Ansicht, besteht auch im Bereich des § 24 GmbHG keine Höchstsummenbegrenzung mehr, die als Modell für § 31 III GmbHG dienen könnte. Folgt man ihr nicht, wird man zumindest zugestehen müssen, daß auch im Bereich des § 24 GmbHG Unsicherheiten bezüglich der Summenbegrenzung der Ausfallhaftung bestehen. Damit bietet die Vorschrift keine gesicherte Basis mehr, von der aus sich mit systematischen Überlegungen eine Summenbegrenzung für § 31 III GmbHG begründen ließe.

3. Bevorzugung einer unbeschränkten Ausfallhaftung

Überzeugende Gründe für eine Beschränkung der Ausfallhaftung aus § 31 III GmbHG auf einen Höchstbetrag oder für eine rechtsfortbildende Umwandlung der Vorschrift in eine Verschuldenshaftung gibt es damit nicht. Der Gesetzgeber wollte das Haftungsrisiko der Gesellschafter zwar im *Außenverhältnis* gegenüber Gesellschaftsgläubigern beschränken, indem er die GmbH als eigenständige juristische Person ausgestaltete. Soweit Gesellschafter aber Ansprüchen der Gesellschaft aus dem *Innenverhältnis* ausgesetzt sind, läßt sich nicht erkennen, daß auch hier das Haftungsrisiko beschränkt sein sollte. Der Wunsch der Mitgesellschafter, nicht uneingeschränkt haften zu wollen, ist zwar verständlich, rechtfertigt für sich aber keine Besserstellung zu Lasten der Gesellschaftsgläubiger. Zu folgen ist daher den Befürwortern einer uneingeschränkten Ausfallhaftung[44]. Entscheidend ist letztlich, daß es den Mitgesellschaftern eher als den Gesellschaftsgläubigern zuzumuten ist, das Insolvenzrisiko des verbotswidrig (§ 30 GmbHG) begünstigten Gesellschafters zu tragen. Die GmbH hat nach dem Willen des Gesetzgebers auch personengesellschaftsrechtliche Züge[45]. Dem Personengesellschaftsrecht aber ist der Gedanke, Gesellschafter für gläubi-

---

[43] *Reemann*, ZIP 1990, 1309, 1310; *Wilhelm*, FS Flume II, S. 337, 361 f.; a. A.: *Hachenburg / Müller*, § 24 Rn. 22; *K. Schmidt*, BB 1985, 154, 155.

[44] Siehe oben § 13 III.

[45] RT-Aktenstück Nr. 660, S. 3728.

gerschädigende Handlungen eines Mitgesellschafters finanziell unbeschränkt einstehen zu lassen, nicht fremd[46].

4. Risikobegrenzung

Auch wenn hier eine uneingeschränkte Ausfallhaftung befürwortet wird, heißt das nicht, daß im Bereich des § 31 III GmbHG für den Gedanken der Risikobegrenzung kein Raum ist. Man muß nur sehen, daß die Weichen für die Reichweite der Ausfallhaftung nicht erst bei der Auslegung des § 31 III GmbHG gestellt werden, sondern bereits bei der Bestimmung der Reichweite der §§ 30, 31 I GmbHG. Nach hier vertretener Ansicht setzt die Auszahlung i. S. d. § 30 I GmbHG ein der GmbH zurechenbares Verhalten voraus[47]. Wenn man an die Zurechnung strenge Anforderungen stellt, lassen sich eigenmächtige Griffe von Gesellschaftern in die Gesellschaftskasse aus dem Anwendungsbereich der §§ 30, 31 I GmbHG ausklammern, weil dann keine Auszahlung i. S. d. § 30 I GmbHG vorliegt. Das gilt wenigstens dann, wenn der betreffende Gesellschafter nicht zugleich Geschäftsführer, sondern allenfalls Angestellter der GmbH ist. Als Folge verringert sich das Risiko der Mitgesellschafter, aus § 31 III GmbHG in Anspruch genommen zu werden[48]. Der Gesellschafter, der eigenmächtig auf das Gesellschaftsvermögen Zugriff nimmt, ist dann zwar nicht gem. § 31 I GmbHG erstattungspflichtig, muß aber in jedem Fall wegen der Verletzung seiner Gesellschafterpflichten[49] und gem. §§ 826 bzw. 823 II BGB i. V. m. §§ 242 bzw. 246 oder 266 StGB Schadensersatz leisten. Die strengen Anforderungen an die Auszahlung i. S. d. § 30 I GmbHG kommen ihm also im Ergebnis nicht zugute.

---

[46] Man denke etwa an die Haftung der OHG-Gesellschafter für Schäden von Dritten aus unerlaubten Handlungen von Mitgesellschaftern gem. §§ 128, 124 HGB i. V. m. § 823 BGB, § 31 BGB analog; dazu: BGH, U. v. 8.2.1952, NJW 1952, 537 ff. Allerdings sind die OHG-Gesellschafter unmittelbar den Dritten (Außenhaftung) und nicht nur der Gesellschaft gegenüber zur Zahlung verpflichtet (Innenhaftung).

[47] Siehe oben § 4 II 2.

[48] Gegen eine Haftung der Mitgesellschafter aus § 31 III GmbHG, wenn die stammkapitalschädliche Vermögenseinbuße Folge einer Straftat eines Gesellschafters ist, früher bereits: *Brodmann*, § 31 Anm. 3 a; vgl. auch: *Geissen / Hommelhoff*, JbFSt 1988 / 1989, S. 383.

[49] Dazu unten § 14 I.

V. Sonstige Einzelheiten

Auch der Anspruch aus § 31 III GmbHG unterliegt dem Erlaßverbot gem. § 31 IV GmbHG. Er wird damit durch dieselben Sicherungsmechanismen geschützt, die schon oben im Zusammenhang mit der Erstattungspflicht aus § 31 I GmbHG beschrieben worden sind[50]. Der im Wege der Ausfallhaftung in Anspruch genommene Mitgesellschafter kann unter den Voraussetzungen des § 31 VI GmbHG von dem Geschäftsführer Ersatz für den geleisteten Erstattungsbeitrag verlangen. Schließlich kommt auch den Mitgesellschaftern die nachträgliche anderweitige Wiederauffüllung des Stammkapitals zugute. Tritt sie ein, noch bevor sie aus § 31 III GmbHG in Anspruch genommen worden sind, brauchen sie regelmäßig nicht mehr zu leisten, weil auch der gesicherte Primäranspruch aus § 31 I GmbHG grundsätzlich nicht mehr durchsetzbar ist[51]. Soweit ein gem. § 31 I GmbHG verpflichteter Gesellschafter im Fall der nachträglichen Erholung der Vermögenslage der GmbH geleistete Erstattungsbeträge zurückverlangen könnte[52], wird man dieses Recht auch den aus § 31 III GmbHG in Anspruch genommenen Gesellschaftern zugestehen müssen.

VI. Zwischenergebnis

Die Ausfallhaftung gem. § 31 III GmbHG sichert die Erstattungspflicht aus § 31 I GmbHG ab. Anspruchsverpflichtet sind neben den echten Mitgesellschaftern auch solche Dritte, die ihrer Funktion nach Gesellschafter sind. § 31 III GmbHG begründet eine Garantiehaftung, die unabhängig von einem Mitverschulden der Mitgesellschafter an der verbotswidrigen Auszahlung (§ 30 GmbHG) eingreift. Eine Höchstsummenbegrenzung, die das Haftungsrisiko für die Mitgesellschafter überschaubar bleiben läßt, besteht nicht. Dem Gedanken der Risikobegrenzung kann aber dadurch Rechnung getragen werden, daß man bereits an die Auszahlung i. S. d. § 30 GmbHG strenge Anforderungen stellt. Folge ist, daß eigenmächtige Zugriffe auf das Gesellschaftsvermögen von Gesellschaftern, die nicht Geschäftsführer sind, aus dem Anwendungsbereich der §§ 30, 31 GmbHG ausgeklammert werden. Die unzulässig begünstigten Gesellschafter sind in diesem Fall allerdings wegen der Verletzung ihrer Ge-

[50] Siehe oben § 10 III.

[51] Dazu oben § 12 III 3.

[52] Dazu oben § 12 IV.

sellschafterpflichten und gem. §§ 826 bzw. 823 II BGB i. V. m. den Vorschriften des Strafrechts zum Schadensersatz verpflichtet. Der Anspruch aus § 31 III GmbHG wird ebenso wie derjenige aus § 31 I GmbHG durch § 31 IV GmbHG abgesichert. Die nachträgliche anderweitige Wiederauffüllung des Stammkapitals kommt auch den aus § 31 III GmbHG verpflichteten Mitgesellschaftern zugute.

§ 14 Zusätzliche Absicherung der Stammkapitaldeckung durch Schadensersatzansprüche gegen Gesellschafter

Abschließend bleibt zu klären, ob die in § 31 GmbHG getroffenen Regelungen ausreichen, um die Folgen stammkapitalschädlicher Eingriffe in das Gesellschaftsvermögen wieder zu beseitigen. Der BGH jedenfalls hat insoweit Zweifel. Das läßt sich dem Umstand entnehmen, daß er der Ausfallhaftung der Mitgesellschafter (§ 31 III GmbHG) im Wege der Rechtsfortbildung eine Schadensersatzhaftung der Gesellschafter zur Seite stellt[1]. Darauf wird noch einzugehen sein. Aber nicht nur im Bereich des § 31 III GmbHG, sondern auch für die Erstattungspflicht nach § 31 I GmbHG fragt sich, ob ergänzende Sicherungsmechanismen geschaffen werden müssen.

I. Von § 31 I GmbHG nicht erfaßte stammkapitalschädliche Vermögensbeeinträchtigungen

Nicht alle stammkapitalschädlichen Vermögensbeeinträchtigungen können mit der Erstattungspflicht gem. § 31 I GmbHG wieder ausgeglichen werden. Oben wurde bereits dargelegt, daß die Vorschrift nur einen Anspruch auf Rückgabe des verbotswidrig zugewendeten Auszahlungsgegenstandes begründet. Hat die Gesellschaft infolge der Zuwendung sonstige Vermögenseinbußen erlitten, die über den Verlust des Auszahlungsgegenstandes hinausgehen, werden diese nicht gem. § 31 I GmbHG erstattet[2]. Das spielt etwa eine Rolle, wenn die Gesellschaft ihrem Gesellschafter eine Produktionsanlage zuwendet, als Folge abhängige Betriebsteile nicht mehr sinnvoll genutzt werden können und daher zusätzliche Verluste (mittelbare Schäden) entstehen. Hier besteht eine plan-

---

[1] BGH, U. v. 10.12.1984, ZIP 1985, 279 f.

[2] Im einzelnen siehe oben § 10 II 3.

widrige Lücke in der Absicherung der Stammkapitaldeckung, denn auch der Gesetzgeber hat dieses Problem nicht gesehen. Sie läßt sich im Wege der Rechtsfortbildung füllen, indem man der GmbH einen Schadensersatzanspruch zubilligt, mit dem sie die mittelbaren Schäden erstattet verlangen kann. Dasselbe gilt, wenn der Gesellschafter eigenmächtig ohne Mitwirkung der Geschäftsführung auf Gesellschaftsvermögen Zugriff nimmt und deshalb keine verbotswidrige *Auszahlung* vorliegt, die eine Erstattungspflicht nach § 31 I GmbHG auslösen könnte[3].

Anerkannt ist nämlich, daß sich ein Gesellschafter schadensersatzpflichtig machen kann, wenn er Pflichten aus dem Gesellschaftsverhältnis schuldhaft verletzt[4]. Schuldrechtlich könnte man dann auch von einer Haftung aus positiver Forderungsverletzung sprechen. Auch wenn sich das Auszahlungsverbot des § 30 I GmbHG zunächst an die Geschäftsführer richtet, läßt sich der Vorschrift doch auch die Pflicht der Gesellschafter entnehmen, das zur Erhaltung des Stammkapitals erforderliche Vermögen der Gesellschaft und damit dem Zugriff der Gesellschaftsgläubiger zu belassen[5]. Mißachten sie dieses Gebot schuldhaft und lassen sich die Folgen des Verstoßes nicht bereits über § 31 I GmbHG ausgleichen, wird die Schadensersatzpflicht ausgelöst.

II. Schadensersatzpflicht zur Ergänzung der Ausfallhaftung

1. Ansatz der Rechtsprechung

Der BGH sieht das Bedürfnis, neben der Ausfallhaftung (§ 31 III GmbHG) im Wege der Rechtsfortbildung eine summenmäßig nicht beschränkte Schadensersatzpflicht der Mitgesellschafter zu begründen, wenn sie schuldhaft durch ihre Einflußnahme in der Gesellschaft einem anderen Gesellschafter zu einer verbotenen Auszahlung (§ 30 GmbHG) verhelfen[6]. Da der BGH eine summenmäßige Beschränkung der Ausfallhaftung (§ 31 III GmbHG) in Erwägung zieht[7],

---

[3] Einzelheiten dazu oben § 4 II 2 und § 13 IV 4.

[4] Einzelheiten: *K. Schmidt*, ZIP 1988, 1497, 1505 f. m. w. N.

[5] Ähnlich: *Ulmer*, FS 100 Jahre GmbH-Gesetz, S. 363, 373 f.; eine Ausnahme gilt dann, wenn der Gesellschafter seiner Gesellschaft wie ein Dritter gegenübertritt, siehe oben § 5 II 1.

[6] BGH, U. v. 10.12.1984, ZIP 1985, 279, 280; tendenziell zustimmend: *Lutter / Hommelhoff*, § 31 Rn. 21; *Meyer-Landrut / Meyer-Landrut*, § 31 Rn. 7; *K. Schmidt*, ZIP 1988, 1497, 1506; *derselbe*, Gesellschaftsrecht, § 37 III 3 c, S. 951; *Fleck*, FS 100 Jahre GmbH-Gesetz, S. 391, 407.

[7] Siehe oben § 13 II 1.

könnte man meinen, die Schadensersatzpflicht habe allein den Sinn, die Deckung des Stammkapitals jenseits der Grenze abzusichern, an der die Reichweite der Ausfallhaftung wegen der Summenbegrenzung endet. So gesehen ist für die Schadensersatzpflicht nach der hier vertretenen Auslegung des § 31 III GmbHG kein Platz: Da die Ausfallhaftung unbeschränkt ist[8], läßt sich keine Notwendigkeit für eine ergänzende Schadensersatzpflicht erkennen.

Bei näherem Hinsehen zeigt sich allerdings, daß die Schadensersatzpflicht nicht nur Lücken schließen soll, die sich ergeben, wenn man eine summenmäßige Beschränkung der Ausfallhaftung für richtig hält. Denn sie soll auch dann eingreifen, wenn die verbotene Auszahlung unterhalb des Betrages des Stammkapitals bleibt und nicht auch die Überschuldung zur Folge hat[9]. In diesem Fall greift aber auch nach Ansicht des BGH die Ausfallhaftung gem. § 31 III GmbHG[10]. Offensichtlich sollen daher beide Ansprüche parallel zur Geltung kommen können[11].

2. *Kritik der Literatur*

Die Literatur steht der Ansicht der Rechtsprechung, der Ausfallhaftung (§ 31 III GmbHG) müsse ein Schadensersatzanspruch zur Seite gestellt werden, vielfach kritisch gegenüber[12]. Teilweise wird zu bedenken gegeben, damit werde die Risikobegrenzung überspielt, die im Interesse der Mitgesellschafter durch die summenmäßige Beschränkung der Ausfallhaftung erreicht worden sei[13]. Geht man mit der hier vertretenen Ansicht davon aus, daß die Ausfallhaftung nicht summenmäßig beschränkt ist, fällt dieses Argument weg. Des weiteren wird geltend gemacht, für einen zusätzlichen Schadensersatzanspruch

---

[8] Siehe oben § 13 IV 2 u. 3.

[9] Das ergibt sich deutlich aus dem Leitsatz des Urteils v. 10.12.1984, ZIP 1985, 279.

[10] Siehe oben § 13 II 1.

[11] Diese Zweigleisigkeit versucht *Reemann*, ZIP 1990, 1309 ff., aufzulösen. Ihm ist schon deshalb nicht zu folgen, weil seine Überlegungen auf der nicht überzeugenden Prämisse beruhen, § 31 III GmbHG müsse in eine Haftung für vermutetes Verschulden fortgebildet werden; Einzelheiten dazu oben § 13 II 4 u. IV 1.

[12] *Scholz / Westermann*, § 31 Rn. 31; *Baumbach / Hueck / Hueck*, § 31 Rn. 17 a; *Hachenburg / Goerdeler / Müller*, § 31 Rn. 57; *Erlinghagen*, WuB II. C §§ 30, 31 GmbHG 1.85; *Falkenstein*, S. 113 ff.; *Ulmer*, ZGR 1985, 598, 600 ff.; jetzt aber dem BGH tendenziell zustimmend: *Ulmer*, FS 100 Jahre GmbH-Gesetz, S. 363, 373 ff.

[13] *Baumbach / Hueck / Hueck*, § 31 Rn. 17 a; *Scholz / Westermann*, § 31 Rn. 31.

bestehe kein Bedürfnis[14]. Ob dies zutrifft, läßt sich abschließend erst nach einem Blick auf die Unterschiede der beiden Haftungssysteme entscheiden.

3. Unterschiede der Haftungssysteme

Anders als der Anspruch gem. § 31 III GmbHG soll der Schadensersatzanspruch gegen die Mitgesellschafter nicht nur dann geltend gemacht werden können, wenn der gem. § 31 I GmbHG primär verpflichtete Gesellschafter ausfällt. Dieser Unterschied fällt jedoch kaum ins Gewicht. Denn an den Nachweis der Undurchsetzbarkeit des Anspruchs gem. § 31 I GmbHG werden ohnehin nur relativ geringe Anforderungen gestellt[15].

Kommt eine Inanspruchnahme mehrerer Mitgesellschafter in Betracht, so haften diese gem. § 31 III GmbHG pro rata, gegebenenfalls auch für zahlungsunfähige Mitgesellschafter, während die Schadensersatzpflicht zu einer gesamtschuldnerischen Haftung führen würde. Bei der Geltendmachung von Schadensersatzansprüchen bräuchte die Gesellschaft die Erstattungssumme also nicht erst auf die einzelnen Mitgesellschafter aufzuteilen. Auch dieser Vorteil führt nicht zu einer entscheidenden Verbesserung bei der Absicherung der Stammkapitaldeckung. Die gesamtschuldnerische Haftung könnte aber für die in Anspruch genommenen Mitgesellschafter zu interessengerechteren Lösungen führen. Der nach § 426 I BGB notwendige Gesamtschuldnerausgleich müßte unter Berücksichtigung des jeweiligen Mitverschuldens an der verbotenen Auszahlung erfolgen[16], während die starre pro rata Haftung gem. § 30 III GmbHG dem Wortlaut nach keinen Raum für eine Begünstigung gering mitschuldiger Gesellschafter gegenüber überwiegend mitschuldigen Gesellschaftern läßt. Um dieses Problem zu lösen, benötigt man aber nicht einen zusätzlichen Schadensersatzanspruch der GmbH. Ausreichend ist es, dem aus § 31 III GmbHG in Anspruch genommenen Gesellschafter im Wege der Rechtsfortbildung dann einen Ausgleichsanspruch gegen ebenfalls gem. § 31 III GmbHG haftende Gesellschafter zu gewähren, wenn deren Verschuldensanteil an dem Verstoß gegen § 30 GmbHG seinen Verschuldensanteil übersteigt.

---

[14] *Erlinghagen*, WuB II C. §§ 30, 31 GmbHG 1.85; *Hachenburg / Goerdeler / Müller*, § 31 Rn. 57.

[15] Einzelheiten siehe oben § 13 I.

[16] Vgl.: *Palandt / Heinrichs*, § 426 Rn. 10 m. w. N.

Ferner würde die Schadensersatzpflicht anders als die Inanspruchnahme nach § 31 III GmbHG nicht davon abhängen, daß der zu erstattende Betrag zur Gläubigerbefriedigung erforderlich ist[17]. Auch dieser Unterschied darf in seinen praktischen Auswirkungen nicht überbewertet werden. Ansprüche aus § 31 III GmbHG werden regelmäßig erst im Konkurs geltend gemacht. Dann liegt die Erforderlichkeit zur Gläubigerbefriedigung immer vor. Sollte aber einmal eine Inanspruchnahme aus § 31 III GmbHG allein daran scheitern, daß der Betrag zur Gläubigerbefriedigung nicht erforderlich ist, wird man kaum sagen können, es bestehe das dringende Bedürfnis, im Wege der Rechtsfortbildung eine Schadensersatzpflicht zu begründen, um im Interesse der Gläubiger den Betrag doch noch ersetzt zu bekommen.

Schließlich kann der Schadensersatzanspruch im Einzelfall inhaltlich weiter gehen als die Ausfallhaftung[18]. Diese ist durch den Betrag der verbotswidrig geleisteten Auszahlung beschränkt, ermöglicht also nicht die Beseitigung mittelbarer Vermögenseinbußen. Das ergibt sich aus der Abhängigkeit von der Primärverpflichtung gem. § 31 I GmbHG, die derselben Beschränkung unterliegt[19]. Aufgrund dieser Abhängigkeit von § 31 I GmbHG greift die Ausfallhaftung auch dann nicht, wenn der stammkapitalschädliche Vorteil eines Gesellschafters nicht auf einer Auszahlung i. S. d. § 30 GmbHG beruht, sondern auf einem eigenmächtigen Zugriff auf das Gesellschaftsvermögen[20].

4. Bedürfnis für Schadensersatzhaftung

An diesen beiden letzten Punkten zeigt sich, daß die Ausfallhaftung gem. § 31 III GmbHG nicht in allen Fällen eine vollständige Beseitigung stammkapitalschädlicher Vermögensbeeinträchtigungen sicherstellen kann. Daher besteht in der Tat das Bedürfnis, eine Schadensersatzhaftung der Mitgesellschafter anzuerkennen. Dabei kann an bereits bekannte Überlegungen angeknüpft werden[21]. Ein Gesellschafter macht sich nicht nur dann schadensersatzpflichtig, wenn er durch seine Einflußnahme in der Gesellschaft zu seinem eigenen Vorteil schuldhaft die Pflicht verletzt, das zur Erhaltung des Stammkapitals

---

[17] Zutreffend: *Ulmer*, ZGR 1985, 598, 599.

[18] Zutreffend: *Ulmer*, ZGR 1985, 598, 599.

[19] Siehe oben § 10 II 1 u. 3.

[20] Dazu oben § 4 II 2.

[21] Siehe oben § 14 I.

erforderliche Vermögen der Gesellschaft und damit auch dem Zugriff der Gesellschaftsgläubiger zu belassen. Gleiches gilt, wenn die Pflichtverletzung erfolgt, um einen Mitgesellschafter zu begünstigen, und der Gesellschafter erkannt hat oder bei Beobachtung der im Verkehr gebotenen Sorgfalt hätte erkennen müssen, daß haftendes Kapital entnommen oder aus einem überschuldeten Gesellschaftsvermögen gezahlt wird (§ 276 I BGB)[22]. Da die Schadensersatzhaftung nur der Lückenfüllung dient, beschränkt sich ihr Anwendungsbereich auf die Beseitigung der stammkapitalschädlichen Vermögensbeeinträchtigungen, die nicht schon gem. § 31 III GmbHG erstattet werden müssen.

III. Zwischenergebnis

Regelmäßig reichen die in § 31 GmbHG getroffenen Regelungen aus, um die Folgen stammkapitalschädlicher Eingriffe wieder zu beseitigen. Nicht vom Anwendungsbereich dieser Vorschrift erfaßt ist aber der Ausgleich solcher Vermögensbeeinträchtigungen, die über die verbotswidrige Zuwendung des Auszahlungsgegenstandes hinausgehen oder nicht auf einer Auszahlung i. S. d. § 30 GmbHG beruhen. Hier ist zur Lückenfüllung eine Schadensersatzhaftung der Gesellschafter anzuerkennen. Sie sind schadensersatzpflichtig, wenn sie durch ihre Einflußnahme in der Gesellschaft sich oder einem anderen Gesellschafter schuldhaft (§ 276 I BGB) zu einem Vorteil zu Lasten des gem. § 30 GmbHG gebundenen Vermögens verhelfen und die eingetretene – unmittelbare oder mittelbare – Vermögensbeeinträchtigung nicht schon gem. § 31 GmbHG ausgeglichen werden muß.

---

[22] Zum Verschuldensmaßstab ebenso: BGH, U. v. 10.12.1984, ZIP 1985, 279, 280; *Meyer-Landrut / Meyer-Landrut*, § 31 Rn. 7; nicht eindeutig: *Ulmer*, FS 100 Jahre GmbH-Gesetz, S. 363, 374 ff.; teilweise a. A.: *Lutter / Hommelhoff*, § 31 Rn. 21; *K. Schmidt*, Gesellschaftsrecht, § 37 III 3 c, S. 951; *Rowedder / Rowedder*, § 31 Rn. 18.

3. Teil

Gesamtergebnis

Die §§ 30 I, 31 GmbHG wollen vornehmlich die Gesellschaftsgläubiger, nachrangig aber auch die Bestandsinteressen der GmbH schützen. Dabei ist der Schutz der Vorschriften auf die lebende Gesellschaft ausgerichtet. Es geht nicht in erster Linie darum, den Gläubigern im Konkurs der GmbH ein bestimmtes Mindestvermögen zur Befriedigung ihrer Ansprüche zur Verfügung zu stellen (§ 1).

§ 30 I GmbHG liegt im Ausgangspunkt eine bilanzorientierte Betrachtung zugrunde. Geschützt wird nicht ein gegenständlich bestimmtes Vermögen, sondern eine Wertsumme. Die Vorschrift will verhindern, daß Gesellschaftsvermögen wertmäßig an Gesellschafter abfließt, solange der Wert der Aktiva hinter dem der Schulden zuzüglich des Stammkapitals zurückbleibt (§ 2).

Soweit nicht ausnahmsweise der Bestand der GmbH bedroht ist, erfolgt die Bilanzierung im Rahmen des § 30 GmbHG grundsätzlich unter der Annahme der Unternehmensfortführung nach den Vorschriften zur Erstellung der Jahresbilanz. Allerdings sind stille Reserven, die auf steuerrechtlichen Bewertungsvergünstigungen beruhen, unter Zugrundelegung handelsrechtlicher Bewertungsvorschriften aufzulösen (§ 3).

Auszahlungen i. S. d. § 30 GmbHG sind nicht nur Geldleistungen, sondern Zuwendungen aller Art, denen nicht eine gleichwertige Gegenleistung gegenübersteht. Ein Vermögensabfluß bei der GmbH kann aber nur dann eine Auszahlung der Gesellschaft beinhalten, wenn daran ein Verhalten mitgewirkt hat, das der Geschäftsführung zurechenbar ist. Demgegenüber ist es für die Annahme einer Auszahlung unerheblich, ob sich auch das Bilanzreinvermögen mindert. Der bilanzorientierten Betrachtung im Rahmen des § 30 GmbHG sind Grenzen gesetzt. Daher sind auch solche Vorteilsgewährungen an Gesellschafter als Auszahlungen i. S. d. Vorschrift anzusehen, die in der Bilanz keine Wertverschiebungen hervorrufen (§ 4).

Als Auszahlungsempfänger i. S. d. § 30 GmbHG kommen nicht nur „echte“ Gesellschafter in Betracht, sondern auch Dritte, wenn sie wegen ihrer tatsächlichen Stellung faktisch die Rolle von Gesellschaftern übernehmen („wirtschaftliche“ Gesellschafter). Voraussetzung für ein Eingreifen der Vorschrift ist aber immer, daß der Zuwendungsempfänger gerade wegen seiner Gesellschafterstellung (causa societatis) begünstigt wird. Auch Zuwendungen an sonstige Dritte, die nicht bereits „wirtschaftliche“ Gesellschafter sind, können ihren Grund im Gesellschaftsverhältnis haben und fallen dann ebenfalls in den Anwendungsbereich des § 30 GmbHG. Das ist insbesondere dann der Fall, wenn die Zuwendung an den Dritten mittelbar (auch) einem Gesellschafter zugute kommt. Allein ein Angehörigenverhältnis zwischen einem Dritten und einem Gesellschafter rechtfertigt es noch nicht, auf eine Zuwendung an den Dritten § 30 GmbHG anzuwenden (§ 5).

Verboten ist eine Auszahlung (§ 30 I GmbHG), wenn sie nicht vollständig aus dem Eigenkapital oberhalb der Stammkapitalgrenze finanziert werden kann. Das Verbot greift auch dann ein, wenn eine in Aussicht genommene Zuwendung zu Lasten der Rücklage für eigene Anteile (§ 272 IV HGB) gehen würde oder nur unter Inanspruchnahme der gesellschaftsvertraglich gebundenen Rücklagen erfolgen könnte (§ 6).

Die strikte Vermögensbindung des § 30 I GmbHG im Bereich unterhalb der Stammkapitalgrenze wird oberhalb derselben durch die verfahrensmäßige Auszahlungsbeschränkung des § 30 II 2 GmbHG ergänzt. Diese Vorschrift schützt nicht nur eingezahlte Nachschüsse, sondern ist analog auf sonstige Finanzierungsbeiträge anzuwenden, die in Erfüllung einer gesellschaftsvertraglich vereinbarten Nebenpflicht erbracht werden (§ 7).

Hinsichtlich der Wirkungen des Auszahlungsverbots (§ 30 GmbHG) auf den Bestand von Leistungsversprechen und Erfüllungshandlungen gilt folgendes: Soweit Gesellschaft und Gesellschafter Verpflichtungsgeschäfte, die den Gesellschafter begünstigen, unter dem Vorbehalt schließen, daß sie nicht aus dem zur Erhaltung des Stammkapitals erforderlichen Vermögen erfüllt werden müssen, scheidet ein Konflikt mit § 30 I GmbHG von vornherein aus. Auch wenn ein solcher Vorbehalt nicht vereinbart worden ist, wird die Wirksamkeit des Verpflichtungsgeschäfts durch § 30 I GmbHG grundsätzlich nicht berührt. Ebenfalls grundsätzlich wirksam sind Auszahlungsbeschlüsse sowie rechtsgeschäftliche Auszahlungsvorgänge (Übereignungen, Auf- und Verrechnungen), mit denen unter Verstoß gegen § 30 I GmbHG Vermögen an Gesellschafter fließt. Mit dem Ausschluß von Nichtigkeitsfolgen wird sichergestellt, daß die Wertungen des § 31 GmbHG – insbesondere durch konkurrierende Ansprüche aus dem allgemeinen Zivilrecht – nicht unterlaufen werden (§ 8).

Hat sich die Gesellschaft dem Gesellschafter gegenüber zu einer Auszahlung verpflichtet, deren Vornahme nur unter Verstoß gegen § 30 GmbHG möglich ist, kann und muß sie die Leistung verweigern, bis erneut genügend ungebundenes Vermögen vorhanden ist, um daraus den Auszahlungsanspruch zu erfüllen (§§ 242 BGB i. V. m. 31 I GmbHG). Die Gesellschaft kann sich nicht auf das Leistungsverweigerungsrecht berufen, wenn der Gesellschafter bereit ist, eine Geldleistung zu erbringen, die den Verlust an gebundenem Vermögen ausgleicht, der als Folge der Auszahlung droht. Wird die Abwicklung eines zwischen Gesellschaft und Gesellschafter geschlossenen Verpflichtungsgeschäfts wegen des Leistungsverweigerungsrechts der Gesellschaft auf unbestimmte Zeit verschoben, kann der Gesellschafter von dem Vertrag zurücktreten (§ 9).

Geht die Gesellschaft aus § 31 I GmbHG gegen den verbotswidrig begünstigten Gesellschafter vor, so kann sie bei gegenständlichen Zuwendungen grundsätzlich nur den Auszahlungsgegenstand selbst herausverlangen, hat aber keinen Anspruch auf Wertersatz in Geld. Dem Gesellschafter hingegen bleibt die Wahl, statt den Auszahlungsgegenstand herauszugeben einen entsprechenden Geldbetrag zu erstatten. Gibt er den Auszahlungsgegenstand zurück, wird er in die Lage vor der verbotenen Auszahlung zurückversetzt. Die der Auszahlung zugrundeliegenden schuldrechtlichen Verpflichtungen zwischen Gesellschaft und Gesellschafter leben wieder auf. Daher kann er die Zuwendung erneut verlangen, wenn sich die Vermögenslage der Gesellschaft nachträglich bessert (§ 10).

Im Umfang ist die Erstattungspflicht (§ 31 I GmbHG) nicht nur durch den Wert des Auszahlungsgegenstandes, sondern auch durch den Betrag begrenzt, der zur Wiederherstellung der Stammkapitaldeckung bzw. Wiederauffüllung der Nachschüsse erforderlich ist. Damit die Rückerstattungspflicht tatsächlich erfüllt wird, bestehen als Sicherungsmechanismen insbesondere Erlaß- und Aufrechnungsverbote sowie Abtretungsbeschränkungen (§ 31 IV GmbHG, 19 II 2 GmbHG analog) (§ 10).

Soweit neben Gesellschaftern auch Dritte durch die verbotswidrige Auszahlung begünstigt worden sind, sind diese nur ausnahmsweise zur Erstattung gem. § 31 I GmbHG verpflichtet. Das ist insbesondere dann der Fall, wenn sie – z. B. aufgrund von Treuhandverträgen oder konzernmäßigen Verbindungen – zwar nicht formal, aber der Funktion nach („wirtschaftliche“) Gesellschafter sind, oder sie eine ihnen abgetretene Forderung geltend gemacht haben, die bereits mit der Einrede aus § 31 I GmbHG i. V. m. § 242 BGB behaftet war (§ 404 BGB analog). Allein das Angehörigenverhältnis zu einem Gesellschafter begründet demgegenüber keine Erstattungspflicht (§ 11).

Die Ergebnisse zur Einbeziehung Dritter in die Erstattungspflicht wirken sich auf die Lösung der Frage aus, in welchen Fällen auch Dritten das Leistungsverweigerungsrecht zum Schutz der Stammkapitaldeckung entgegengehalten werden kann. Die GmbH kann die Erfüllung von Auszahlungsansprüchen Dritter unter Hinweis auf ihre angegriffene Stammkapitaldecke grundsätzlich nur dann verweigern, wenn der Dritte nach Erhalt der Leistung auch erstattungspflichtig wäre. Gleiches gilt, wenn das Forderungsrecht des Dritten auf einem zwischen Gesellschaft und Gesellschafter geschlossenen Vertrag zugunsten Dritter beruht, da die GmbH dann das gegenüber dem Gesellschafter bestehende Leistungsverweigerungsrecht (§ 31 I GmbHG i. V. m. § 242 BGB) gem. § 334 BGB auch dem Dritten entgegenhalten kann (§ 11).

Bessert sich die Vermögenslage der Gesellschaft und hat dies zur Folge, daß das Stammkapital wieder gedeckt ist, bevor der verbotswidrig begünstigte Gesellschafter seiner Erstattungspflicht nachgekommen ist, braucht er endgültig nicht mehr zu leisten. Da sein zunächst durch Erfüllung erloschener Auszahlungsanspruch nach der Erstattung wieder aufleben würde und ihm jetzt von der GmbH auch kein Leistungsverweigerungsrecht zum Schutz der Stammkapitaldeckung mehr entgegengehalten werden könnte, kann der Gesellschafter dem Anspruch aus § 31 I GmbHG den dolo-agit-Einwand entgegenhalten („dolo agit, qui petit, quod statim redditurus est"). Das gilt nicht, wenn der Anspruch vor der anderweitigen Wiederherstellung der Stammkapitaldeckung an einen Dritten abgetreten oder von diesem gepfändet worden ist. In diesem Fall muß der Gesellschafter zunächst an den Dritten leisten und kann anschließend seinen wieder aufgelebten Auszahlungsanspruch gegen die Gesellschaft geltend machen. Hat der Gesellschafter freiwillige Geldleistungen an die Gesellschaft erbracht, um eine ansonsten verbotene Auszahlung (§ 30 I GmbHG) zu ermöglichen oder um einen gem. § 31 I GmbHG herausverlangten Auszahlungsgegenstand behalten zu dürfen, kann er den Betrag zurückfordern, wenn dieser nicht mehr benötigt wird, um die Stammkapitaldeckung zu gewährleisten. Die genannten Grundsätze gelten entsprechend, wenn die Erstattungspflicht (§ 31 I GmbHG) durch einen Verstoß gegen § 30 II GmbHG ausgelöst worden ist (§ 12).

Die Ausfallhaftung gem. § 31 III GmbHG sichert die Erstattungspflicht aus § 31 I GmbHG ab. Anspruchsverpflichtet sind neben den echten Mitgesellschaftern auch solche Dritte, die ihrer Funktion nach Gesellschafter sind. § 31

III GmbHG begründet eine Garantiehaftung, die unabhängig von einem Mitverschulden der Mitgesellschafter an der verbotswidrigen Auszahlung (§ 30 GmbHG) eingreift. Eine Höchstsummenbegrenzung, die das Haftungsrisiko für die Mitgesellschafter überschaubar bleiben läßt, besteht nicht. Dem Gedanken der Risikobegrenzung kann aber dadurch Rechnung getragen werden, daß man bereits an die Auszahlung i. S. d. § 30 GmbHG strenge Anforderungen stellt. Die nachträgliche anderweitige Wiederauffüllung des Stammkapitals kommt auch den aus § 31 III GmbHG verpflichteten Mitgesellschaftern zugute (§ 13).

Regelmäßig reichen die in § 31 GmbHG getroffenen Regelungen aus, um die Folgen stammkapitalschädlicher Eingriffe wieder zu beseitigen. Nicht vom Anwendungsbereich dieser Vorschrift erfaßt ist aber der Ausgleich solcher Vermögensbeeinträchtigungen, die über die verbotswidrige Zuwendung des Auszahlungsgegenstandes hinausgehen oder nicht auf einer Auszahlung i. S. d. § 30 GmbHG beruhen (z. B.: Diebstahl der Gesellschaftskasse durch einen Gesellschafter). Hier ist zur Lückenfüllung eine Schadensersatzhaftung der Gesellschafter anzuerkennen. Sie sind schadensersatzpflichtig, wenn sie durch ihre Einflußnahme in der Gesellschaft sich oder einem anderen Gesellschafter schuldhaft (§ 276 I BGB) zu einem Vorteil zu Lasten des gem. § 30 GmbHG gebundenen Vermögens verhelfen und die eingetretene – unmittelbare oder mittelbare – Vermögensbeeinträchtigung nicht schon gem. § 31 GmbHG ausgeglichen werden muß (§ 14).

Literaturverzeichnis

Arbeitskreiskreis GmbH-Reform: (Götz Hueck, Marcus Lutter, Hans-Joachim Mertens, Eckard Rehbinder, Peter Ulmer, Herbert Wiedemann, Wolfgang Zöllner), Thesen und Vorschläge zur GmbH-Reform, Band II: Kapital- und Haftungsfragen bei der GmbH, Heidelberg 1972

Ballerstedt, Kurt: Kapital, Gewinn und Ausschüttung bei Kapitalgesellschaften, Tübingen 1949

Barth, Peter / *Gelsen*, Hermann: Die Sicherheitsleistung der GmbH für Kredite, die Dritte den Gesellschaftern der GmbH gewährt haben, DB 1981, 2265 ff.

Bartl, Harald / *Henkes*, Ulrich / *Schlarb*, Eberhard: GmbH-Recht, Handbuch und Kommentar, 3. Aufl. Heidelberg 1990

Baumbach, Adolf / *Hueck*, Alfred: GmbH-Gesetz, 15. Aufl. München 1988 (zit.: Baumbach / Hueck / Bearbeiter)

Baumbach, Adolf / *Duden*, Konrad / *Hopt*, Klaus: Handelsgesetzbuch, Kommentar, 28. Aufl. München 1989

Bayer, Walter: Abtretung und Pfändung der GmbH-Stammeinlageforderungen, ZIP 1989, 8 ff.

Beck'scher Bilanz-Kommentar: bearbeitet von Wolfgang Dieter Budde, Hermann Clemm, Max Pankow, Manfred Sarx, 2. Aufl. München 1990 (zit.: Bearbeiter in Beck Bil-Komm)

Binz, Mark K.: Die GmbH & Co., 8. Aufl. München 1992

Böhle-Stamschräder, Alois / *Kilger*, Joachim: Gesetz, betreffend die Anfechtung von Rechtshandlungen eines Schuldners außerhalb des Konkursverfahrens, 7. Aufl. München 1986

Bommert, Rainer: Verdeckte Vermögensverlagerungen im Aktienrecht, Köln / Berlin / Bonn / München, 1989

Brändel, Oliver: Rechtsfragen bei der Abtretung oder Pfändung von Erstattungsansprüchen wegen der verbotenen Rückgewähr „kapitalersetzender" Darlehen, FS für Hans-Joachim Fleck, S. 1 ff., herausgegeben von Reinhard Goerdeler, Peter Hommelhoff, Marcus Lutter, Herbert Wiedemann, Berlin / New York 1988

Brandes, Helmut: Die Behandlung von Nutzungsüberlassungen im Rahmen einer Betriebsaufspaltung unter Gesichtspunkten des Kapitalersatzes und der Kapitalerhaltung, ZGR 1989, 244 ff.

Brandner, Hans Erich: Wegfall oder Beständigkeit des Erstattungsanspruchs aus § 31 GmbHG bei anderweitiger Wiederherstellung des Stammkapitals? FS für Hans-Joachim Fleck, S. 23 ff., herausgegeben von Reinhard Goerdeler, Peter Hommelhoff, Marcus Lutter, Herbert Wiedemann, Berlin / New York 1988

Brodmann, Erich: Gesetz, betreffend die Gesellschaften mit beschränkter Haftung, 2. Aufl. Berlin/ Leipzig 1930

Brox, Hans: Allgemeines Schuldrecht, 19. Aufl. München 1991

Buchwald, F.: Die Bewertung des zur Deckung des Stammkapitals erforderlichen Vermögens der GmbH, GmbHR 1957, 33 f.

Butzke, Volker: Die Bedeutung anderweitiger Auffüllung des Stammkapitals für Einlage- oder Erstattungsansprüche der GmbH gegen ihre Gesellschafter, ZHR 154 (1990), 357 ff.

Buyer, Christoph: Gewinn und Kapital, Die Rückgewähr von verdeckten und sonst fehlerhaften Gewinnausschüttungen im Handels- und Steuerrecht, Stuttgart 1989

Canaris, Claus-Wilhelm: Der Bereicherungsausgleich im Dreipersonenverhältnis, FS für Karl Larenz, S. 799 ff., herausgegeben von Gotthard Paulus, Uwe Diederichsen, Claus-Wilhelm Canaris, München 1973

– Die Rückgewähr von Gesellschaftereinlagen durch Zuwendungen an Dritte, FS für Robert Fischer, S. 31 ff., herausgegeben von Marcus Lutter, Walter Stimpel, Herbert Wiedemann, Berlin / New York 1979

– Gesetzliches Verbot und Rechtsgeschäft, Heidelberg 1983 (zit.: Canaris, Gesetzliches Verbot)

Coenenberg, Adolf Gerhard: Jahresabschluß und Jahresabschlußanalyse: betriebswirtschaftliche, handels- und steuerrechtliche Grundlagen, 12. Aufl. Landsberg am Lech 1991

Crezelius, Georg: Anmerkung zu BGH, U. v. 11.12.1989, EWiR § 172 HGB 1 / 90, S. 169 f.

– Das sogenannte schwebende Geschäft in Handels-, Gesellschafts- und Steuerrecht, FS für Georg Döllerer, S. 81 ff., herausgegeben von Brigitte Knobbe-Keuk, Franz Klein, Adolf Moxter, Düsseldorf 1988

– Gewinnermittlung vs. Gewinnverwendung, FS 100 Jahre GmbH-Gesetz, S. 315 ff., herausgegeben von Marcus Lutter, Peter Ulmer, Wolfgang Zöllner, Köln 1992

Döllerer, Georg: Verdeckte Gewinnausschüttungen und verdeckte Einlagen bei Kapitalgesellschaften, 2. Aufl. Heidelberg 1990 (zit.: Döllerer, Verdeckte Gewinnausschüttungen)

– 35. steuerrechtliche Jahresarbeitstagung der Fachanwälte für Steuerrecht: Verdeckte Gewinnausschüttungen bei verbundenen Unternehmen, Teil III: Aussprache mit den Referenten und Teilnehmern, JbFSt 1984 / 85, S. 543 ff. (zit.: Döllerer / Teilnehmer)

– Die Rechtsprechung des Bundesfinanzhofs zum Steuerrecht der Unternehmen, ZGR 1991, 423 ff.

Dressel, Robert: Kapitalaufbringung und -erhaltung in der GmbH unter besonderer Berücksichtigung des Gründungsstadiums, Frankfurt am Main / Bern / New York / Paris 1988

Ehlke, Michael: Zur Behandlung von Treugeber und Treuhänder an einem GmbH-Anteil, DB 1985, 795 ff.

Ehrenberg, Victor: Handbuch des gesamten Handelsrechts, Dritter Band, III. Abteilung, Leipzig 1929 (zit.: Ehrenberg / Bearbeiter)

Erlinghagen, Peter: Anmerkung zu BGH, U. v. 10.12.1984, WuB II C. §§ 30, 31 GmbHG 1.85

Ermann, Walter: Handkommentar zum Bürgerlichen Gesetzbuch, 8. Aufl. Münster 1989 (zit.: Ermann / Bearbeiter)

Fabricius, Fritz: Das Stammkapital der GmbH – Zur Frage seiner Rechtfertigung und der Rechtfertigung seiner Höhe, GmbHR 1970, 137 ff.

Fabritius, Andreas: Die Überlassung von Anlagevermögen an die GmbH durch Gesellschafter, Heidelberg 1988 (zit.: Fabritius, Anlagevermögen)

– Vermögensbindung in AG und GmbH – tiefgreifender Unterschied oder grundsätzliche Identität? ZHR 144 (1980), 628 ff.

Falkenstein, Norbert: Grenzen für die Entnahmerechte der GmbH-Gesellschafter, Frankfurt a.M. / Berlin / Bern / New York / Paris / Wien 1992

Fetsch, Karl-Hugo: „Abschreibungsgesellschaften“ Gesetzesüberblick und Einzelfragen, FS für Alexander Knur, S. 65 ff., herausgegeben von Werner Flume und Richard Hamm, München 1972

Fischer, Robert: Die GmbH in der Rechtsprechung des Bundesgerichtshofs, in: Pro GmbH, S. 137 ff., herausgegeben von Martin Schmidt, Köln 1980

Fischer, Robert / *Lutter*, Marcus / *Hommelhoff*, Peter: GmbH-Gesetz, Kommentar, 12. Aufl. Köln 1987

Fleck, Hans-Joachim: Die Bilanzierung kapitalersetzender Gesellschafterdarlehen in der GmbH, FS für Georg Döllerer, S. 109 ff., herausgegeben von Brigitte Knobbe-Keuk, Franz Klein, Adolf Moxter, Düsseldorf 1988

– Literaturbesprechung: Baumbach / Hueck, GmbH-Gesetz, 14. Aufl. und Fischer / Lutter, GmbH-Gesetz, 11. Aufl., ZIP 1986, 269 ff.

– Der Grundsatz der Kapitalerhaltung – seine Ausweitung und seine Grenzen, FS 100 Jahre GmbH-Gesetz, S. 391 ff., herausgegeben von Marcus Lutter, Peter Ulmer, Wolfgang Zöllner, Köln 1992

– Literaturbesprechung: Hermann-Josef Tries, Verdeckte Gewinnausschüttungen im GmbH-Recht, ZHR 156 (1992), 81 ff.

– Mißbrauch der Vertretungsmacht oder Treubruch des mit Einverständnis aller Gesellschafter handelnden GmbH-Geschäftsführers aus zivilrechtlicher Sicht, ZGR 1990, 31 ff.

Flume, Werner: Der Gesellschafter und das Vermögen der Kapitalgesellschaft und die Problematik der verdeckten Gewinnausschüttung, ZHR 144 (1980), 18 ff.

– Allgemeiner Teil des Bürgerlichen Rechts 1. Band, 2. Teil, Die juristische Person, Berlin/ Heidelberg / New York / Tokyo 1983 (zit.: Flume, Die juristische Person)

Frey, Kaspar: Einlagen in Kapitalgesellschaften: Gläubigerschutz und Gestaltungsfreiheit, Köln / Berlin / Bonn / München 1990

Friedrich, Karsten: Die Rechtsfolgen einer darlehensweisen Auszahlung von Stammkapital bei der GmbH, DStR 1991, 1118 ff.

Geissen, Günter / *Haarmann*, Wilhelm / *Hommelhoff*, Peter: Kapitalerhaltung, JbFSt 1988 / 89, S. 369 ff. (zit.: Geissen / Bearbeiter)

Gerkan, Hartwin von: Zum Stand der Rechtsentwicklung bei den kapitalersetzenden Gesellschafterleistungen, GmbHR 1990, 384 ff.

Gernhuber, Joachim: Die Erfüllung und ihre Surrogate, Tübingen 1983

Geßler, Ernst: Zur handelsrechtlichen verdeckten Gewinnausschüttung, FS für Robert Fischer, S. 131 ff., herausgegeben von Marcus Lutter, Walter Stimpel, Herbert Wiedemann, Berlin / New York 1979

Goutier, Klaus / *Seydel*, Helmut / *Eser*, Gisbert / *Wolf*, Jakob: GmbH-Praxis, Recht, Steuern, Rechnungslegung, 1. Teil, Kapitel I: Kommentar zum GmbH-Gesetz (§§ 1-34), Loseblatt, Herne / Berlin, Stand: 1987 (zit.: Goutier / Bearbeiter)

Großfeld, Bernhard: Bilanzrecht, 2. Aufl. Heidelberg 1990

Hachenburg, Max: Gesetz betreffend die Gesellschaften mit beschränkter Haftung (GmbHG), Großkommentar, 7. Aufl. Berlin / New York ab 1977 (zit.: Hachenburg / Bearbeiter, 7. Aufl.)

– Gesetz betreffend die Gesellschaften mit beschränkter Haftung (GmbHG), Großkommentar, 8. Aufl. Berlin / New York ab 1989 (zit.: Hachenburg / Bearbeiter)

Hager, Johannes: Die verdeckte Gewinnausschüttung in der GmbH – Ein Beitrag zu den gesellschaftsrechtlichen Sanktionen –, ZGR 1989, 71 ff.

Hees, Waldemar: Die Sicherheitsleistung einer GmbH für Verbindlichkeiten ihres Gesellschafters, DB 1955, 962 f.

Hennerkes, Brun-Hagen / *Binz*, Mark K.: Die GmbH & Co., 7. Aufl. München 1984

Heymann, Ernst: Handelsgesetzbuch, Kommentar von Volker Emmerich, Harald Herrmann, Thomas Honsell, Norbert Horn, Willi Jung, Rudolf J. Niehus, Harro Otto, Jürgen Sonnenschein, Band 2 u. 3 (§§ 105-342 HGB), Berlin / New York 1989 (zit.: Heymann / Bearbeiter)

Hommelhoff, Peter: Zum Wegfall des Erstattungsanspruchs aus § 31 GmbHG, FS für Alfred Kellermann, S. 165 ff., herausgegeben von Reinhard Goerdeler, Peter Hommelhoff, Marcus Lutter, Walter Odersky, Herbert Wiedemann, Berlin / New York 1991

Immenga, Ulrich: Anmerkung zu BGH, U. v. 11.5.1987, WuB II C. § 31 GmbHG 2.87, S. 1395 f.

– Anmerkung zu BGH, U. v. 5.2.1990, WuB II C. § 31 GmbHG 1.90, S. 815 ff.

– Besprechung der Entscheidung BGHZ 60, 324 in ZGR 1975, 487 ff.

– Die personalistische Kapitalgesellschaft, Bad Homburg 1970 (zit.: Immenga, Die personalistische Kapitalgesellschaft)

Jaeger, Ernst: Konkursordnung, Großkommentar, 9. Aufl., Berlin / New York, Stand 1991 (zit.: Jaeger / Bearbeiter)

Joost, Detlev: Anmerkung zu BGH, U. v. 5.2.1990, EWiR § 31 GmbHG 1 / 90, S. 481 f.

– Grundlagen und Rechtsfolgen der Kapitalerhaltungsregeln im Aktienrecht, ZHR 149 (1985), 419 ff.

– Grundlagen und Rechtsfolgen der Kapitalerhaltungsregeln in der GmbH, ZHR 148 (1984), 27 ff.

– Kapitalbegriff und Reichweite der Bindung des aufgebrachten Vermögens in der GmbH, GmbHR 1983, 285 ff.

Kamprad, Balduin: Bilanz- und steuerrechtliche Folgen aus der Anwendung der §§ 32 a und 32 b GmbHG auf kapitalersetzende Gesellschafterkredite? GmbHR 1985, 352 ff.

Kerber, Markus: Die Übernahme von Gesellschaften mit beschränkter Haftung im Buy-Out-Verfahren, Teil 1: WM 1989, 473 ff., Teil 2: WM 1989, 513 ff.

Ketzer, Axel: Eigenkapitalersetzende Aktionärsdarlehen, Köln / Berlin / Bonn / München 1989

Kleffner, Thomas: Der Schutz des Vermögens der GmbH vor dem Zugriff ihrer Gesellschafter durch die §§ 30 I, 31 GmbHG, BuW 1992, 455 ff.

Knobbe-Keuk, Brigitte: Stille Beteiligung und Verbindlichkeiten mit Rangrücktrittsvereinbarung im Überschuldungsstatus und in der Handelsbilanz des Geschäftsinhabers, ZIP 1983, 127 ff.

– Bilanz- und Unternehmenssteuerrecht, 8. Aufl. Köln 1991 (zit.: Knobbe-Keuk, Bilanz- und Unternehmenssteuerrecht)

Kölner Kommentar: Kölner Kommentar zum Aktiengesetz, herausgegeben von Wolfgang Zöllner, Band 1 (§§ 1-75 AktG), 2. Aufl. Köln / Bonn / München 1988 (zit.: KK / Bearbeiter)

Kollhosser, Helmut: Kredite als Eigenkapitalersatz bei stillen Kapitalbeteiligungen, WM 1985, 929 ff.

Koppensteiner, Hans-Georg: GmbH-rechtliche Probleme des Management Buy-Out, ZHR 155 (1991), 97 ff.

Krieger, Gerd: Anmerkung zu BGH, U. v. 11.12.1989, WuB II F. § 172 HGB 1.90, S. 673 f.

Kübler, Friedrich: Gesellschaftsrecht, 3. Aufl. Heidelberg 1990

Kühn, Manfred: Die Minderheitsrechte in der GmbH und ihre Reform, Hamburg 1964

Kuhn, Georg / *Uhlenbruck*, Wilhelm: Konkursordnung, Kommentar, 10. Aufl. München 1986 (zit.: Kuhn / Uhlenbruck)

Larenz, Karl: Allgemeiner Teil des deutschen Bürgerlichen Rechts, 7. Aufl. München 1989 (zit.: Larenz, BGB AT)

Leffson, Ulrich: Die Grundsätze ordnungsmäßiger Buchführung, 7. Aufl. Düsseldorf 1987 (zit.: Leffson, GoB)

Luik, Hans: Das Going-Concern-Prinzip im deutschen Bilanzrecht, in: Der Wirtschaftsprüfer im Schnittpunkt nationaler und internationaler Entwicklungen, FS für Klaus von Wysocki, S. 61 ff., herausgegeben von Gerhard Gross, Düsseldorf 1985

Lutter, Marcus: Die zivilrechtliche Haftung in der Unternehmensgruppe, ZGR 1982, 244 ff.

– Kapital, Sicherung der Kapitalaufbringung und Kapitalerhaltung in den Aktien- und GmbH-Rechten der EWG, Karlsruhe 1964 (zit.: Lutter, Kapital)

– Verdeckte Leistungen und Kapitalschutz, FS für Ernst Stiefel, S. 505 ff., herausgegeben von Marcus Lutter, Walter Oppenhoff, Otto Sandrock, Hanns Winkhaus, München 1987

– Vom formellen Mindestkapital zu materiellen Finanzierungsregeln im Recht der Kapitalgesellschaften, FS für Stefan Riesenfeld, S. 165 ff., herausgegeben von Erik Jayme, Gerhard Kegel, Marcus Lutter, Heidelberg 1983

Lutter, Marcus / *Hommelhoff*, Peter: GmbH-Gesetz, Kommentar, 13. Aufl. Köln 1991

– Nachrangiges Haftkapital und Unterkapitalisierung in der GmbH, ZGR 1979, 31 ff.

Lutter, Marcus / *Wahlers*, Henning: Der Buyout: Amerikanische Fälle und die Regeln des deutschen Rechts, AG 1989, 1 ff.

Medicus, Dieter: Schuldrecht I, Allgemeiner Teil, 6. Aufl. München 1992

Meister, Burkhardt: Die Sicherheitsleistung der GmbH für Gesellschaftsverbindlichkeiten, WM 1980, 390 ff.

– Zur Vorbelastungsproblematik und zur Haftungsverfassung der Vorgesellschaft bei der GmbH, FS für Winfried Werner, S. 521 ff., herausgegeben von Walther Hadding, Ulrich Immenga, Hans-Joachim Mertens, Klemens Pleyer, Uwe H. Schneider, Berlin / New York 1984

Meyer-Landrut, Joachim / Miller, Georg / Niehus, Rudolf J.: Gesetz betreffend die Gesellschaften mit beschränkter Haftung (GmbHG) einschließlich Rechnungslegung zum Einzel- sowie zum Konzernabschluß, Berlin / New York 1987 (zit.: Meyer-Landrut / Bearbeiter)

Moxter, Adolf: Bilanzlehre, Band I: Einführung in die Bilanztheorie, 3. Aufl. Wiesbaden 1984 (zit.: Moxter, Bilanzlehre I)

– Bilanzlehre, Band II: Einführung in das neue Bilanzrecht, 3. Aufl. Wiesbaden 1986 (zit.: Moxter, Bilanzlehre II)

Müller, Andreas: Regeln für eigenkapitalersetzende Gesellschafterdarlehen bei der GmbH und ihre Übertragbarkeit auf die AG, Frankfurt / Bern / New York / Paris 1987

Müller-Erzbach, Rudolf: Deutsches Handelsrecht, 2. u. 3. Aufl. Tübingen 1928

Münchener Kommentar: zum Bürgerlichen Gesetzbuch, 2. Aufl. München ab 1984 (zit.: MK / Bearbeiter)

Oetker, Hartmut: Rückzahlungsverbot (§ 30 I GmbHG) und Sicherheitsleistungen konzernabhängiger GmbH's für Verbindlichkeiten anderer Konzerngesellschaften – am Beispiel der Bürgschaft, KTS 1991, 521 ff.

Oppenhoff, Walter: Ausfallhaftung bei Rückzahlung kapitalersetzender Gesellschafterdarlehen, FS für Ernst Stiefel, S. 551 ff., herausgegeben von Marcus Lutter, Walter Oppenhoff, Otto Sandrock, Hanns Winkhaus, München 1987

Palandt, Otto: Bürgerliches Gesetzbuch, 52. Aufl. München 1993 (zit.: Palandt / Bearbeiter)

Peters, Klaus: Der vertragliche Rangrücktritt von Forderungen – Versuch einer Bestandsaufnahme, Teil I: WM 1988, 641 ff., Teil II: WM 1988, 685 ff.

Plander, Harro: Die Stellung des Anfechtungsgegners bei der Anfechtung von Erfüllungsgeschäften außerhalb des Konkurses, KTS 1972, 158 ff.

Priester, Hans-Joachim: Anmerkung zu OLG Hamburg, U. v. 8.2.1989, EWiR § 172 HGB 1 / 89, S. 379 f.

– Ausschüttungen bei Abschreibungsgesellschaften und Wiederaufleben der Kommanditistenhaftung, BB 1976, 1004 ff.

– Gläubigerrücktritt zur Vermeidung der Überschuldung, DB 1977, 2429 ff.

Raiser, Thomas: Recht der Kapitalgesellschaften, 2. Aufl. München 1992

Reemann, Jörg L.: Zur Ausfallhaftung des Gesellschafters für verbotene Auszahlungen der GmbH an andere Gesellschafter, ZIP 1990, 1309 ff.

Röhrkasten, Burkhard: Die verdeckte Gewinnausschüttung im Gesellschafts- und Steuerrecht, Diss. Hamburg 1976 (zit.: Röhrkasten, Die verdeckte Gewinnausschüttung)

– Die Rückzahlung des Stammkapitals, GmbHR 1974, 36 ff.

Roth, Günter H.: Gesetz betreffend die Gesellschaften mit beschränkter Haftung (GmbHG), 2. Aufl. München 1987

Rowedder, Heinz / *Fuhrmann*, Hans / *Koppensteiner*, Hans-Georg / *Rasner*, Henning / *Rittner*, Fritz / *Wiedmann*, Harald / *Zimmermann*, Klaus: Gesetz betreffend die Gesellschaften mit beschränkter Haftung (GmbHG), Kommentar, 2. Aufl. München 1990 (zit.: Rowedder / Bearbeiter)

Rümker, Dietrich: Überlegungen zur gesellschafterlichen Finanzierungsverantwortung, ZGR 1988, 494 ff.

Schmidt, Karsten: Einlage und Haftung des Kommanditisten, Köln 1977 (zit.: K. Schmidt, Einlage und Haftung)

– Gesellschaftsrecht, 2. Aufl. Köln / Berlin / Bonn / München 1991 (zit.: K. Schmidt, Gesellschaftsrecht)

– Grenzen der Ausfallhaftung von Mitgesellschaftern wegen Rückgewähr eigenkapitalersetzender Finanzierungsleistungen, DB 1992, 1917 ff.

– Summenmäßige Grenzen der Haftung von Mitgesellschaftern aus rückständigen Einlagen (§ 24 GmbHG) und verbotenen Ausschüttungen (§ 31 Abs. 3 GmbHG), BB 1985, 154 ff.

– Konkursverschleppungshaftung und Konkursverursachungshaftung, ZIP 1988, 1497 ff.

– Quasi-Eigenkapital als haftungsrechtliches und bilanzrechtliches Problem, FS für Reinhard Goerdeler, S. 487 ff., herausgegeben von Hans Havermann, Düsseldorf 1987

– Die Übertragung, Pfändung und Verwertung von Einlageforderungen, ZHR 157 (1993), 291 ff.

Schneider, Uwe H.: „Kapitalmindernde Darlehen“ der GmbH an ihre Gesellschafter – Zugleich ein Beitrag zu den rechtlichen Grenzen der Finanzierung des Leveraged / Management Buy out –, FS für Georg Döllerer, S. 537 ff., herausgegeben von Brigitte Knobbe-Keuk, Franz Klein, Adolf Moxter, Düsseldorf 1988

– Mittelbare verdeckte Gewinnausschüttungen im GmbH-Konzern, ZGR 1985, 279 ff.

– Kredite der GmbH an ihre Geschäftsführer – Zugleich eine Untersuchung zum neuen § 43 a GmbHG –, GmbHR 1982, 197 ff.

– Das Recht der Konzernfinanzierung, ZGR 1984, 497 ff.

Scholtz, Rolf-Detlev: Der Tigerfall – ein Beitrag zur verdeckten Gewinnausschüttung, FR 1990, 350 ff.

Scholz, Franz: Kommentar zum GmbH-Gesetz
Band I: 7. Aufl. Köln 1986 (zit.: Scholz / Bearbeiter, 7. Aufl.)
Band I: 8. Aufl. Köln 1993 (zit.: Scholz / Bearbeiter)
Band II: 7. Aufl. Köln 1988 (zit.: Scholz / Bearbeiter)

Schulze-Osterloh, Joachim: Die verdeckte Gewinnausschüttung bei der GmbH als kompetenzrechtliches Problem, FS Walter Stimpel, S. 487 ff., herausgegeben von Marcus Lutter, Hans-Joachim Mertens, Peter Ulmer, Berlin / New York 1985

Soergel, Hans Theodor: Bürgerliches Gesetzbuch, 12. Aufl. Stuttgart / Berlin / Köln ab 1987 (zit.: Soergel / Bearbeiter)

Sonnenhol, Jürgen / *Stützle*, Rudolf: Auswirkungen des Verbots der Einlagenrückgewähr auf Nichtgesellschafter, WM 1983, 2 ff.

– Bestellung von Sicherheiten durch eine GmbH und der Grundsatz der Erhaltung des Stammkapitals (§ 30 GmbHG), DB 1979, 925 ff.

Staudinger, Julius von: Kommentar zum Bürgerlichen Gesetzbuch, 12. Aufl. Berlin ab 1978 (zit.: Staudinger / Bearbeiter)

Stimpel, Walter: Zum Auszahlungsverbot des § 30 I GmbHG: Die Befreiung vom handelsbilanziellen Denken und die Unzulässigkeit von Vermögenszuwendungen an Gesellschafter gegen hinausgeschobene schuldrechtliche Ausgleichsverpflichtungen, FS 100 Jahre GmbH-Gesetz, S. 335 ff., herausgegeben von Marcus Lutter, Peter Ulmer, Wolfgang Zöllner, Köln 1992

Teichmann, Arndt: Die Gesetzesumgehung, Göttingen 1962

Tipke, Klaus / *Lang*, Joachim: Steuerrecht, 13. Aufl. Köln 1991

Tries, Hermann-Josef: Verdeckte Gewinnausschüttungen im GmbH-Recht, Köln 1991

Ulmer, Peter: Gesellschafterhaftung gegenüber der GmbH bei Vorteilsgewährung unter Verstoß gegen § 30 Abs. 1 GmbHG, FS 100 Jahre GmbH-Gesetz, S. 363 ff., herausgegeben von Marcus Lutter, Peter Ulmer, Wolfgang Zöllner, Köln 1992

– Gesellschafterpflicht zur Erhaltung des satzungsmäßigen Haftungsfonds der GmbH? – Besprechung der Entscheidung BGH WM 1985, 194 –, ZGR 1985, 598 ff.

– Schutz der GmbH gegen Schädigung zugunsten ihrer Gesellschafter? – Zur Relevanz der Rechtsprechung zu § 266 StGB für das Gesellschaftsrecht –, FS für Gerd Pfeiffer, S. 853 ff., herausgegeben von Otto Friedrich Freiherr von Gamm, Peter Raisch, Klaus Tiedemann, Köln / Berlin / Bonn / München 1988

– Zur Treuhand an GmbH-Anteilen: Haftung des Treugebers für Einlageansprüche der GmbH? ZHR 156 (1992), 377 ff.

Weber, Dolf: GmbH-rechtliche Probleme des Management Buy-Out, ZHR 155 (1991), 120 ff.

Weitbrecht, Cornelius: Haftung der Gesellschafter bei materieller Unterkapitalisierung der GmbH, Köln 1990

Westermann, Harm Peter: Anmerkung zu BGH, U. v. 11.5.1987, ZIP 1987, 1115 ff.

– Kapitalersetzende Darlehen eines GmbH-Gesellschafters als Gegenstand von Verrechnungsabreden, FS für Walter Oppenhoff, S. 535 ff., herausgegeben von Walter Jagenburg, Georg Maier-Reimer, Thomas Verhoeven, München 1985

Wiedemann, Herbert: Gesellschaftsrecht, Band I, Grundlagen, München 1980 (zit.: Wiedemann, Gesellschaftsrecht)

– Haftungsbeschränkung und Kapitaleinsatz in der GmbH, in: Herbert Wiedemann, Rolf Bär, Léon Dabin, Die Haftung des Gesellschafters in der GmbH, Frankfurt a.M. / Berlin 1968 (zit.: Wiedemann, Haftungsbeschränkung)

Wilhelm, Jan: Die Vermögensbindung in der Aktiengesellschaft und der GmbH und das Problem der Unterkapitalisierung, FS für Werner Flume II, S. 337 ff., herausgegeben von Horst Heinrich Jacobs, Brigitte Knobbe-Keuk, Eduard Picker, Jan Wilhelm, Köln 1978

Winter, Georg: Die Haftung der Gesellschafter im Konkurs der unterkapitalisierten GmbH, Frankfurt a.M. 1973 (zit.: Winter, Die Haftung der Gesellschafter)

Winter, Martin: Verdeckte Gewinnausschüttungen im GmbH-Recht, ZHR 148 (1984), 579 ff.

– Mitgliedschaftliche Treuebindungen im GmbH-Recht, München 1988 (zit.: Winter, Treuebindungen)

Wissmann, Eike: Anmerkung zu BGH, U. v. 16.12.1991, EWiR § 31 GmbHG 1 / 92, S. 787 f.

Wittkowski, Lutz: Haftung und Haftungsvermeidung beim Management Buy-Out einer GmbH, GmbHR 1990, 544 ff.

Wöhe, Günter: Bilanzierung und Bilanzpolitik, 7. Aufl. München 1987 (zit.: Wöhe, Bilanzierung und Bilanzpolitik)

– Die Handels- und Steuerbilanz, 2. Aufl. München 1990 (zit.: Wöhe, Handels- und Steuerbilanz)

Wolany, Josef: Rechte und Pflichten des Gesellschafters einer GmbH, Köln 1964

Würdinger, Hans: Aktienrecht und das Recht der verbundenen Unternehmen, 4. Aufl. Karlsruhe 1981

Wüst, Günther: Unterkapitalisierung und Überschuldung bei Beschränkthaftern, JZ 1985, 817 ff.

Zacher, Thomas: Kapitalsicherung und Haftung in der GmbH & Co. KG, Köln 1992

Ziche, Christian: Die Verweisung des § 35 IV GmbHG auf das Verbot der Vornahme von Insichgeschäften: zugleich ein Beitrag zur gesellschaftsrechtlichen Problematik der sogenannten verdeckten Gewinnausschüttungen in der Einmann-Gesellschaft, Baden-Baden 1991

Gesetzesmaterialien

Entwurf eines Gesetzes, betreffend die Gesellschaften mit beschränkter Haftung vom 11.2.1892, Reichstag-Aktenstück Nr. 660, S. 3715 ff. (zit.: RT-Aktenstück Nr. 660)

Bericht der XXV. Kommission über den derselben zur Vorberathung überwiesenen Entwurf eines Gesetzes, betreffend die Gesellschaften mit beschränkter Haftung, 15.3.1892, Reichstag-Aktenstück Nr. 744, S. 4005 ff. (zit.: RT-Aktenstück Nr. 744)

Gesetzentwurf der Bundesregierung: Entwurf eines Gesetzes zur Änderung des Gesetzes betreffend die Gesellschaften mit beschränkter Haftung und anderer handelsrechtlicher Vorschriften vom 15.12.1977, Bundestag-Drucksache 8 / 1347 (zit.: BT-Drucksache 8 / 1347)

Beschlußempfehlung und Bericht des Rechtsauschusses zu dem von der Bundesregierung eingebrachten Entwurf eines Gesetzes zur Änderung des Gesetzes betreffend die Gesellschaften mit beschränkter Haftung und anderer handelsrechtlicher Vorschriften, 16.4.1980, Bundestag-Drucksache 8 / 3908 (zit.: BT-Drucksache 8 / 3908)

Gesetzentwurf der Bundesregierung: Entwurf eines Gesetzes zur Durchführung der Vierten Richtlinie des Rates der Europäischen Gemeinschaften zur Koordinierung des Gesellschaftsrechts vom 26.8.1983 (Bilanzrichtlinie-Gesetz), Bundestag-Drucksache 10 / 317 (zit.: BT-Drucksache 10 / 317)

KREDIT und KAPITAL

Herausgegeben von

Werner Ehrlicher, Hans-Hermann Francke und Hans-Jacob Krümmel

Redakteur: Eberhard Ketzel
Simrockstraße 4 · 53113 Bonn

Die 1968 gegründete Zeitschrift erscheint viermal jährlich im Gesamtumfang von 608 Seiten. Der Bezugspreis beträgt jährlich DM 112,– / öS 874,– / sFr 112,–. Jedes Heft enthält Abhandlungen namhafter Autoren sowie Berichte und Rezensionen wichtiger Bücher aus dem Gebiet des Geld- und Kreditwesens. Am Schluß jeder Abhandlung werden Zusammenfassungen in deutscher, englischer und französischer Sprache veröffentlicht.

Aus dem Inhalt des Jahrganges 1993:

Otmar Issing, Karl-Heinz Tödter, Heinz Herrmann und *Hans-Eggert Reimers,* Zinsgewichtete Geldmengenaggregate und M3 — Ein Vergleich

Joachim Scheide, Output, Money, and the Terms of Trade in Germany — An Empirical Test of the Real Business Cycle Hypothesis

Wolf-Dieter Becker, Lehren der theoretischen Wirtschaftspolitik zur deutschen Währungskonversion von 1990 — Ein nicht nur historischer Beispielsfall

Hannes Rehm, Perspektiven des Zahlungsverkehrs in der Europäischen Währungsunion

Manfred Neldner, Der Einfluß des Nicht-Bankensektors auf das volkswirtschaftliche Geldangebot

Rainer Schweikert, Implikationen alternativer geld- und wechselkurspolitischer Regeln im Transformationsprozeß

Hans Gersbach, Inflation Rates and Money Growth During High-Inflations

Ralf Breuer und *Martin Skaruppe,* Bankkalkulation als Marktproblem

George M. von Furstenberg, External Dept Buyback: Scorned Too Much

Volker Clausen, Fiskalpolitik und Wechselkursovershooting

Franz Hackl, Finanzinnovationen und die LM-Kurve

Jac Sijben, Credit Markets, Financial Fragility and the Real Economy

Beate Reszat, Zur Systemdynamik chaotischer Devisenmärkte

Wolfgang Bühler und *Alexander Kempf,* Der DAX-Future: Kursverhalten und Arbitragemöglichkeiten

Günter Bamberg und *Klaus Röder,* Arbitrage am DAX-Futures Markt unter Berücksichtigung von Einkommensteuern

94,–